라캉 읽기

* 이 도서의 국립중앙도서관 출판시도서목록(CIP)은 e-CIP홈페이지(http://www.nl.go.kr/ecip)와
국가자료공동목록시스템(http://www.nl.go.kr/kolisnet)에서 이용하실 수 있습니다.
(CIP제어번호: CIP2014019988)

JACQUES LACAN
Copyright © 2005 Sean Homer
All rights reserved

Authorised translation from the English language edition published by Routledge,
a member of the Taylor & Francis Group.
Korean translation rights arranged with Routledge through KCC.
Korean translation copyright © 2006 by EunHaeng NaMu Publishing Co.

이 책의 한국어판 저작권은 한국저작권센터(KCC)를 통해 Routledge사와 독점 계약한
'도서출판 은행나무'가 소유합니다.
저작권법에 의하여 한국 내에서 보호를 받는 저작물이므로 무단전재와 복제를 금합니다.

라캉 읽기

Jacques
Lacan

숀 호머 지음
김서영 옮김

밥 이글스톤과 리즈 톰슨에게,
이 책을 집필하는 동안 그들이 보여 준 인내심과 격려에 대해
감사하고 싶다. 또, 유제니 조르가카의 소중한 비판과 충고에 감사한다.
— 숀 호머

한국어판 서문

라캉에 관한 이 작은 책의 집필을 맡게 되었을 때 사실 무척이나 당황스럽게 느껴졌었다. 라캉은 난해하기로 악명이 높으며 체계적인 사상가도 아니기 때문이었다. 일반적으로 정신분석이라는 학문은, 특히 라캉의 정신분석학은 이러한 입문서를 쓸 때 꼭 필요한 체계화와 적용가능성에 저항한다. 나는 지금까지 강의를 하며 줄곧 학문적 규율이나 담론의 확실성들을 전복시키는 정신분석의 급진적 측면을 강조해 왔다. 그렇다면 도대체 내가 왜 이런 책을 쓴 것일까?

  그 질문에 대한 첫 번째 대답은 이러한 작업이 가능한가를 시험해 보기 위해서라고 할 수 있다. 라캉의 정신분석을 엄격히 해석한다는 것은 불가능한 일이겠지만 그래도 라캉의 정신분석에 충실하면서 동시에 초보자들이 이해할 수 있는 쉬운 라캉 입문서를 쓸 수는 없을까? 지금까지의 반응으로 평가하자면 이 책은 그 목적을 어느 정도 달성한 듯하다. 이 첫 번째 번역 역시 그러한 생각이 공유되고 있다는 뜻으로 해석할 수 있을 것이다. 본 입문서는 라캉에 대한 깊이 있는 연구나 임상적 지침은 아니다. 그보다 이 책은 인문과학 분야의 학생들이 라캉을 처음 대면할 때 필요한 개론서가 되고자 한다. 분량의 문제로 지난 30년간 학계에 지대한 영향을 미쳤던 몇 가지의 중심 개념에 초점을 맞추었으며, 이 때문에 본 저서에는 어쩔 수 없는 생략과 간극이 분명히 존재한다. 그러므로 더욱 심층적인 연구성과를 알고자 하는 독자들은 이 책의 「라캉 이후」라는 부분을 통해 논의를 발전시키기 바란다. 그러나 라캉의 글 자체를 대체할 수 있는 것은 없다. 나는 「더 읽을거리」에서 라캉 읽기에 도움이 될 만한 정보를 제시하였다.

  내가 이 책을 쓰게 된 두 번째 이유는 라캉의 정신분석학을 받아들이는 사람이 입문서를 써야 한다고 생각했기 때문이다. 나는 임상분석가가 아닌 문화이론가이다. 그러나 포스트모더니즘의 한 형태인 정체성의 정치학에 의해 정신분석이 비판받을 때 나는 정신분석, 특히 라캉의 이론을 옹호하는 입장을 견지했다. 물론 이것은 내가 정신분석에 대해 아무런 비판을 가하지 않는다는 뜻은 아니다. 그보다는 라캉의 개념들을 그 자체로 받아들이지 않는 학자들이 지난 수 년 동안 라캉에 대한 글을 너무나 많이 써왔기 때문에 그들과는 차별적인 개론서가 필요하다고 판단했던 것이다.

  나는 이 입문서가 라캉의 정신분석을 프로이트와의 관계 속에서 재조명하기를 바라며, 다른 한편으로는 라캉의 정신분석학이 안정적이고 고정된 체계가 아니라 전 세계라캉 학파들과의 관계속에서 끊임없이 발전하는 역동적인 학파임을 보여 주기를 희망한다. 그러므로 나는 라캉의 업적에 대해서 그리고 라캉의 정신분석학이 현재의 주체성에 관한 논쟁에 일조할 수 있는가에 대해 독자가 다양한 논의 속에서 스스로 판단할 수 있도록 이 책 전반에 걸쳐 자크-알랭 밀레, 브루스 핑크 그리고 슬라보예 지젝과 같은 라캉주의자들의 이차문헌들을 소개하려고 노력했다.

마지막으로 이 책을 선택하고 그 번역을 가능하게 한 김서영 박사에게 고마움을 전하고 싶다. 영어본의 재판은 그녀의 철저한 독서와 교정을 통해 더욱 개선되었다.

테살로니키에서
2006년 1월
숀 호머

차례

한국어판 서문 • 6

왜 라캉인가 • 11

라캉의 중심개념들 • 33
  상상계 • 34
  상징계 • 56
오이디푸스 콤플렉스와 팔루스의 의미 • 82
  무의식의 주체 • 103
  실재계 • 128
  성차 • 152

라캉 이후 • 179

더 읽을거리 • 211

인용문헌 • 230
옮긴이 해설 • 244
옮긴이 후기 • 256
개정판 옮긴이 후기 • 258
찾아보기 • 261

왜 라캉인가

왜 라캉인가?

자크 라캉(1901~1981)은 정신분석의 창시자이자 창립자인 **지그문트 프로이트**(1856~1939) 이래 가장 중요한 정신분석가일 것이다. 많은 논란들 속에서 라캉의 사상은 정신분석을 무의식에 관한 이론으로서 그리고 동시에 임상치료로서 구축하였다. 전 세계 분석가의 50퍼센트 이상이 라캉학파의 방식을 채택하고 있다. 동시에 분석실의 한계를 넘어서는 라캉의 영향력은 현대 정신분석 사상가들 중 유례가 없는 것이다. 라캉의 사상은 이제 문학, 영화학, 여성학 그리고 사회이론에 관계된 학문분야들에 보급되었고 교육학, 법률학 그리고 국제관계 등과 같은 다양한 분야에도 적용되고 있다. 오늘날 인문학 및 사회과학을 공부하는 학생들은 어느 지점에서인가는—직접적 대면이 아니라면 그가 영향을 끼친 (또는 앞으로 거론되겠지만, 그가 격분하게 만든) 사상가를 통해서라도—반드시 라캉의 개념들을 만나게 된다. 로라 멀비의「시각적 쾌락과 내러티브 영화」, 재클린 로즈의『시각의 영역에서의 섹슈얼리티』, 쇼샤나 펠만의 『문학과 정신분석: 다르게 읽기의 문제』, 피터 브룩스의 『플롯 찾아 읽기』, 또는 루이 알튀세르의 「프로이트와 라캉」, 슬라보예 지젝의 『이데올로기라는 숭고한 대상』은 이제 각 분야에서 고전으로 간주된다.

문학 분야의 관점에서 본다면 1970년대 중반에 페미니스트 및 마르크스주의 문학 비평가들에 의해 라캉이 거론되기 시작하면서 다분히 절멸 직전이었던 정신분석 비평에 생기가 돌기 시작했고 정신분석이 비판이론의 최전선으로 복귀되었다. 문학에 대한 프로이트주의 또는 후기 프로이트주의 독해에 대한 초기와 같은 지대한 열정이 사그라진 후(고전적 프로이트주의 독해에 관해서는 엘리자베스 라이트의 『정신분석 비평』을 보라), 정신분석 비평은 텍스트 안에서 오이디푸스 시나리오를 식별하고 남근의 상징적 표현을 찾아내는 환원적 행위로 퇴화했다. 무의식이 언어와 같이 구조화되어 있다는 라캉의 생각과('무의식의 주체' 장을 보라) 상징계와 주체 사이의 관계에 대한 논의는('상징계' 장을 보라) 텍스트에서 무의식적 욕망의 움직임을 이해하는 전혀 새로운 길을 열었다. 이제 정신분석적 비평의 관심사는 더 이상 남근의 상징을 찾아내는 것 또는 햄릿이 어머니에 대한 억압된 성적 욕망으로 인해 아버지의 죽음에 대한 복수를 망설인다는 독해(어니스트 존스의 『햄릿과 오이디푸스』를 보라)가 아니며, 그보다는 텍스트에서 무의식적 욕망들이 자신을 드러내는 방식을 언어를 통해 분석해 내는 것이다. 그러므로 라캉주의 비평의 초점은 인물이나 작가의 무의식이 아니라 텍스트 자체에, 그리고 텍스트와 독자의 관계에 맞춰지게 된다. 1970년대에 이러한 조금은 낯설고 친숙하지 않은 관념들이 파리로부터 영화학 및 여성학 분야에 유입되며 동일한 시기에 이 분야들이 대학학과들로 자리 잡게 된다. 많은 영화이론가들은 거울단계와 자아의 생성에 대한 라캉의 이론을('상상계' 장을 보라) 스크린에 영사된 필름과 그것이 영화 관람자, 즉 영화관객에게 미친 영향 사이의 관계를 나타내는 모델로 받아들였다. 사회적 현실에서 어떻게 주체가 자신을 '나'로서 인식할 수 있는가에 대한 라캉의 복잡한 이론은 영화관객들이 단순히 긍정적이고 부정적인 이미지들—주로 남성의 경우에는 강하고 긍정적인 이미지들 그리고 여성들의 경우에는 수동적이고 부정적인 이미지들—과 동일시하는 것을 넘어서 어떻게 스크린의 이미지와 동일시하게 되는가를 이해하는 유용한 방식으로 간주되었다. 이와 유사한 방식으로 프로이트의 성차 이론에 대한 라캉의 독해는('성차' 장을 보라) 여성학 및 젠더연구 분야 내에 새로운 논쟁의 장을 열었다. 1970년대 여성학은 사회와 가족이 양육과 정체성에 미친 영향을 주시하며 젠더의 사회적 측면에 초점을 맞추는 경향이 있었다. 라캉주의 정신분석학은 주체성이 무의식과 언어에 연결되는 접점의 역할을 했으며, 또한 성차를 무의식적 수준에서 구축되는 것으로 이해하는 데 기여했다. 마지막으로 사회이론과 국제 관계에 관련된 분야에서 슬로베니아의 라캉학파 철학자인 슬라보예 지젝과 같은 이론가는 사회 및 국가분쟁뿐만 아니라 인종차별주의, 성차별주의, 동성애공포증의 이면에서도 진행되고 있는 무의식적 과정들과 환상의 기능에 대해 설명하는 데 큰 역할을 했다. 앞으로 나는 라캉의 사상이 문학과 문화 연구 분야에 적용되어온 방식에 초점을 맞추며 위의 개념들과 쟁점들로 돌아올 것이다.

우선 어떻게 라캉의 사상과 그의 이론이 기여한 바를 요약할 수 있을까? 정신분석은 프로이트의 업적과 함께 시작되어 오늘날까지도 그의 이론에 근거하고 있으나, 프로이트 이후에 등장한 각 세대의 분석가들은 그 이론들을 갱신하고 수정하며 프로이트가 남긴 모순들을 해결하기 위해 노력해 왔다. 라캉의 주장대로라면 이렇게 진행되어 온 수정의 과정을 통해 정신분석은 그 본래의 목적을 상실했다. 다시 말해 정신분석은 보수적이고 수구적인 이론이 되어 버린 것이다. 이론에 내재된 한층 불편하고 괴로운 측면들, 특히 우리의 정신적 삶의 이면에 존재하는 억압된 무의식적 욕망을 경시함으로써 정신분석은 자신의 품위를 유지할 수는 있었으나, 그 급진적 칼날은 무뎌졌다. 잘 알려져 있듯이 1950년대 초에 라캉은 **프로이트로의 복귀**를 주장하며 프로이트 자신의 텍스트들로 그리고 이들 텍스트의 정밀한 독해와 이해로 복귀할 필요가 있음을 강조하였다. 그후 26년 동안 그는 이런 방식의 정밀한 독해에 전념하며 이 과정에서 정신분석 이론을 재구축하려 하였다.

이러한 계획과 그 중요성을 더 잘 이해하기 위해 우리는 간단하게나마 프랑스의 정신분석의 발전이라는 문맥 속에서 라캉의 사상을 고찰해 볼 필요가 있다. 라캉의 관념들의 좀 더 세부적인 배경에 대해서는 앞으로 논의될 것이며 그의 사상을 자세히 살펴보기 전에 전체적 개요를 이해하는 것은 매우 중요하다.

문맥 속의 라캉

라캉은 파리의 몽파르나스의 안정된 중산층 천주교 가정에서 자랐다. 그는 명망 있는 천주교 학교인 스타니스라스 고교를 다녔으며, 머리는 좋으나 특출하지는 않은 학생으로 평가되었다. 그러나 라캉은 종교수업과 라틴어에서만은 두각을 나타냈다. 고교재학시절 그는 일생동안 지속되는 철학에 대한 정열을 키워 가는데, 특히 신의 존재에 대한 문제를 치열하게 고민한 바루흐 스피노자의 사상에 관심을 가졌다. 스피노자는 유태인이었으나 그의 저작으로 인해 이단자로 간주되어 파문되었으며, 기독교인들 또한 그를 무신론자로 간주하고 비난했다. 라캉은 '무신론자' 스피노자의 사후에 출간된 『에티카』를 도표로 만들어 그의 침실 벽면에 걸어 두었다. 이는 그가 중산층 천주교 교육을 받았다는 사실을 고려할 때 명백히 전복적인 행위이며 자주 조직과 권력에 대한 그의 입장을 대변하는 초기 증거로서 해석되는 행동이기도 하다. 학교를 졸업한 후 라캉은 의학을 공부했고 정신병에 특별한 관심을 보이며 정신과 전문의가 되었다. 정신과에서 평범하게 경력을 쌓고 있는 듯 보였던 그가 1930년대 초, 두 번의 결정적인 지적 조우를 하게 된다. 우선 1930년 그는 잘 알려지지 않은 화가였던 살바도르 달리의 '편집증'에 관한 논문을 초현실주의 잡지에서 읽게 된다. 두 번째로 1931년, 그는 프로이트를 읽기 시작한다. 이 두 만남들은 라캉으로 하여금 평생 동안 정신분석이라는 분야에 관여하도록 ─ 그리고 그것을 변형시키도록 ─ 만든다.

정신분석의 시작은 프로이트와 더불어 그의 저서들, 1900년에 출간된 『꿈의 해석』과 이어지는 텍스트들인 『일상생활의 정신병리학』(1901), 『농담과 무의식의 관계』 그리고 「성욕에 관한 세 편의 에세이」[1]와 함께 한다고 말할 수 있다. 1920년대에, 새롭게 부상한 분야인 정신분석에 대한 관심이 움트기 시작하자 각 국가들은 매우 다양한 시각들로 이를 수

---

1 이 논문에 대해서는 'sexuality'의 한글번역이 '성욕'으로 일반화되어 있으므로 본 번역에서도 유아 성욕이라는 표현을 사용했으나, 'sexuality'라는 단어는 성욕과 함께 '성징' 즉 성적 특징이라는 의미를 포함하므로 이후 'feminine sexuality'는 여성의 '섹슈얼리티'로 번역한다.

용하게 된다. 우선 북미와 영국의 정신과와 심리학 분야에서는 프로이트가 '현대의 역병'이라고 부른 것으로 알려진 정신분석을 우호적으로 수용하였다. 또한 프로이트는 모더니스트 문학에도 지대한 영향력을 미쳤는데 특히 소설가이며 비평가인 버지니아 울프(1882~1941)와 그녀가 핵심 구성원으로 참여했던 '블룸스버리 그룹'이라는 지성인의 모임이 프로이트의 사상을 지지하였다. 그러나 프랑스에서 정신분석은 모든 분야에서—과학·의학·종교 및 정치 분야에서—거부되었다. 한 비평가가 전하듯이 "프랑스인들은 정신분석을 전면적으로 반대했기에 반정신분석 문화라는 말을 쓰는 것이 적절하다".[2] 사실 1950년대와 1960년대 초까지도 프랑스의 정신과는 분명히 반정신분석적 입장을 견지했다. 이러한 적대적 입장에 대한 대책으로 프랑스 정신분석 협회는—프로이트의 초기 제자이며 그의 가장 가까운 동료중 한 사람인 마리 보나파르트를 선두로 하여—정신분석이 의학과 인접된 관계에 놓인 과학이라고 주장했다. 보나파르트와 파리정신분석학회(SPP) 내 그녀의 동료들은 정신분석의 생물학적·의학적 측면을 강조했고 분석가가 되기를 원하는 사람은 우선 의학 교육을 받을 것을 요구했다.

그러나 초현실주의는 젊은 라캉에게 정신분석으로 이어지는 대안적 통로와 정신과의 임상치료와도 연계될 수 있는 결정적 접점을 제시했다. 초현실주의자들은 전적으로 정신분석을 포용했으며 라캉은 의학공부를 하는 동안 초현실주의 운동과의 유대를 강화시켰다. 파리에서 세

---

[2] Sherry Turkel, *Psychoanalytic Politics: Jacques Lacan and Freud's French Revolution*, London: Free Association Books, 1992, p.27

계 제1차 대전 후 부상한 초현실주의는 문학적이고 예술적인 운동이었으며 작가이자 시인인 앙드레 브르통(1896~1966)에 의해 창시되었다. 브르통은 꿈에 대한 프로이트의 연구에 친숙했으며 무의식적 사고들과 소원들이 자유롭게 표출되도록 만들기 위해 '자동'기술법을 개발했다. 유사한 방식으로 달리와 같은 초현실주의 화가들은 그들의 꿈들이 만들어 내는 '현실'을 일상세계의 단조로운 현실보다 더욱 '현실'적인 것으로 간주했고 이것을 그려내고자 하였다. 1932년 이러한 맥락에서 라캉은 「편집증적 정신병과 개성의 관계에 관하여」(Paranoid Psychosis and Its Relations to the Personality)라는 박사학위논문을 완성시켰고, 거의 같은 시기에 SPP의 저명한 교육 분석가 ─ 학회 내에서 타 분석가들을 교육시킬 자격이 있는 인증된 정신분석가 ─ 루돌프 뢰벤슈타인과 분석을 시작했다. 비평가들은 라캉의 분석을 둘러싸고 분석이 얼마나 성공적이었으며 과연 종결되었는가에 관한 질문들을 해왔는데 이에 대해서는 항상 무엇인가 석연치 않은 논쟁들이 계속되었다. 알려진 바에 따르면 분석은 '맹렬한' 관계 속에서 1938년 증오 속에 끝이 났다고 한다. 분명한 것은 라캉이 그가 교육 분석가로 인증될 때까지 ─ 당시 일반적 분석에 비해 다소 긴 시간인 ─ 6년간 분석을 받았다는 것이다. 이 기간 동안 라캉과 초현실주의자들의 연대는 더욱 견고해졌다. 그는 앙드레 브르통과 살바도르 달리의 친구였으며 후에 화가 파블로 피카소(1881~1973)의 주치의가 되었다. 그는 1921년 제임스 조이스(1882~1941)의 『율리시스』의 첫 번째 공개 독회(讀會)에 참석했는데, 당시 라캉은 파리 좌안의 카페와 서점에서 잘 알려진 인사였다. 1933년 달리는 초현실주의 평론잡지인 『미노토르』(Minotaure) 창간호에서 라캉의 학위논문에 대해 언급했으며, 라캉 자신도 이 잡지와 다른 초현실주의 출판물들에 몇 차례 기고하게 된다.

그렇다면 라캉의 학위논문은 주로 반정신분석적인 문화 안에서 집필되었고, 기존의 정신과 분야의 이론으로 분류되지만, 동시에 초현실주의 운동의 대안적 재료들을 차용한 것이라고 할 수 있다. 1950년대에 라캉이 세미나를 시작했을 때 그는 마리 보나파르트의 생물학주의와 '자아심리학'에 노골적으로 반대하며 자신의 이론을 전개했다. 자아심리학은 2차 대전 이후 미국에서 발전했으며 고전적 정신분석학에서와 같이 우리 행동의 무의식적 동기보다는 의식의 방어기제를 강화하는 방법들에 초점을 맞췄다. 라캉의 교육 분석가인 루돌프 뢰벤슈타인은 1940년대에 나치박해를 피해 미국으로 이주한 후 자아심리학의 창립자들 중 한 사람이 된다. 라캉은 양쪽 모두를 정신분석에 대한 배반으로 간주했다. 그는 분석가들이 의학교육을 받아야 한다는 SPP의 요구사항에 강력히 반대하며 정신분석을 의학보다는 철학과 예술에 인접한 학문으로 이해했으며 후기에는 정신분석을 오히려 수학에 더욱 가까운 학문으로 분류했다. 처음부터 라캉의 사상은 한편으로는 임상과정에, 그리고 다른 한편으로는 무의식과 정신질환에 대한 더욱 광범위한 문화적 이해에 뿌리를 내리고 있었다. 영미의 정신의학이나 심리학과는 상이하게 프랑스적 전통은 시적이고 미학적인 요소들을 항상 간직해 왔다. 이것이 아마도 70년대 인문학 분야에서 정신분석이 어떻게 그토록 활발히 보급될 수 있었는가를 이해할 수 있게 하는 또 하나의 이유일 것이다.

라캉의 사상은 결국 그 영향력을 증명하게 되지만, 초기부터 라캉은 정신분석 제도와 상충되는 쉽지 않은 행로를 선택했다. 사실 그의 초기

출판물들에서부터 '라캉'이라는 이름은 시중에 유포된 가장 혹독한 비판과 함께 실리곤 했다. 라캉이 읽을 만한 가치가 있는가에 대해 질문하고 그가 끼친 영향에 대해 논하고자 하는 입문서에서 그에 대한 평가의 문제를—특히 악명 높은 난해성에 대해—간단하게나마 언급하지 않을 수 없다.

논쟁적 평판들

라캉이 논쟁적인 인물이라고 말하는 것은 극도로 절제된 표현이다. 라캉은 카리스마 넘치는 스승이었으며 전기 작가들에 의해 자주 현란하고 매력적이며 멋쟁이였던 것으로 묘사된다. 의심할 여지없이 그는 추종자들과 지지자들로부터 강렬한 충성을 유도해 냈고, 이러한 경향은 여전히 지속된다고 할 수 있다. 동시에 그는 극단적으로 야심적이고 거만하고 권위적이었다.[3] 다른 모든 카리스마적인 인물들과 마찬가지로 라캉은 지지를 받는 만큼 혹평과 공격 또한 받았는데, 예를 들어—프랑스 정신분석의 역사에 관한 한 최고의 권위자라고 할 수 있는—엘리자베스 루디네스코의 라캉의 전기에 대해 레이먼드 탤리스가 『타임지 고등교육 부록』에 게재한 서평은 다음과 같이 시작된다.

제도의 탈을 쓰고 '이론'이라는 미명하에 자행되는 사기를 설명하기 위해 노력할 미래의 역사가들은 당연히 자크 라캉이라는 프랑스 정신분석가의

---

3 Elisabeth Roudinesco, *Jacques Lacan: An Outline of a Life and a History of a System of Thought*, trans. Barbara Bray, Cambridge: Polity Press, 1999.

영향에 초점을 맞추어야 할 것이다. 그는 이론(痢論)⁴ 을 적용하는 사람들이 생각할 수 없을 것 같은 생각들과 한계지어지지 않은 영역에 관한 증거 없는 주장들을 뒤섞어 그들 나름의 인문학 판으로 짜놓은 그물 한가운데 있는 가장 살찐 거미 중 한 마리이다. 현대 이론의 중심에 있는 독단론 대부분이 그로부터 나왔다고 볼 수 있다.⁵

이후의 서평에서 탤리스는 라캉의 이론에는 어떠한 임상적 기초도 없다고 주장하며 이어 라캉의 사생활에 가차 없는 공격을 가한다. 마침내 이 '어이없는 유산'은 이제 영문학과 내에서만 면면히 목숨을 부지하고 있으며, 그 안의 수감자들은 마치 그것이 말이 되는 것처럼 행세한다는 주장과 함께 서평은 막을 내린다.

라캉주의자들은 『에크리』라는 위대한 건축물이 그의 사생활이 폭로된다고 해서 훼손되지는 않는다고 주장할지도 모른다. 스승의 사상은 그 진가에 의해 평가되어야 한다는 것이다. 그러나 어떠한 논리적 토대나 임상적 증거도 없는 상황에서 사상의 권위란 거의 전적으로 사람의 권위에 기인한다.⁶

분석적 관점으로 보았을 때 이 서평에서 흥미로운 점은 라캉과 그의

---

4 Theorrhoea; theory와 diarrhoea(설사)가 합성된 신조어로 痢(설사 리)자를 사용하여 '痢論'으로 표기하였다.—옮긴이
5 Raymond Tallis, "The Shrink from Hell", *The Times Higher Education Supplement*, October 31, p.20.
6 ibid.

독자들 모두에 대한 병리화이다. 다시 말해서 서평을 쓴 레이먼드 탤리스의 주장대로라면 우리가 자신이 이야기하는 바를 스스로 이해하고 있는 척할 경우—왜냐하면 그런 것으로부터는 어떠한 종류의 의미도 산출될 수 없으므로—분석가인 라캉과 그에 대해 공부하거나 그의 저작들을 읽는 독자 모두는 어떤 형태로든 정신질환이 있는 사람들이다. 우리는 우리의 편집망상으로 다른 사람들에게 폐를 끼치며 수용소에 갇혀 있는 정신질환자와 같다. 이것은 그 서평을 쓴 사람이 현실감각이 뛰어나고 그의 모든 언행은 합리적이고 논리적이며 증거에 근거를 두고 있다는 것을 전제로 삼는다는 점에서 수사학적—설득적—전략으로서는 매우 효과적이라고 할 수 있다. 이는 라캉을 읽는, 안타깝게도 망상에 빠진, 개인들보다 서평가를 효과적으로 우월한 위치에 배치한다.

만약 우리가 정신분석과 라캉이 문화적 텍스트들을 이해하는 데 기여한 바가 있다는 사실을 인정한다면 서평에서 지적되어야 할 두 가지 중요한 문제들이 대두된다. 첫째, 처음부터 정신분석은 현실에 어떠한 견고한 기반도 가지고 있지 않은 증명 불가능한 것으로서 끊임없이 공격당해 왔다. 또한 이러한 공격들은 일반적으로 분석가들의 사생활을 빌미로 그들의 이론의 신뢰도에 손상을 입힐 수 있다고 단언한다. 둘째, 이 서평이 근거로 삼는 가정이 바로 정신분석이 질문하고자 하는 것이라는 사실이다.—세계에 대한 우리의 이론과 시각은 그 내부의 주체로서 상정된 우리의 위치로부터 괴리되어 있다. 즉 정신분석은 우리가 전적으로 합리적이고 객관적인 존재들이며 우리의 행동이 모두 논리적이고 합리적으로 도출되었다는 사실에 대해 질문한다. 논리적인 것, 합리적인 것 그리고 의식적인 것은 정신분석의 관심사가 아니다. 반대로 정신분석은 비논리적이고 불합리하며 무의식적인 것에 관심을 가진다. 정신분석은 우리가 합리적으로 또는 의식적으로 설명할 수 없는 사고와 행동의 측면들을 간파해 낸다. 본 저서에서 정신분석의 효능이나 우리가 임상적으로 이론을 증명할 수 있는가 또는 그에 대한 반증을 들 수 있는가에 대해 논하는 것은 적절하지 않다. 대신 나는 라캉의 이론을 그 '진가에 의해' 받아들이고 그 자체의 맥락 속에서, 즉 프로이트의 사상 그리고 정신분석과 프랑스 지식인들의 삶의 역사라는 문맥 안에서 판단할 것이다. 이 과정에서 나는 라캉이 이따금 모순적이고 회피적이며 어떤 사람들에게는 심지어 격분할 만한 것이기도 하지만, 그의 텍스트들을 정독하고 재독한다면 많은 것을 얻게 된다고 주장할 것이다. 라캉은 프로이트와 마찬가지로 우리가 우리자신들과 사회현실 안에서의 우리의 위치에 대해 생각하는 방식을 변형시켰다.

라캉 읽기

독자가 처음으로 프로이트의 책을 선택했다면 텍스트 안의 이야기들이 아무리 이례적이고 당황스러운 것으로 느껴진다 하더라도, 글 자체에 내재되어 있는 즐거움에 무감각해지기란 상당히 어려울 것이다. 프로이트를 읽는다는 것은, 특히 사례연구나 예술·사회·종교에 대한 추리적 성격의 저작들은 마치 재미있는 탐정소설을 읽는 것과 같다. 사실 탐정소설은 프로이트가 가장 애호한 문학 장르의 하나였으며 즐겨 사용한 분석에 대한 비유들 중 하나이기도 했다. 독자가 그의 주장에 설득당하지 않을 때조차도 독자는 프로이트가 들려주는 이야기에 사로잡히게 된다. 그러나 라캉에 관한 한 상황은 매우 다르다. 격분한 비평가들이 이미 알려 주었듯이 독자가 처음으로 라캉을 선택한다면 현대 문학과 문화이론의 표준으로 가늠한다 하더라도 텍스트는 난해하고 뒤엉켜 있으며 생략적이고 겉으로 보기에 접근하기 어려운 것으로 느껴질 것이다. 왜 그런 것일까?

라캉의 사상은 두 텍스트—모두 1977년에 영국에서 출판된 앨런 셰리던(Alan Sheridan)의 역서들인 『에크리 선집』과 『정신분석의 네 가지 기본 개념』—가 동시에 출판되며 영국 대학의 인문학 학과들에 처음 도입되었다. 많은 학생들에게 이 텍스트들은 라캉에 대한 첫 입문서들이며 「거울단계」(The Mirror Stage)와 「팔루스의 의미」(The Signification of the Phallus)와 같은 『에크리』의 논문들은 라캉의 저작들 중 가장 빈번히 재간되고 자주 선집들에 수록되어 왔다. 그러나 이 두 텍스트는 모두 라캉을 읽을 때 특정 난제들을 수반한다.

라캉은 가르치는 사람이기 이전에 임상의였다. 그는 학자나 작가가 아니었으며, 대학과 그가 대학담론이라고 부른 것에 대해 항상 깊은 의심을 품고 있었다. 또한 그는 그의 저작을 출판하는 것에 관해서도 언제나 회의적이었으며 생의 말년에는 세미나 XX에서 『에크리』를 쓰레기통(poubelle)과 출판(出版, publication)을 합성한 말장난인 출판(poubellication)이라고 불렀다. 1953년 라캉은 그가 근무했던 정신병원인 생트안 병원에서 격주 공개세미나를 시작했다. 그에 앞서 2년 동안 라캉은 당시 철학자이자 작가인, 조르주 바타유의 아내였으나 얼마 후 라캉의 두 번째 아내가 되는 실비아 바타유의 아파트에서 매주 비공식 강연을 열었다. 세미나는 이후 26년간 지속된다. 매년 그는 프로이트로부터 텍스트나 개념을 선택하여 이들을 세미나에서 집중적으로 연구했다. 자크-

알랭 밀레(Jacques Alain-Miller)의 전반적 편집방침에 따라 많은 세미나들이 이제는 예전의 학생들이 만든 필기노트와 녹취록으로부터 재구성되었고, 역서의 수도 꾸준히 증가해 오고 있다(보다 상세한 것은 '더 읽을거리'를 보라). 『에크리』의 영어선집은 프랑스판의 약 3분의 1에 해당하는데, 『에크리』에 수록된 논문들은 라캉이 일 년 내내 지속된 세미나에서 발전시킨 관념들에 대한 요약과 결론을 제시한다. 그러므로 『에크리』는 라캉의 사상에 대한 입문서로 읽혀서는 안 되며, 그의 관념들이 매우 집약된 상태로 표현되어 있으므로 이미 라캉을 본격적으로 읽기 시작한 사람들에게 더욱 적절한 저서이다. 라캉을 처음 읽는 독자라면 이제 쉽게 구할 수 있는 세미나 I, II, III, VII권과 같은 초기 세미나들을 통해 라캉을 이해하는 것이 더욱 좋은 방법이다. 그러나 이러한 설명들과 더불어 기억해야 할 것은 다른 모든 혁신적인 사상가들의 경우와 마찬가지로 라캉의 이론 또한 정체된 것이 아니라 그의 전 생애에 걸쳐 변하고 발전되어 왔다는 사실이다. 이 초기 세미나들은 라캉의 생애에서 처음의 '구조주의' 단계를 대표하며('상징계' 장을 보라) 라캉연구 분야에서 이루어진 가장 흥미 있는 업적들의 대부분은 60년대와 70년대의 라캉의 후기 업적으로부터 차용된 것이다. 이 책의 후반부에서 라캉의 후기 저작을 강조하는 것은 라캉의 평가에 대한 이러한 변화를 반영하는 것이라고 할 수 있다. 라캉을 읽는 데 또 하나의 난제는 라캉이 대상 a, 타자, 실재계 또는 팔루스와 같은 개념들을 일단 소개한 후에는 그 개념들을 계속 자신의 글에서 사용하며 서서히 의미를 변화시킨다는 점이다. 그러므로 라캉의 개념들은 그의 사고가 성숙함에 따라 다른 차원의 의미들을 획득하게 된다. 하지만 그가 개념의 초기 정의를 포기한 적은 없으며 이 때문에 라캉의 용어들은 항상 라캉의 세 범주—**상상계, 상징계, 실재계**—각각에 따라 그리고 그의 가르침의 각 단계들 속에서 다른 기능들을 가지므로 이 개념들을 간단히 정의하는 것은 불가능하다.

1977년에 번역된 두 번째 텍스트는 우리에게 또 다른 형태의 쟁점들을 제시한다. 사실 『정신분석의 네 가지 기본 개념』은 라캉의 일련의 세미나들 중 열한 번째 세미나의 녹취록이다. 이것은 가장 중요한 라캉의 세미나들 중 하나이며 그의 학문체계의 중심이라고 할 수 있다. 이는 또한 극도로 압축되어 있으며 읽기에 난해한 텍스트이다. 여기에도 그럴 만한 특별한 이유들이 있다. 이 세미나는 1964년에 진행되었으며 라캉의 생애에서 그의 사고가 성숙되는 중요한 순간을 의미한다. 1963년 그는 마침내 정신분석 협회와 결별하고 자신의 학파를 설립하였는데 세미나 XI은 어떤 의미에서 그의 새로운 방향에 대한 첫 번째 공개 성명서였다. 1953년에 라캉을 포함한 몇몇 분석가들이 임상교육과 정신분석의 의학적 해석에 관한 문제로 파리정신분석학회(SPP)를 떠나 프랑스정신분석학회(SFP)를 설립했다. 이 분석가들이 당시 깨닫지 못했던 것은 '공식적'인 학회를 떠남으로써 그들은 국제정신분석협회(IPA)와도 결별하게 되었다는 사실이었다. 이후 십 년간 SFP는 새로운 학회자격을 얻기 위해 IPA와 협상을 벌이는데 이것이 성공하지 못한다면 그들은 자신들을 정신분석가라고 부를 수도 없었고 분석을 할 수도 없었다. 1963년 IPA는 마침내 SFP의 재허가 요구를 거부했고 라캉을 포함한 몇 명은 IPA로부터 파문당했다. 같은 해에 SFP는 분열되었고 라캉은 파리프로이트학회(EFP)라는 자신의 정신분석 학파를 설립했다. 라캉이 SFP와 결별하게 되자 세미나를 열던 생트안 정신병원에서도 나갈 수밖에 없게 되지만, 그해에 프로이트와 라캉에 관한 중요한 논문을 출판한 마르크스주의 철학자 루이 알튀세르(1918~1990)가 그를 초청함에 따라 세미나 장소를 고등사범학교(ENS)로 옮긴다. ENS는 프랑스 교육체계의 엘리트 기관 중 하나로서 이곳에서 라캉은 그의 사상에 대해 토론할 전혀 새로운 형태의 청중들을 만나게 된다. 또한 이 시기는 알튀세르의 논문이 일조를 하여 파리 지성인들 사이에서 정신분석이 확산되기 시작하고, 문화생활면에서 정신분석이 한층 널리 수용되던 때였다. 그러므로 장소의 변경에 의해 라캉에게는 몇 가지의 이론적인 문제들이 초래된다. 이전 십 년 동안 그의 세미나는 프로이트에 대한 정독과 주해에 초점을 맞추었으며 임상의나 정신분석가들을 대상으로 하였다. 이제 그는 학생들, 정치적 행동주의자들, 철학자들, 작가들 그리고 문화실천가들이 포함된 청중을 대상으로 강연한다. 그렇다면 라캉은 어떻게 그가 정신분석의 본질로 간주한 것에 진실하면서 동시에 이를 대학체계 내에서 가르칠 수 있었던 것일까? 세미나 XI에서 라캉은 처음으로 프로이트의 사상에 대한 주해에서 벗어나 자신이 생각하는 정신분석을 발전시킨다. 다시 말하면 그는 지금 우리가 전적으로 라캉주의적 이론이라고 인식하는—정신분석의 네 가지 기본 개념인—무의식, 욕망, 전이 그리고 충동에 관한 논의를 발전시키기 시작한다. 또한 세미나들이 한층 복잡하고 불가해해지기 시작한 것도 이 시기였는데, 마지막 해에 세미나의 청중이 천 명 이상으로 늘어났을 때 그의 사상과 개념들의 난해성과 복잡성 또한 그만큼 증가했다. 그러므로 라캉의 텍스트들을 읽을 때 만나게 되는 라캉의 스타일과 난해성에 관한 문제를 제기하는 것은 단순히 불필요하거나 근거 없는 것으로 치부되어서는 안 된다는 사실을 기억해야 한다. 분석가가 되기 위해서는 상당히 오랜 기간 동안의 지도 및 교육분석과 무엇보다도 자기분석을 거쳐야만 한다. 이는 강의실이나 세미나실에서 습득될 수 있는 것이 아니다. 어떻게 보면 라캉의 문체가 난해한 것은 그의 사상에 관한 어떠한 손쉬운 동조나 수정에도 저항하기 위한, 정확히 말하자면, 그의 입장에서는 자의적 욕망이라고 할 수 있다. 라캉은 세미나 XX에서 이렇게 말했다.

물론 그 『글(들)』(*Ecrits*)이 쉽게 이해될 수 없다는 것은 잘 알려져 있다. 나는 이것이 바로 내가 의도했던 것이라는 사소한 자전적 고백을 할 수 있다. 나는 글들이 그렇게까지 어렵다면 그 글들이 읽히기 위해 쓰인 것으로 간주되지 않을 것이라고 생각했다.

난해성에 관한 두 번째 측면은 특히 라캉의 연구대상, 즉 **무의식** 자체에 관련되어 있다. 프로이트에 의하면 무의식은 시간이나 모순을 알지 못하는 영역이다. 이는 억압된 소원들과 환상들의 영역이며, 또한 이 영역에는 구문이나 문법이 없다. 그렇다면 어떤 의미에서 우리가 실제로 무의식적 소원들이나 욕망들을 이야기할 수 있다는 것일까? 무의식적 욕망에 대해 이야기하는 것은 그것을 의식적으로 만드는 것인데 무의식은 정의상으로만 보더라도 의식으로부터 배제되어 생각해 낼 수 없는 것이다. 무의식은 달리 표현하자면 언어로부터 제외된 것이다. 이 역설적인 상황은 이론가와 분석가를 일종의 딜레마에 빠지게 하는데, 언어로 구사해 낼 수 없다면 우리가 어떻게 무의식적 소원들과 욕망들을 논할 수 있겠는가? 프로이트에 의하면 우리는 무의식의 작동방식을 우리가 느끼는 불안과 공포를 통해서 감지할 수 있고 또한 꿈, 농담, 말실수 그리고 예술작품들을 통해서 그 영향력을 추측할 수 있다(프로이트에 대한 입문서로는 『지그문트 프로이트 컴플렉스』[7]를 보라). 다시 말하면, 우리의 의식이 기억하고 싶지 않은 생각과 욕망을 억압하는 데 경계를 늦추고 방심하는 바로 그 순간 우리는 무의식의 작동방식을 추적할 수 있다. 초기에 라캉은 프로이트의 업적 중 이러한 영역에 초점을 맞추고 특히 언어와 해석의 문제들을 다루는 프로이트의 텍스트들 — 『꿈의 해석』(1900), 『일상생활의 정신병리학』(1901), 『농담과 무의식의 관계』(1905) — 을 자세히 살펴보았다. 라캉은 언제나 정신분석이 대면하는 역설을 정면으로 돌파하고자 했다. 만약 정신분석이 무의식의 담론 또는 무의식에 대한 담론이라고 할 수 있다면 이는 항상 그 자체의 너머에 있는 어떤 것에 기초를 두고 있는 담론이다. 라캉의 문체는 그의 글쓰기가 본질적으로 말해질 수 없는 것을 말하고자 하는 시도라는 점에서 그가 논점을 제기하는 한 방식이다. 요컨대 라캉은 언어의 구조를 통해 언어 너머에 있는 무의식적 욕망의 영역 자체를 조직해 내고자 한다. 그의 글은 독자가 의미와 이해의 한계를 대면하고 모든 의미의 이면에는 무의미가 있으며 모든 상식의 이면에는 허튼소리가 있다는 심히 불편한 사실에 대해 인정하도록 만들기 위한 시도이다. 그러므로 그의 산문은 "종종 프로이트에 의해 형식화된 무의식의 법칙을 따른다—그 안에는 말장난과 농담, 은유와 반어와 모순들이 가득하고 그 형식은 정신

---

[7] Pamela Thurschwell, *Sigmund Freud*, London; NY: Routledge, 2000[파멜라 투르슈웰, 『지그문트 프로이트 컴플렉스』, 강희원 옮김, 엘피, 2010].

병적 글쓰기와 매우 흡사하다".[8] 우리는 결코 라캉을 심각하게 받아들여서는 안 된다. 말장난들, 단어유희 그리고 회피적으로 말을 돌리는 방식은 불필요한 것이 아니라 그의 사상을 이해하는 데 필수적인 것이다. 이러한 유형의 글쓰기는—그 자체의 표현과 통사론을 통하여 의미를 드러내고자 하는 시도들로서—'수행적'(performation)이라고 할 수 있다. 어떤 비평가가 말한 대로 라캉은 "그의 의사소통방식으로 무의식에 직접적으로 말하게 되기를 바랐고, 인과관계가 사라지고 무수한 연상관계만이 남아 있는 단어유희는 무의식이 알아들을 수 있는 언어라고 믿었다".[9] 독자가 라캉을 읽는 도중 방을 가로질러 책을 집어던지고 싶어진다면 잠시 가만히 멈추어 텍스트가 독자에게 무엇을 하고 있는가를 생각해 보아야 한다. 그 순간 독자가 어떻게 느끼는가에 대해서 그리고 언어가 독자에게 어떤 영향을 미쳤는가에 관하여 생각해 보아야 한다. 독자가 이 과정에 대해 숙고하기 시작한다면 텍스트는 그 목적을 이룬 셈이다. 무의식이 움직이고 있기 때문이다.

이 책에 관하여

다음에 나오는 「라캉의 중심 개념들」은 독자가 생소하고 복잡하게 느낄 수도 있는 이론을 더욱 쉽게 설명하기 위해 중심개념들을 그 개념들이 생성된 문맥 안에 놓고 라캉의 사상 중 가장 중요한 요소들을 독자에게

---

[8] Bice Benvenuto & Roger Kennedy, *The Works of Jacques Lacan: An Introduction*, NY: St. Martin's Press, 1986, p.12.
[9] Sherry Turkle, *Psychoanalytic Politics: Jacques Lacan and Freud's French Revolution*, p.55.

소개해 줄 것이다. 각 장들은 현대 정신분석에까지 이어지는 많은 주요 개념들을 다루게 되는데 나는 상상계·상징계·실재계·거울단계·무의식의 주체, 언어처럼 구조화된 무의식·팔루스·환상·주이상스 그리고 성차와 같은 문학 및 문화학 연구 분야에서 폭넓게 사용된 개념들에 초점을 맞출 것이다. 라캉의 그래프들이나 '수학소들'(mathemes), 그리고 그의 '네 가지 담론'은 문학과 문화학 분야에서 광범위하게 차용되는 개념들이 아니므로 이 책에서는 다루어지지 않을 것이다. 각 부분의 결론에서는 이 개념들이 어떻게 문학, 영화 및 사회이론에 적용되어 왔는가를 보여 주는 예가 제시될 것이다. 「라캉 이후」에서는 이 예들을 확장하여 현대의 텍스트와 영화분석 및 정치·사회이론에서 라캉이 차용되어 온 다양한 방식에 대해 논할 것이다.

라캉의 정신분석은 정체된 이론이 아니며 라캉 사후에도 계속하여 발전되어 왔다. 1980년 그가 서거하기 일 년 전에 라캉은 그의 학파인 EFP를 해체하고 프로이트원인학파(ECF)를 설립했다. 이 학파와 이후의 조직구성은 라캉의 사위인 자크-알랭 밀레에 의해 관장되었다. 라캉의 세미나의 편집인으로서, 또한 무엇보다도 자신의 세미나를 통해 밀레는 라캉의 개념들을 조직하고 체계화하며 라캉의 '교조적' 독해를 구축하기 시작했다.

이 개론서에서 나는 밀레와 그의 절친한 동료인 북미학자 분석가, 브루스 핑크(Bruce Fink)의 업적을 차용할 것이다. 핑크가 쓴 라캉에 대한 입문서들은 밀레의 세미나에 대해 매우 자세히 언급하고 있기 때문에 라캉의 원전보다 이해하기가 쉽다. 그러나 라캉의 사상을 더욱 일관적인 것으로 만들고 이를 하나의 체계로서 제시하고자 하는 밀레와 핑크의 텍스트들은 항상 라캉을 읽는 것이 너무나 흥미진진하도록 만드는 비판적 테두리를 마모시킨다. 그러므로 필자는 독자가 라캉의 문체에 대한 느낌을 가질 수 있도록 핑크의 해설과 라캉의 글을 함께 배치할 것이다. 핑크의 개론서들과 라캉 자신의 텍스트에 대한 자세한 설명과 더불어 다른 유용한 비판적 개론서들의 요약을 이 책의 마지막 장에 있는 '더 읽을거리'에 실었다.

독자는 이 책 전반에 걸쳐 라캉의 텍스트에 대한 참고문헌의 연도들이 매우 최근의 것들이라는 사실을 눈치 챘을 것이다. 나는 라캉의 저작들의 최근 번역본들로부터 인용하였으며 자세한 목록은 '인용문헌' 부분에 나열되어 있다. 라캉의 원전들의 출판년도는 책의 본문에 언급될 것이며 독자는 '더 읽을거리' 부분에서도 원전들의 세부사항을 확인할 수 있다.

라캉의 중심개념들

1. 상상계

정신분석 분야에서 라캉의 첫 번째 중요한 개혁은 그가 35세였고 정신분석 수련 중이었으며 정신과의사로 활동하던 1936년에 이루어졌다. 마리엔바트에서 개최된 14회 국제정신분석협회 학술대회에서 라캉은 후에 영어로 'The Mirror Stage'(거울단계)라고 번역되는 "Le stade du miroir"라는 제목의 논문을 발표했다. '거울단계'는 라캉의 텍스트 중 가장 빈번히 선집에 수록되고 인용되는 논문 중 하나이다. 이 논문은 1968년 마르크스주의 잡지인 『뉴레프트리뷰』에 번역되어 실렸고, 앞으로 살펴보겠지만 라캉의 사상을 영화 및 문화연구 분야에 유포시키는 데 결정적인 역할을 한다. 또한 이 논문을 둘러싸고 일종의 신화적인 분위기가 형성되는데 이는—보수적이고 수구적인 체계에 맞서 진실을 위해 투쟁하는 영웅적 인물이라는—추방자로서의 라캉의 이미지를 구축하는 데 일조했다.

그가 거울단계에 대한 발표를 시작한 지 십 분 후 당시 의장이었으며 프로이트의 전기 작가이자 그의 가장 헌신적인 제자 중 한 명인 어니스트 존스가 개입하여 라캉이 발표를 계속하지 못하도록 저지했다. 라캉은 다음날 아침 학회를 떠나 베를린으로 여행을 하는데 거기서 그는 제11회 베를린 올림픽이 열리는 신축 올림픽 경기장에서 괴벨스의 기념비적인 파시스트 제전을 구경한다. 학회 강연록에는 라캉의 발표에 대한 내용이 간략히 언급되기만 했으며 그의 논문은 이후 학회 논문집에도 포함되지 않았다. 그러므로 이 초기의 대면은 라캉이 평생에 걸쳐 정신분석 제도와 가지게 될 관계의 색조를 결정했다고 볼 수 있다. 그는 그가 좋은 인상을 심어 주고 싶었던 바로 그 사람들이 자신을 무시하고 거절했다고 느꼈으며 이에 대해 그 역시 그들에 대한 거절로써 답했다. 여기에는 분명히 일종의 진실이 담겨 있는데, 국제정신분석협회는 오늘날에도 여전히 매우 보수적이며 어떤 사람들의 눈에는 심지어 수구적인 단체로 비쳐지기도 한다. 그러나 이와 함께 우리가 고려해야 할 것은 모든 연사들이 학회에서 십 분간 발표를 하도록 계획되었으며 존스는 시간이 다 되었을 때 라캉을 중단시킴으로써 단지 의장으로서의 그의 본분에 충실했을 뿐임을 감안해야 한다는 것이다. 또한 라캉이 학회 강연록에 실을 원고를 제출하지 않았기 때문에, 마지막 논문집에 그의 글이 없었던 것도 IPA에 의한 고의적인 배제로 해석할 수 없다. 1936년 논문에 대해서는 전해지는 기록이 없으며 『에크리』에 포함된 것은 라캉이 취리히에서 열린 IPA 16회 국제회의에서 재발표한 1949년의 논문이다. 이번에는 라캉의 발표가 중단되지 않았으며 이 논문은 학회 강연록들과 함께 『국제정신분석학술지』(*International Journal of Psycho-Analysis*)에 게재되었다. 그러므로 라캉이 처음 그의 사상을 이론화한 시기로부터 우리가 지금 읽고 있는 논문의 출간 사이에 13년의 시간이 경과했다. 그 13년 동안 라캉의 사상은 계속 성숙했고 변형되어 왔다. 데니 노부스는 이 점을 다음과 같이 지적한다.

라캉은 항상 거울단계를 인간의 자의식, 공격성, 경쟁, 자기애, 질투 그리고 이미지들에 매료되는 현상 전반을 설명하는 가치 있는 패러다임이자 이러한 것들에 대한 견고한 이론으로 간주해 왔다. 이는 1949년의 「거울단계」 논문이 순식간에 만들어진 어떤 것이 아니라 그가 조심스럽게 약 13여 년 동안 양식한 진주였음을 이해한다면 그리 놀랄 만한 것은 아니다.[1]

문맥적 배경과 영향들

라캉의 모든 다른 논문들과 마찬가지로 「거울단계」에도 많은 참고문헌들이 암시되어 있는데 이들은 종종 그 문맥적 배경에 익숙하지 않은 독자를 혼란스럽게 만든다. 이 논문은 자기의 이미지와 동일시함으로써 자아를 형성하는 과정을 다루고 있다. 프로이트의 정신에 관한—일반적으로 '위상학적' 모형이라고 불리는[2]—두 번째 모형에 따르면 자아는 무의식(이드)의 조직되지 않은 요소들과 반대로 정신의 조직화된 부분을 대표한다. 프로이트가 말하듯이 "자아는 외부 세계의 직접적 영향에 의해 변형된 이드의 한 부분이다. …… 자아는 이성이나 상식이라고 불

---

1 Dany Nobus, *Key Concepts of Lacanian Psychoanalysis*, NY: Other Press, 1999, p.104.
2 투르슈웰, 『지그문트 프로이트 콤플렉스』, 5장 참조.

릴 만한 것을 대표하는 반면 이드는 정념들(passions)을 담고 있다."[3] 이러한 의미에서 자아는 일반적으로 의식과 연계되지만 이것은 착오라고 할 수 있다. 자아는 의식에 관련되기는 하지만 또한 무의식의 요구와 초자아의 명령 사이에서 끊임없는 긴장관계에 놓여 있다. 자아가 무의식(이드)과 외부현실(초자아)의 요구들 사이에서 중개를 하는 한 그 역할은 방어적이라고 할 수 있다. 처음부터 라캉은 주체로부터 자아를 구별해 내고 주체성을 분열된 또는 '소외된' 것으로 개념화하는 데 관심을 가졌다. 그가 주장하는 바를 자세히 설명하기에 앞서, 이 논문에서 라캉이 그의 생각을 구성해 내기 위하여 철학과 실험심리학으로부터 크게 영향을 받았다는 사실을 이해할 필요가 있다. 그러므로 나는 우선 간단하게나마 「거울단계」에 나타난 네 개의 사고의 흐름들─①현상학이라는 철학적 전통 ②심리학자 앙리 발롱(Henri Wallon, 1879~1962)의 거울효과에 관한 연구 ③동물행동학자 로제 카이와(Roger Caillois, 1913~1978)의 모방에 관한 연구 ④그리고 철학자 알렉상드르 코제브(Alexandre Kojève, 1902~1968)의 인식과 욕망에 관한 연구─에 대해 살펴볼 것이다.

현상학

우리가 라캉의 사상에서 첫 단계라고 할 때─1932년 그가 학위논문을 완성했을 때부터 1953년 「로마강연」까지('상징계' 장을 보라)─그는 철학적으로 말해서 현상학자였다. 독일 철학자 에드문트 후설(1859~1938)

---

[3] Freud, "The Ego and the Id", *On Metapshchology: The Theory of Psychoanalysis*, Penguin Freud Library, vol.11, Harmondsworth: Penguin, pp.363~364.

의 사상으로부터 유래하는 현상학은 '순수현상'의 성질, 다시 말해 대상은 세상의 사물들처럼 그들에 대한 우리의 인식과 분리되어 별개로 존재하는 것이 아니라 인간의 의식에 친밀하게 연결되어 있다는 생각에 대해 고찰한다. 현상학자들에 의하면 인간의 의식은 단순히 '주어진' 상태로 배치되어 있는 물질현상에 대한 수동적 인식이 아니라 그러한 현상을 능동적으로 구성해 내거나 '지향하는' 과정이다. 후설은 우리의 즉각적 경험 너머의 어떤 것에 대해서도 확신할 수 없으며 그러므로 지각이나 의식 밖에 있는 모든 것을 기각하거나 '괄호 안에 넣어야' 한다고 주장했다. 그는 우리가 외부세계를 의식으로 환원시킨다는 의미에서 이 과정을 '현상학적 환원'이라고 불렀다. 요컨대 대상에 대해 생각하는 과정과 대상 자체는 상호의존적이다. 테리 이글턴이 언급했듯이(1983) 이 모두가 매우 추상적이고 비현실적이지만 역설적이게도 현상학의 목표는 추상적인 철학적 추측을 배제하고 매우 구체적인 상황에서 사물 자체의 분석으로 귀환하는 것이었다.

후설의 사상은 그의 가장 유명한 제자인 마르틴 하이데거(1889~1976)에 의해 더욱 발전하였다. 하이데거에 의하면 모든 이해는 역사 속에서 정위된다(situated). 우리는 인간으로서 항상 특정 상황으로부터 세상을 인식하지만 우리의 가장 근본적인 욕망은 그 상황을 초월하거나 극복하는 것이다. 이것이 하이데거가 '기획'[4]이라고 부른 것이다. 주체로서 우

---

[4] 하이데거의 'project'라는 용어는 '미래로 자신을 던진다', 또는 '미리 꾀한다'는 뜻으로서 인용부호가 있는 경우에는 '기획'(企劃)으로 번역했고 그렇지 않은 경우에는 정신분석적 용어인 '투사'(projection)로 번역하였다.—옮긴이

리는 물리적인 시간과 공간 속에 놓여 있으나 다음 순간 우리는 우리 자신을 미래로 '기획'한다. 인간의 주체성 또는 우리가 존재라고 부르는 것은 세계를 향해 그리고 미래 속으로 우리 자신을 투사하는 이러한 끊임없는 과정을 수반한다. 그러므로 하이데거에게 인간의 의식은 생각과 영상으로 구성된 내부 세계가 아니라 외부로 투사하는 끊임없는 과정, 즉 그가 '탈존'[5]이라고 부른 것이다.

이러한 사상은 1932년에 하이데거의 강의를 들은 장 폴 사르트르(1904~1980)에 의해 프랑스로 유입된다. 『자아의 초월성』(1934)이라는 제목의 초기저작에서 사르트르는 자기의식과 자아를 구별한다. 앞에서 보았듯이 프로이트는 자아를 무의식적 정념들과 외부 현실 사이를 중개하는 정신의 이성적 분과(分科)로 정의했다. 하이데거의 투사라는 개념을 확장하여 사르트르는 자기의식은 본질적으로 '무'(nothing)인 반면 자아는 주체에 의해 지각된 세계 속의 대상이라고 말한다. 30년대와 40년대에 라캉은 이러한 사상들로부터 많은 영향을 받게 된다. 사르트르의 주체와 자아 사이의 구분은 라캉이 거울단계에서의 주체와 자아의 관계에 대해 이론화할 수 있는 기반을 마련해 주었고, '탈존'(ex-sistence)과 '무'라는 개념 또한 라캉의 저작 전반에 걸쳐 반복된다. 그러나 라캉을 이해할 때, 특히 그가 철학, 인류학 그리고 언어학적 관념들을 차용하는 부분에서 기억할 것은 라캉이 항상 개념들을 정신분석적 범주로 전환한다는 것이다. 즉 그는 현상학적 용어인 탈존과 무를 의식

---

[5] 하이데거의 'ex-sistence'라는 용어는 탈존으로 번역되나 라캉의 저작 내에서 정신분석적으로 언급될 때는 기존의 번역인 '외존'을 따랐다.—옮긴이

의 영역으로부터 무의식의 영역으로 이동시켰다. 자크-알랭 밀레는 다음과 같이 적고 있다.

> 그는 무의식을 한쪽 편에는 어떤 충동들이 있고 또 다른 편에는 신원이 확인된 사람들이 들어 있는 내부 또는 용기로 간주하지 않았다. …… 그는 무의식을 용기로 인식하지 않았으며 존재의 결여(lack of being)로서의 주체에 연결되어 있고—그 자체의 외부에—외존(外存, ex-sistent)하는 어떤 것으로서 받아들였다.[6]

우리는 '존재의 결여'라는 용어에 대해 아래에서 살펴보게 될 것이다.

실험심리학 : 거울상으로서의 자기[7]

마리엔바트에서 있었던 「거울단계」의 첫 번째 발표와 1949년 논문의 출간 사이에 라캉은 의식의 성질, 특히 자의식이라는 개념에 관해 몰두하고 있었다. 자의식이란 무엇인가? 다시 말해 애초에 개인으로 하여금 그/그녀 자신을 자율적으로 생각하고 느끼는 존재로 인식하게 하고, 이 수준의 자의식을 유지하도록 만드는 것은 무엇인가? 전통적으로 심리학은 자기인식이란 유아가 점차적으로 자신의 물리적 신체를 식별하게 되면서 생성되는 것이라고 주장했다. 심리학자 앙리 발롱은 유아가 자

---

6 *Reading Seminars I and II: Lacan's return to Freud*, ed. Richard Feldstein et al., Albany: State University of New York Press, 1996, p.11.
7 Self의 번역이며 '그 사람 자신'이라는 일반적인 뜻으로서 융 학파의 전문용어와는 구별된다.—옮긴이

신의 신체를 인식하게 되기 위해서는 애초에 개인으로 인식할 수 있는 특정 수준이 전제되어야 한다는 의미에서 이는 다분히 순환논법적이라고 주장했다. 결론적으로 그는 유아란 자신의 신체와 신체 기능들에 대해 인식하게 되어야 할 뿐만 아니라 동시에 자신을 외부 환경으로부터 분리시키기 위하여 반드시 그의 환경과 외부 세계에 대한 인식 또한 개발해야 한다고 주장한다. 다시 말하면 한 사람이 자신을 자율적이고 연속적인 자기로 받아들이기 위하여 그/그녀는 우선 자신을 다른 사람들로부터, 그리고 사회적 환경으로부터 분리시켜야만 한다. 앙리 발롱은 이렇게 부상하는 자기에 대한 감각에서 가장 중요한 것은 자신의 거울상을 인식하고, 동시에 그것으로부터 자신을 구별해 내는 유아의 능력이라고 주장한다. 반영된 이미지는 아이를 딜레마에 빠지게 하는데 왜냐하면 그 이미지는 자기에 대한 감각에 친밀하게 결속되어 있는 동시에 자신의 외부에 해당하기 때문이다. 발롱에 의하면 처음에는 거울의 이미지에 무관심했던 유아가 3개월에서 한 살 사이에 점차 자신으로부터 분리된 이미지를 받아들이고 통제하게 된다. 그러므로 라캉이 실험심리학에서 차용한 것은 자기와 자의식을 구축하는 데 작용하는 거울효과의 중요성이다. 그러나 심리학이 설명하지 못한 것은 왜 이미지가 주체에 대해 이렇게 특별한 매력과 효과를 가지고 있는 것인가였으며 이를 위해 라캉은 뜻밖에도 상이한 학문분야인 동물행동학으로 주의를 돌린다.

많은 작은 동물들과 곤충들이 주위환경의 색깔에 맞추어 그들의 색채를 변화시키거나 또는 그들의 환경과 구별할 수 없게 만들기 위해 특정 무늬나 특징들을 개발해 왔음은 잘 알려진 사실이다. 일반적으로 이것은 해당 동물을 주위에 있을지도 모르는 포식자들로부터 숨겨 주고 보호해 주는 기능으로 이해된다. 그러나 연구에 따르면 주위환경의 외관을 닮은 곤충들이 그렇지 않은 곤충들만큼이나 포획되는 확률이 높다고 한다. 그렇다면 이 현상은 어떻게 설명할 수 있는가? 「모방과 전설적 정신쇠약」(Mimicry and Legendary Psychasthenia)에서 로제 카이와는 일반적인 설명과는 반대로 주위환경을 닮는 곤충들이 사실은 자신을 그 환경에 동화시키고 있는 것이라고 적는다. 다시 말해 그들은 자신들을 둘러싼 바로 그 공간에 포획되어 그 안에서 자신들을 잃어버리고 유기체와 환경 사이의 구분을 무너뜨리려고 노력한다는 것이다. 카이유아의 연구에서 라캉은 이미지가 가지고 있는 매료시키고 포획하는 성질과 함께 무엇보다도 우리가 스스로를 그 이미지에 따라 형성해 내는 방식을 차용했다. 「거울단계」에 나타난 라캉의 혁신적 작업은 철학분야인 변증법을 통하여 주체와 자아 간의 현상학적 구분을 이미지의 역할과 자기의 구성적 성질에 대한 심리학적 이해와 결합시킨 것이다.

인식의 변증법과 욕망

1933년과 1939년 사이에 알렉상드르 코제브는 헤겔의 철학에 대한 주간 세미나를 진행했다. 코제브의 영향력 있는 세미나는 라캉을 포함하여—그 중 몇 명의 이름을 들자면 장 폴 사르트르, 모리스 메를로-퐁티, 그리고 조르주 바타유 등이 있다—거의 모든 프랑스 전후의 대표적 지성인들이 참석했다. 코제브의 헤겔 해석은 이 사상가들 전 세대에 심오한 영향을 주게 되고 헤겔주의는 후에 그것이 구조주의와 포스트구조주의에 의해 대체되는 1960년대 중반까지 프랑스 철학을 주도하게 된다. 헤겔은 변증법이라고 알려진 사고방식에 근거한 복잡한 철학 체계를 만들어 냈다.

변증법은 현상들의 상호연결성과 반대되는 것들의 통합을 강조하는 철학적 사고의 한 유형이다. 이는 종종 도식적으로 **정립**(thesis)—**반정립**(anti-thesis)—**종합**(synthesis)으로 표현되는데 각 관념은 그 대극을 생성하고 이 둘의 통합은 새로운 수준의 이해나 분석을 도출한다. 예를 들어, 한 사람의 주체—'자기'(정립)—라는 개념은 다른 주체—'타자'(반정립)—와의 관계에서만 의미가 있는 것이다. 우리 자신이 타자에게 복잡하게 연결되어 있으며 타자가 없이는 존재할 수 없다는 것을 이해하기 시작할 때, 우리는 집합적 '우리'로서의 주체(종합)라는 새로운 개념에 이르게 된다. 이 합성의 순간은 다시 새로운 정립이 되고 이는 자신의 반정립을 만들어 내며 이 과정은 끊임없이 되풀이된다. 모든 현상들은 그들의 대극—그 자체의 부정—을 지닌다고 할 수 있으므로 변증법적 사고는 모든 사물에 있는 모순적인 성질을 전면에 배치한다. 끝없는 변형의 과정 속에서 양극단의 이러한 관계로부터 즉 그들의 통합으로부터 새로운 어떤 것이 부상할 것이다.

코제브는 특히 자연으로부터 문화로의 이행, 또는 동물적 존재로부터 인간존재로의 이행으로 자기의식의 출현을 설명하는 헤겔의 해석에 관심을 가졌다. 헤겔에 의하면 자기(self-hood)는 자기반성/반영(self-reflection)적 활동을 통해 자기의식을 개발하는 과정에서 출현한다. 인간 주체가 부상하기 위해서는 단순히 자신의 유일성을 의식하기만 하면 되는 것이 아니라 그보다는 다른 사람에 의해 인간 주체로서 인식되어야만 하는 것이다. 헤겔은 이 과정을 일반적으로 '주인/노예'의 변증법으로 더욱 잘 알려진 '주노'(主奴, Lordship and Bondage) 변증법으로 그려내고 있다. 이때 두 주체 — '주인'과 '노예' — 는 명백히 상호인정의 관계에 갇혀 있다. 주인이 주체가 되기 위해서는 노예로부터 그렇게 인정되어야만 한다. 노예 또한 주인에 의해 그렇게 인식되었기 때문에 자신이 노예임을 아는 것이다. 그러므로 주인은 그의 정체성이 노예의 인정에 의해 확인되었다는 확실한 지식 안에서만 자신의 인생을 자유롭게 영위할 수 있다.

그러나 변증법의 역설은 긍정적인 것이 항상 부정적인 것으로 뒤바뀐다는 것이다. 주인은 그의 정체성에 대한 인정을 위해 노예에게 의존하기 때문에 결코 '자유로울' 수 없는 반면, 노예는 노동이라는 자기 확인을 위한 다른 근원을 가지고 있으므로 위와 동일한 방식으로 주인에게 의존하지 않는다. 만약 노예의 정체성이 그의 노동을 통해 확증된다면 자유로운 사람은 주인이 아니라 노예다.

코제브는 이 변증법을 기본적으로 욕망과 인식의 투쟁으로 읽었다. 주인과 노예는 인정을 위한 상호투쟁 속에 갇혀 있다. 어느 한쪽도 타자의 인정이 없이는 존재할 수 없고 동시에 타자 또한 상대방의 인정을 필요로 한다. 코제브가 보기에 이것은 목숨을 건 투쟁인 동시에 만약 한편이 죽는다면 다른 편 역시 죽을 수밖에 없는 싸움이다. 주인과 노예는 다른 한쪽이 없이는 승산이 없는 악전고투의 상황 속에 갇혀 있지만, 동시에 그들은 서로에게 최악의 적이기도 하다. 라캉에 의하면 바로 이러한 변증법적 과정이 상상계 내에서 일어난다. 더욱이 이 과정은 위에서 요약한 거울효과에 대한 심리학적 설명에 **공격성**이라는 요소를 첨가함으로써 자기와 타자 사이의 관계를 근본적으로 대립적인 것으로 상정한다. 라캉에 의하면 어떻게 '한 인간이 다른 인간 안에 존재하는가를' 드러낸 것은 헤겔의 위대한 통찰이었다.[8] 우리는 소외라는 상호적이고 불가역적인 변증법 안에 사로잡혀 있다. 라캉에게 소외는 두 개의 순간들로 구성된다. 즉 소외는 첫 번째로 거울단계와 자아의 형성을 통하여 그리고 두 번째로 언어와 주체의 구축을 통하여 일어난다. 우선 아래에서 첫 번째 소외의 순간에 대해 살펴보고 다음 장에서 두 번째 순간에 관하여 설명할 것이다.

거울단계

거울단계는 약 6개월과 18개월 사이에 일어나며 프로이트의 단계들 중 일차적 자기애의 시기에 상응한다. 이는 주체가 자기의 이미지나 자신의 신체와 사랑에 빠지는 인간발달단계로 타인에 대한 사랑에 선행하여 일어난다.[9] 6개월과 18개월 사이에 아이는 거울—실제 거울이라기보다는 예를 들어 어머니의 얼굴과 같은 모든 반사적인 표면—에 비친 자신의 이미지를 인식하기 시작하는데 이때 일반적으로 쾌락이 수반된다. 아이는 자신의 이미지에 매료되고 이를 숙달하여 놀이로 삼고자 노력한다. 아이는 처음에는 자신의 이미지를 현실과 혼동하지만 곧 이미지가 자신의 부분들을 담고 있음을 깨닫고 마침내 그 이미지가 자신의 이미지임을—자신의 반영이라는 것을—받아들인다.

그렇다면 거울단계를 거치며 아이는 거울에서 자신의 이미지를 봄으

---

[8] Lacan, *The Seminar of Jacues Lacan*, Book II, p.72.
[9] 투르슈웰,『지그문트 프로이트 콤플렉스』, 5장 참조.

로써 처음으로 그/그녀의 신체가 전체의 형태를 가진다는 것을 알게 된다. 또한 아이는 자신의 신체의 움직임을 통하여 이미지들의 움직임을 통솔할 수 있으며 이를 통해 쾌락을 경험한다. 그러나 완전하고 숙달된 듯한 감각은 아직 전적으로 운동조절이 되지 않는 신체에 대한 아이의 경험과 대치된다. 아이는 여전히 자신의 신체를 파편화되어 통합되지 않은 부분들로 느끼는 반면 이미지는 아이에게 통합된 전체로서의 감각을 제공한다. 그러므로 거울상은 아이의 신체에 대한 숙달된 느낌을 예기하고, 아이가 경험하는 파편화된 느낌에 상반되는 위치를 점유한다. 이때 중요한 것은 아이가 이 거울상과 자신을 동일시한다는 것이다. 그 이미지는 그/그녀 자신이다. 이 동일시는 결정적인 역할을 하는데, 이것 없이 — 그것이 구축하는 숙달된 느낌에 대한 예기가 없이 — 아이는 자신을 완전하고 전체적인 존재로서 인식하는 단계에 도달하지 못하기 때문이다. 그러나 동시에 그 이미지는 그것과 자기를 혼동하게 된다는 의미에서 **소외적**이다. 이미지는 실질적으로 자기의 위치를 대체하게 된다. 그러므로 통합된 자기에 대한 감각은 자신이 타자(an-other)가 — 즉 우리의 거울상이 — 되는 대가를 치르며 획득 된다. 라캉은 이를 다음과 같이 묘사한다.

거울단계는 내부의 격정이 불완전함으로부터 예기(豫期)의 과정으로 나아가고, — 이는 공간 안에서 동일시의 매력에 포획된 모든 주체들을 위해 파편화된 신체 이미지를 확장시켜 그 총체성의 형태를 만들어 내는 일련의 환상들을 생산해 내며 나는 이를 정형외과적 시술이라고 부른다 — 마지막으로 소외된 정체성이라는 방어갑옷으로 화하는 한 편의 드라마인데 그 견고

한 구조는 아이의 정신발달 전반을 결정하게 된다.[10]

라캉에게 자아는 자신의 이미지에 대한 이러한 소외와 매료의 순간에 부상하는 것이다. 자아는 이미지가 가진 조직하고 구성하는 특성에 의해 형성되고 동시에 그 이미지로부터 형태를 취한다. 자아는 이미지들의 효과이다. 요약하면 그것은 상상계의 기능이다. 라캉은 무의식적 과정보다 자아를 우선시하고 자아를 자기와 동일시하는 자아심리학의 경향에 반대했다. 라캉은 자아란 통일성과 숙달된 느낌을 주는 환영적 이미지에 근거한 것이며 이러한 연속성과 통솔감에 대한 착각을 유지시키는 것이 자아의 기능이라 주장했다. 다른 말로 자아의 기능은—파편화와 소외라는 진실의 수용을 거부하는—**오인**(mis-recognition)의 하나다. 라캉에 의하면 통일된 이미지가 파편화된 경험과 대치되는 순간부터 주체는 자신의 경쟁자가 된다. 아이가 가지는 자기에 대한 파편화된 느낌과 자아를 탄생시킨 상상계적 자율성 사이에서 갈등이 초래된다. 주체와 자기 자신 사이에 성립된 동일한 경쟁관계가 훗날 주체와 타자 사이의 관계에서도 구축될 것이다. 벤베누토와 케네디가 지적하듯, "타자의 이미지에 대한 동일시와 그 이미지와의 원초적인 경쟁 사이에서 벌어지는 일차적 갈등은 자아가 더욱 복잡한 사회 상황들로 나아가기 위한 변증법적 과정을 시작한다".[11] 사람은 존재하기 위하여 타자에 의해

---

10 "The Mirror Stage as Formative of the Function of the I as Revealed in Psychoanalytic Experience", *Écrits: A Selection*, p.4.
11 *The Works of Jacques Lacan: An Introduction*, p.58.

인식되어야만 한다. 그러나 이것은 우리 자신과 동일한 우리의 이미지가 타자의 응시에 의해 매개되었음을 뜻한다. 그렇다면 타자는 우리 자신들의 보증인이 된다. 우리는 우리 자신의 존재의 보증인으로서의 타자에게 의존하는 동시에 그 동일한 타자와 격렬하게 경쟁한다.

비평가들은 라캉의 거울단계에 대하여 사실 그가 현상을 완전히 반대로 이해했다고 주장한다. 주체가 거울상과 동일시하고 후에 자신들을 오인하기 위해서는 우선 자기로서의 그들 자신들에 대한 감각을 가지고 있어야 한다는 것이다. 만약 라캉의 주체가 소외된 주체라면 이는 애초에 '소외되지 않은'(non-alienated) 주체를 상정하는 것이며, 그렇지 않다면 어떤 것으로부터 소외되었다는 말 자체가 무의미해진다. 이러한 연유로 일차적 결여나 부재라는 개념들은 일차적 존재와 통일성을 전제로 한다. 그러므로 결여는 일차적이 아니라 이차적인 것이라고 할 수 있다. 앤소니 엘리어트는 라캉의 거울단계에서 사용된 개념들이 전적으로 오용되었다고 주장한다. 그는 거울 반영상, 결여 그리고 부재는 기존의 현상들이 아니라 주체와 상상계가 만들어 낸 것들이라고 주장한다.[12] 그러나 사실 라캉이 정의하는 소외라는 개념은 비평가들이 사용하는 것과는 상당한 차이가 있다. 거울단계를 통하여 아이는 자신의 신체에 대하여 통솔력을 획득했다고 상상하지만 그것은 자신의 외부에서 일어나는 일이다. 라캉에게 소외란 정확히 이러한 '존재의 결여'이며 이를 통한 아이의 인식(realization) — 단어가 가리키는 두 가지 의미 모두의 측면, 마

---

[12] Anthony Elliott, *Social Theory and Psychoanalysis in Transition: Self and Society from Freud to Kristeva*, Oxford, UK: Blackwell, 1992(4장 참조).

음에 구체적인 개념을 형성하는 것과 실제로 구체화되는 것에서—은 다른/타자적(an-other) 장소에서 진행된다. 그러므로 주체는 어떤 것으로부터 또는 자신으로부터 소외된 것이 아니라 소외에 의해 주체가 구축된다—주체는 그 존재 내부에서 소외된다.

거울, 스크린 그리고 관객

앞에서 보았듯이 「거울단계」는 라캉의 논문 중 제일 처음 번역된 것 중 하나이며, 라캉의 사상이 더욱 폭넓게 수용될 수 있는 발판을 마련하며 문학 및 문화 연구 분야에 지대한 영향을 미쳤다. 문학적 관점에서 상상계와 자아의 형성에 관한 라캉의 개념화는 텍스트 안에 나타난 정체성과 주체성의 구축과 더불어 인물들 사이의 관계를 설명하는 데 차용되어 왔다.[13] 하지만 상상계라는 용어에 가장 영향을 많이 받은 것은 영화 연구 분야였다. 라캉의 거울단계는 영화관객과 스크린에 영사된 이미지의 관계에 상응하는 것으로 간주되었다. 아마도 라캉의 정신분석학을 영화이론에 차용한 가장 중요한 초기논문은 1970년에 『시네띠끄』(Cinétique)에 처음 게재된 장-루이 보드리(Jean-Louis Baudry)의 「기본적 영화장치의 이데올로기적 효과」(Ideological Effects of the Basic Cinematographic Apparatus)일 것이다. 보드리의 논문은 영화장치—즉 영화제작, 상영 그리고 소비의 기재들과 기본기술—그 자체만으로도 의미를 구성해 낼 수 있는 방식에 대해 관심을 가졌다. 보드리에 따르면

---

[13] Ruth Parkin-Gounelas, *Literature and psychoanalysis: Intertextual readings*, NY: Palgrave, 2001 (1장 참조).

특정 영화의 중요성이나 의미는 재현된 이야기의 내용보다는 영화 관객성의 제반구조에서 찾아질 수 있다. 정신분석 이론을 차용하면서 초점이 개별 텍스트의 내용을 해석하는 것으로부터 우리의 주체성과 정체성이 어떻게 텍스트의 구조와 형식을 통해 주조되었는가로 옮겨진 것은 어쩌면 라캉주의가 현대 문화 연구 분야에 미친 가장 큰 영향이라고 할 수 있을 것이다. 아래에서는 보드리가 어떻게 라캉의 개념들을 차용하였는가를 살펴본 후 이에 대한 문제점을 지적할 것이다.

보드리에 의하면 영화장치는 카메라의 위치와 영사과정을 통해 영화 관객으로서의 우리의 위치를 구축한다. 카메라는 우리가 스크린에서 보는 이미지를 촬영하는 위치와 후에 그 이미지들을 보게 되는 우리의 위치 모두를 점유한다. 그러므로 카메라는 지각의 대상들(스크린의 이미지들)과 지각하는 주체(영화관객) 모두를 위치시킨다. 이러한 이중의미를 고려할 때 영화장치는 우리를 영화관객으로 위치시키고 우리의 응시를 매우 특정한 방향으로 유도한다. 광고나 그림 또는 사진의 이미지와 같은 우리가 일상적으로 보는 다른 형태의 이미지들과 영화를 구분하는 것은 영화가 개별적 이미지가 아니라 연속된 이미지들을 제시한다는 점이다. 영사기와 스크린의 기능은 일련의 이미지들로부터 우리가 의미를 만들어 내는 데 필요한 움직임의 연속성을 회복시키는 것이다. 보드리에 따르면 별개의 이미지들을 전체 시퀀스로서 의미 있게 만들기 위해 그/그녀 앞에 펼쳐지는 일련의 이미지들 사이에서 필요한 고리들과 관계를 만들어 내는 것은 주체 즉 영화관객이다. 그러므로 연속성은 주체에 의한 것이며 영화의 플롯이라기보다는 스크린의 이미지들과 주체의 관계에 내재한 속성이다.

이러한 의미에서 영화주체는 카메라의 기능, 영사기 그리고 스크린을 통해 형성된다. 관객과 스크린의 이미지 사이에 존재하는 동일시의 복잡한 과정을 설명하기 위해 장치이론(apparatus theory)은 정신분석적 개념들을 적극적으로 차용한다. 보드리는 영화관객을 라캉의 용어를 이용하여 어둡고 폐쇄적인 공간에서 자신도 모르는 채 '사슬에 묶여 포획되고 사로잡혀 있는' 것으로 묘사했다.[14] 보드리가 관심을 가졌던 것은 라캉의 거울, 혹은 반사적 표면에 틀을 끼우고 한계를 짓거나 이를 둘러싸는 방식이다. 독자는 상상계에서 동일시의 일차적 장소는 신체 자체였고, 이 과정은 반영적 표면에 의해 일어나는데 그 앞에 선 아이는 아직 국부적인 신체조절능력이 있을 뿐이며 또한 자신이 경험한 현실과 자신 앞의 이미지 사이에서 혼란을 느끼게 된다는 것을 기억할 것이다. 상상계와 마찬가지로 영화의 거울인 스크린 또한 이미지를 되돌려주기는 하지만 그것은, 거울에 비친 상이란 항상 어떤 것의 이미지가 되어야 함에도 불구하고, 현실을 반영하는 이미지로 간주할 수 없다.

보드리에 의하면 동일시는 영화상영 과정에서 두 개의 상이한 단계를 통해 일어난다. 우선 관객은 스크린에 재현되는 것—사건, 인물 등—을 자신과 동일시하게 된다. 두 번째로 관객은 카메라 자체와 동일시하는데 이 두 번째 동일시가 더욱 중요하다. 보드리에게 특정 영화의 내용은 특별히 중요하지 않다. 중요한 것은 과정이다. 그렇다면 영화와 영화장치는 부재와 현존이라는 라캉의 변증법을 반복하고 있는 것으

---

[14] Baudry, "Ideological Effects of the Basic Cinematographic Apparatus", trans. A. Williams, *Film Quarterly* 28, p.45.

로 볼 수 있다. 또한 영화적 동일시가 일어나기 위한 전제조건은 상상계와 거울단계가 진행되기 위한 두 가지 전제조건이기도 한데, 그것은 운동기능의 정지 상태와 시각적 기능의 우위이다. 그러므로 보드리는 논문의 결론에서 영화관객은 라캉의 분열되고 소외된 주체에서와 정확히 동일한 방식으로 형성된다고 제안한다. 그러나 보드리의 연구에는 몇 가지 문제들이 있다. 이 문제들은 정신분석과 관련하여 70년대와 80년대의 가장 중요한 영화이론가들 중 한 사람인 크리스티앙 메츠(Christian Metz)와 로라 멀비(Laura Mulvey)와 같은 페미니스트 영화이론가들에 의해 제기되었다.

크리스티앙 메츠의 보드리 비판

크리스티앙 메츠는 관객의 일차적 동일시가 스크린에 재현된 이미지보다는 카메라를 둘러싸고 일어난다는 보드리의 논제를 받아들이지만 이것을 과연 라캉의 거울단계와 동일하다고 할 수 있는가에 대해 질문한다. 그는 영화적 동일시의 과정은 거울단계와 유사한 것일 뿐, 엄밀히 말하면 동일한 과정이 아니라고 주장한다. 메츠는 아이가 거울에서 보고 동일시하는 것은 자신의 신체 이미지이며 이때 아이는 그 자신을 대상으로서 동일시한다는 점을 지적한다. 반면 일반적인 영화에서 관객이 스크린을 통해 보는 것은 그/그녀 자신의 이미지가 아니다. 사실 메츠의 경우에 관객이 스크린에 자신들이 나타나지 않는다는 것을 인식하고 '이러한 부재에도 불구하고 영화의 전개'를 따라갈 수 있는 전제조건은 "관객이 이미 거울(진정한 거울)을 경험했으며 그렇기 때문에 그 안에서 일차적으로 자신을 인식하지 않고도 대상들의 세상을 구성해 낼 수 있

다는 사실이다".[15]

이런 점에서 영화는 라캉의 상상계가 아니라 상징계에 위치되어야 한다('상징계' 장을 보라).

메츠는 인물이나 배우와의 동일시를 이차적 동일시로 정의한다. 영화의 일차적 동일시는—거울단계에서와 같이—보이는 어떤 것과 동일시하는 것이 아니라 보는 어떤 것, 메츠의 말로 바꾸면, "모든 것을 꿰뚫어 보는 무형의 순수한 주체"와의 동일시이다.[16] 이 상황에서 보여지는 것—스크린 안의 대상—은 자신이 보여지고 있다고 자각하지 못하는데, 바로 이러한 대상 측에서의 자각의 결여가 영화의 관음증적 속성을 촉진시킨다. 영화 관객들은 본질적으로 관음자(觀淫者)이지만 자신들은 그들이 훔쳐보는 사람임을 알지 못한다. 메츠는 영화와 정신분석 사이의 거리를 유지해야 할 필요성에 대해 역설한다. 정신분석은 우리에게 어떻게 영화가 작동하는가를 알려 주는 개념들, 특히 절시증(竊視症)—보고자 하는 압도적인 욕망—과 물신주의라는 개념들을 영화학 분야에 소개한다. 우리는 이 개념들이 어떻게 사용되는지 「라캉 이후」 부분의 페미니스트 영화비평에 관한 논의에서 살펴볼 것이다.

로라 멀비와 시각적 쾌락

보드리와 메츠 모두에게 영화관객은 본질적으로 남성 관음자로 착상

---

15 Christian Metz, *Psychoanalysis and Cinema: The Imaginary Signifier*, London: The Macmillan Press, 1982, p.46.
16 Metz, *Psychoanalysis and Cinema: The Imaginary Signifier*, p.97.

되었다. 엄청난 반향을 불러일으킨 논문, 「시각적 쾌락과 내러티브 영화」(Visual Pleasure and Narrative Cinema)에서 로라 멀비는 이에 대한 논쟁을 통해 영화는 근본적으로 남성적 응시나 남성의 시선을 생산하며 여성은 언제나 이러한 응시의 대상이 된다고 주장했다. 멀비는 영화에 응시가 관여하는 세 가지 층위들이 있다고 제안했다. 첫 번째로, 영화를 찍고 있는 카메라의 응시가 있는데 메츠에 의하면 이것은 항상 관음증적 응시이다. 둘째로 영화 서사에 내재한 시선들이 있는데 이는 일반적으로 여성 인물들을 서사 안에 위치시키는 남성 주인공들의 시선들이다. 마지막으로 관객의 응시는 이전의—카메라와 영화의 주인공들의—위치로부터 촉발되므로 이것은 근본적으로 남성의 위치를 수용하게 된다. 멀비가 이론화한 '남성적 응시'는 여성, 흑인, 동성애자로서의 관객의 위치에 관해 논할 수 있는 가능성을 열어 주었다. 여성은 항상 구경거리의 대상으로 남게 될 것인가 아니면 라캉의 정신분석학이 이에 대한 대안적 출구를 제시할 수 있을 것인가? 라캉주의자들이 이 문제를 어떻게 고민하고 있는지는 후에 살펴보도록 하자.

✖

「거울단계」에서 라캉은 자아와 상상계라는 정신분석학적 개념을 재구성하기 위해 철학, 심리학 그리고 동물행동학이라는 매우 광범위한 영역으로부터 자료를 차용한다. 상상계는 자아의 영역이며 감각에 대한 지각, 동일시 그리고 통일성에 대한 환영적인 감각으로 구성된 언어 이전의(pre-linguistic) 영역이다. 상상계에서의 일차적 관계는 자신의 신체, 즉 신체의 거울상 자체와의 관계이다. 이러한 상상계의 과정들은 자아를 형성하고 외부 세계와의 관계 안에서 주체에 의해 반복되고 보강된다. 그러므로 상상계는 발달 단계가 아니라—우리가 그 단계를 거친 후 성숙하게 되는 과정이 아니라—우리의 경험 중심에 자리 잡고 있는 것이다. 거울단계에서 느끼게 되는 근원적 통일성과 연속성의 감각은 환영적인 것이므로 자아와 관련된 근본적인 부조화가 존재한다. 자아는 본질적으로 갈등과 불화의 지대—끊임없는 투쟁의 장소—라고 할 수 있다. 라캉이 '존재의 결여'라고 명명한 것은 이 존재론적인 간극(gap), 즉 우리 주체성의 중심에 있는 근본적 상실이다. 그러나 라캉은 단순히 우리가 근원적 통일성에 대한 감각을 상실했다고 지적하는 데에서 한 걸음 더 나아간다. 그는 바로 이 상실이 주체성 자체를 구성하고 있는 것이라고 주장한다. 요약하면 상상계는 동일시와 거울상의 영역이며 왜곡과 환영의 영역이다. 이것은 자아의 입장에서는 다시 한번 상상계적 통일성과 연속성을 얻고자 하는 무모한 투쟁이 일어나는 영역이다.

2. 상징계

「거울단계」가 정신분석 분야에서 라캉이 시도한 첫 번째 혁신을 대표하기는 하지만 분명히 용인된 이론 및 임상의 한계를 벗어나지는 못했다. 1951년 라캉이 "프로이트로의 복귀"(Return to Freud)라는 구호를 외치며 정신분석에 대해 확고한 라캉적 독해를 시작하기 약 15년 전이었다. 2년 후 로망스어 정신분석가 로마모임에서 라캉은 후에 '로마 강연'(The Rome Discourse)이라고 알려지게 되는 「정신분석에서 말과 언어가 맡은 기능 및 영역」(The Function and Field of Speech and Language in Psychoanalysis, 1977b[1956])이라는 제목의 논문을 발표했다. 이 논문은 말과 언어의 구분, **나**(I)와는 구별되는 **주체**(subject)에 대한 이해, 그리고 무엇보다도 **기표**와 **상징계**라는 중심적 개념들에 대한 구상 등을 담고 있는데, 이들은 이후 10년간 라캉의 관심사가 된다. 또한 1953년에 라캉과 그의 동료들은 파리정신분석학회를 떠나 프랑스정신분석학회(SFP)를 설립한다. 로마 강연은 정신분석의 새로운 방향에 대한 지침을 담은

새 학파의 창립문서로서의 모양새를 갖추게 된다.

2장에서는 라캉이 정신분석에서 언어의 역할을 특히 강조하며 **'무의식은 언어와 같이 구조화되어 있다'**는 그의 가장 중요한 명제를 구상하던 1950년대의 사상에 초점을 맞출 것이다. 이때는 라캉에게 특별히 혁신적인 시기였으며 그의 생애 마지막까지 그를 열중시킬 많은 개념들이 도입된다. 이 부분에서는 독자가 이 개념들과 라캉이 이들을 어떻게 변형시켰는가를 이해할 수 있도록 이 시기에 대표적으로 영향을 미친 사상가들에 대해 설명하고 라캉이 **구조주의**로 알려진 학문분야와 언어학 이론을 차용하는 방식을 살펴볼 것이다. 이를 통하여 2장은 무의식과 주체에 대해 더욱 상세히 논의하게 되는 이후의 내용들을 위한 골조를 마련할 것이다. 나는 클로드 레비-스트로스의 친족의 기본구조를 개략적으로 설명하기 전에 간단히 구조주의에 대해 소개하고자 한다. 이는 구조주의가 상징계와 무의식의 구성에 관한 라캉의 이론을 이해하기 위한 기반을 제공하기 때문이다. 레비-스트로스의 구조주의적 인류학은 스위스 언어학자 페르디낭 드 소쉬르의 사상에 영향을 받았으며 라캉은 레비-스트로스를 통해 언어학 저서들을 읽기 시작했다. 이 과정에서 그는 말하는 주체와 언어의 관계에 대한 모든 관습적인 이해를 전복시키며 언어학적 기호라는 소쉬르의 개념에 근본적이고 영향력 있는 변화들을 초래했다. 마지막으로 우리는 **욕망**에 대한 라캉의 이론에서 결정적인 역할을 하는 러시아의 언어학자, 로만 야콥슨(Roman Jakobson)의 은유와 환유에 대한 연구를 살펴볼 것이다. 이러한 영향들에 대한 고찰은 독자들이 주체가 언어 안에서 그리고 언어를 통하여 구성된다는 라캉의 이론을 이해하는 데 도움이 될 것이다. 본 장은 라캉의 에드거 앨런 포의 단편, 『도둑맞은 편지』의 분석으로 끝나는데, 이 단편은 라캉이 **기표의 주체로서의 주체**(the subject as the subject of the signifier)라고 부른 것에 대한 명확한 예증을 제시한다.

구조주의

구조주의는 우선 1950년대와 1960년대에 프랑스 지식인들의 삶을 주도했던 분석방법이라고 할 수 있다. 그것은 일반적인 운동이라기보다는 수학에서 문학비평에 이르기까지 광범위한 분야에 보급된 사고방식과 분석을 지칭하는 하나의 타이틀이었다. 구조주의는 모든 인간 사회 현상들에 적용될 수 있을 것으로 보였다. 현대에 빈번히 부정확하게 **구조주의**의 이름 아래 배치되는 공통점이 없는 사상가들의 이름들은 일관성 있는 집단으로 분류되지 않는다. 여기에는 종종 심리학자 장 피아제(Jean Piaget), 언어학자 로만 야콥슨, 문학이론가들인 롤랑 바르트(Roland Barthes), 츠베탕 토도로프(Tzvetan Todorov), 제라르 쥬네트(Géard Genette), 사회이론가 미셸 푸코(Michel Foucault), 마르크스주의 철학자 루이 알튀세르, 그리고 물론 정신분석가 자크 라캉이 포함된다. 구조주의의 근원들은 매우 다양하고 그 영향도 광범위하지만 오늘날에는 의심할 여지없이 한 명의 인물, 인류학자 클로드 레비-스트로스의 연구와 연계된다.

레비-스트로스의 구조주의적 방법론은 랑그(langue)와 빠롤(parole) 사이의(소쉬르를 다루고 있는 부분을 보라) 소쉬르의 기본적 구분, 즉 언어와 같이 주어진 체계와 개인의 말에서처럼 개인적인 표현이나 체계가 반영된 것 사이의 구분으로부터 기인된다. 구조주의자들은 개개의 기호들의 의미가 아니라 전체적 기호체계, 즉 '구조'의 조직에 대한 설명에 관심을 가졌다. 언어학은 이러한 형태의 분석에 모형을 제공했으며, 구조주의는 종종 비언어 기호체계—예를 들어 롤랑 바르트의 패션 연구(1985[1967]) 또는 친족관계(1969[1949])와 음식조리(1966)에 대한 레비-스트로스의 분석 등—도 연구의 주요 대상으로 삼았다. 구조주의의 기본 전제는 모든 사회적 활동이 자체의 본질적 규칙과 문법을 가진 기호체계를 포함하는 한 언어로 조직된다는 것이었다. 그러므로 우리는 각각의 행위를 그 자체로서가 아니라 그것이 의미를 부여받게 되는 사회관계라는 배경 안에서 이해하게 되는 것이다.

상징적 기능

매우 영향력이 있는 연구인 「친족의 기본구조」(1949)에서 레비-스트로스는 이른바 '원시' 사회 내의 결혼관계와 친족 체계들을 분석했다. 그는 이 사회들의 결혼관계에서 우리가 발견한 것은 다름 아닌 사회 자체의 기반이 되는—다시 말하면 모든 차후 사회관계들이 파생되는—기본구조라고 가정했다. 기본구조라는 그의 개념이 다방면에 걸쳐 논쟁되고 논박 당했듯이 레비-스트로스의 연구에서 중요한 것은 정확성이라기보다는 연구의 성질 자체라고 할 수 있다. 레비-스트로스는 이 과정에서 중요한 것은 실제 사람들의—현실의 여자들의—교환이 아니라 여자들이 기호로 변형되어 **상징적 교환**의 체계 안에서 운용되는 방식이라고 주장했다. 여자들의 교환은—위반될 수 없는 것인 동시에 체계 사용자들 각각에게는 무의식적으로 남아 있으며 자체의 규칙과 규정들을 갖는 형식적인 체계로서—언어와 같이 운용되었다. 다른 말로 바꾸면 사람들의 사회적 위치를 결정하고 그들이 알지 못하는 사이에 그들의 관계들을 통제하는 무의식적 구조가 있는 것이다. 라캉은 레비-스트로스로부터 두 가지의 중요한 논지를 차용했다.

1. 기본구조—단일한 '무의식적' 구조—가 있으며 이는 다른 친족과 제반 사회관계들의 기초가 된다고 볼 수 있다.
2. 친족 체계 안에서 일어나는 일은 결혼을 통해 실제 사람을 주고받는 것이라기보다는 상징적 교환의 과정이라고 볼 수 있다.

그러므로 레비-스트로스의 구조주의적 인류학에서 라캉은 인간세계를 특징짓는 것은 상징기능—우리의 생활 전면에 개입하는 기능—이라는 생각을 차용한다. 더욱이 마르셀 모스(Marcel Mauss)라는 또 다른 인류학자의 연구에 대한 서론에서 레비-스트로스는 "무의식이라고 불리는 것은 상징기능이 자치권을 얻게 되는 단순히 빈 공간"이며 다시 말하면 "상징들이 그들이 상징하는 것보다 더욱 진실해지는" 공간이라고 주장했다.[1] 1950년대에 라캉은 정신분석을 과학으로서 재건하고자 했으며 이를 위하여 그는 우선 무의식이라는 연구 대상에 관한 특성과 우리가 그것에 대한 연구에 어떻게 착수할 수 있는가를 밝혀 내야만 했다. 레비-스트로스의 상징기능의 자율성에 대한 통찰은 더욱 철학적이고 과학적인, 견고한 기초 위에 프로이트의 정신분석학을 확립하려는 라캉

---

[1] Roudinesco, *Jacques Lacan: An Outline of a Life and a History of a System of Thought*, p.211.

의 시도에 결정적인 기반을 마련한다. 그러나 이 시도를 성공시키기 위해서 라캉은 다시 한번—언어학이라는—이론적 우회경로를 택해야만 했다.

소쉬르와 언어학적 기호

페르디낭 드 소쉬르의 『일반 언어학 강의』[2]는 "인간의 말을 그들의 현실에 대한 이해에 주변적인 것으로 보는 대신 현실에 대한 인간의 이해가 그들이 사회에서 사용하는 언어적 기호(verbal sign)의 주위를 선회하고 있는 것으로 간주하게 되었다"는 의미에서 인문사회과학분야의 '코페르니쿠스적 혁명'으로서 기술되어 왔다.[3] 소쉬르 이전의 언어학 연구는 문헌학과 어원학을 우선적으로 다루었으며 단어의 역사와 어원을 밝히는 데 관심을 가졌다. 전통적으로 언어학은 언어가 단어라는 독립된 별개의 단위들로써 구성되며 각 단어는 그에 부착된 자체의 '의미'를 가지는 것으로 보았다. 소쉬르는 만일 언어학을 과학적인 것으로 간주하고자 한다면 **통시적인**(diachronic) 접근이라고 불리는 역사적 원칙을 근거로 삼아서는 안 된다고 주장했다. 과학적인 방법에서 우리는 우선 연구 대상을 확인해야만 한다. 언어학적 견지에서 이것은 언어학자들이 언어를 역사적으로 간주하기보다는 역사의 어느 지점에서든 완전한 하나의 **공시적인**(synchronic) 체계로 보기를 요구한다. 이 체계의 모든 요소들과

---

[2] Ferdinand de Saussure, *Cours de linguistique générale*, Paris: Payot, 1985(1916년에 유고가 출간되었다).
[3] ibid., ix.

규칙들이 적어도 이론적으로는 일제히 언어 사용자에게 사용가능한 것으로 주어진다. 우리는 어휘와 구문, 그리고 문법과 관례를 배경으로 언어를 사용한다. 우리는 이 모든 요소들을 의식하지 못한 채 말을 하고 글을 쓰지만 이 원칙들은 어딘가에서 우리가 말할 수 있고 말할 수 없는 것을 결정하고 있다. 만약 규칙들을 위반한다면 우리의 말은 무의미한 것이 된다.

소쉬르는 언어의 세 가지 측면을 구분했다.

- 의사소통이라는 보편적 인간 현상으로서의 언어 자체
- 특정 언어나 언어 체계로서의 (예를 들어 영어) 랑그
- 사용되고 있는 언어, 특정 발화행위(speech acts)와 발화(utterances)로서의 빠롤

그의 연구는 이 항목들 중 두 번째, 즉 체계로서의 언어에 초점을 맞추었고 의미가 그 체계에 의해 어떻게 생성되는가에 관심을 가졌다. 여기서 특히 라캉에 관련해 중요한 것은 그 체계 자체는 말하는 주체들 각각에게 무의식적이라는 것이다. 그렇다면 소쉬르가 언어연구 분야에 기여한 가장 독창적인 업적은 언어를—사람들이 말할 수 있는 것에 대해 통제하고 있지만 사람들은 그 규칙에 대하여 전혀 의식하지 못하는—**총체적 체계**(total system)로서 개념화한 것이다.

소쉬르에 의하면 언어는 단순히 세상의 사물이나 현상에 상응하는 개념들의 목록이 아니다. 언어는 기호의 체계이다. 언어의 '상응 이론' (correspondence theory)에서는 언어를 세상의 대상들을 직접적으로 가

리키는 **기호**의 체계로 본다. 우리는 **단어**(word)—그 **개념**(concept) 또는 관념(idea)—그리고 그것이 가리키는 사물인 **지시대상**(referent) 사이의 관계를 통하여 이를 도표로 나타낼 수 있다.

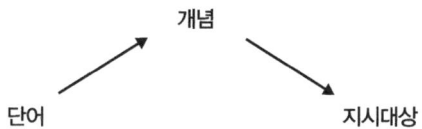

그러나 소쉬르는 단어들이 물질세계의 특정 현상을 가리킬 수 없다고 주장했는데, 그 이유는 만약 그러한 경우가 가능하다면 이는 단어들과 그들이 대표하는 것 사이에 자연스러운 유기적 관계를 가정하게 되기 때문이다. 그에 의하면 만약 내가 '나무' 또는 '의자'라는 말을 한다면 우리는 모두 즉시 나무나 의자라는 개념을 떠올리겠지만 이 이미지들은 사실 물질세계의 특정 나무나 특정 의자를 가리키지는 않는다. 대신 우리는 모두 서로 다른 나무들과 의자들을 떠올리고 있는 것이다. '나무'라는 단어가 가리키는 것은—실제 나무인—'사물'이 아니라 나무라는 개념이다. 그러므로 우리는 '지시대상'이라는 용어를 괄호로 묶고 언어가 현실의 실재 현상을 가리킨다는 생각을 배제해야 한다. 우리의 도표는 이제 다음과 같이 변형되었다.

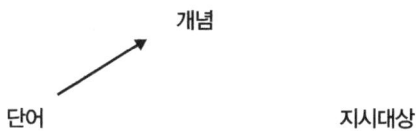

상징계 63

단어는 결코 특정 지시대상을 가리키지 않으며, 단지 개념에만 연결된다. 그러므로 언어학—언어학적 기호—의 적절한 관심은 단어와 그 개념으로 구성된다. 소쉬르의 언어학적 기호는—**기표**(signifier)라고 불리는 음형(sound pattern) 또는 문자로 쓰인 단어, 그리고 **기의**(signified)로 알려진 그 개념이라는—두 가지 요소로 구성된다. 이것은 다시 다음과 같은 도표로 그려 볼 수 있다.

$$\text{기호} \rightarrow \frac{\text{기의 [개념]}}{\text{기표 [음형/단어형상]}}$$

기표와 기의 사이의 관계는 자의적이며 사회 관습에 의해 결정된다. 그러나 만약 언어가 현실의 대상들에 상응하지 않는다면 어떻게 의미를 나타낼 수 있단 말인가? 소쉬르에 따르면 의미는 각각의 기호들 안에 있는 것이 아니라 언어체계 안의 기호들 사이의 관계 자체에 존재한다. 언어는 차별적 체계를 생성하는데 이 체계 안에서 각 기호는 다른 기호와의 차이에 의해서만 그 의미를 획득하게 된다. 우리는 말을 할 때 특정 단어들을 선택하여 사용하고 다른 것들은 배제한다. 예를 들어 나는 '왕좌' 또는 '안락의자'라고 하기보다는 '의자'라고 말할 것이다. 각 단어는 내가 앉을 수 있는 한 점의 가구를 가리키지만 그들은 모두 매우 다른 의미들을 가지고 있다. 이러한 선택의 요소를 언어의 **계열축**(paradigmatic axis)이라 부른다. 그러나 내가 원한다고 해서 어떤 단어든 선택하여 사용할 수 있는 것은 아니다. 그들이 의미를 갖도록 하려면 반드시 그들을 통사론적으로 옳은 방식으로 조합해야 하는데 이것은 **통합축**(syntagmatic axis)으로 지칭된다. 각각의 단어와 기호의 의미는 문장에서 그 단어의 전후에 배치된 단어들에 의존한다. 예를 들어 다음의 문장을 보자.

우리는 내일 파리를 떠날 것이다.

이 문장의 각 단어들은 한편으로는 같은 문맥에 사용될 수 있는 다른 가능한 단어들과의 차별을 통해 그리고 다른 한편으로는 전체 문장 구조에서 그 단어가 위치된 자리에 의해 그 의미를 부여받게 된다. 그러므로 '우리'는 '나', '너', '그' 또는 '그녀'로 대체될 수 있고, '내일'은 '오늘'로 치환될 수 있다. 우리가 이 단어들을 바꾸어도 여전히 뜻은 통하겠지만 문장은 매우 다른 의미를 지니게 될 것이다. 이 대안들은 언어를 사용하는 그 순간에는 부재하지만 배경에 존재함으로써 우리는 이에 비추어 특정 단어들을 이해하게 된다. 둘째로 문장의 의미는 개개의 요소가 고립된 상태로부터가 아니라 단어들을 특정 방식으로 조합함으로써 생성된다. 그러므로 만일 우리가 위의 문장을 재배열한다면 우리는 여전히 각각의 단어들을 이해할 수는 있겠지만 이들은 전체적으로 의미를 만들지는 않는다.

파리를 우리는 내일 것이다 떠날

이것이 통합축에서의 통사론과 문법의 기능이다. 언어는 이 두 가지

기능을 결합함으로써 기능한다. 우리가 말하는 것의 의미는 우리가 사용하는 단어들과 배제하는 단어들뿐만 아니라, 전체 구조 내에서 그 단어들의 위치에도 의존한다.

언어는 기호의 복잡한 체계로서 존재한다. 주어진 기호는 본질적인 가치나 의미에 의해서라기보다는 의미작용(signification)의 전 체계 안에서 결정되는 상대적 위치를 통하여, 그리고 그 체계의 다른 모든 기호들과의 차이를 통하여 정의된다. 기호는 실제 물질세계의 특정 대상을 가리키는 것이 아니라 우리에게 다른 기호를 지시해 주며 이 기호는 다시 우리를 또 다른 기호로 이끌게 된다.

$$\frac{기의}{기표} \rightarrow \frac{기의}{기표} \rightarrow \frac{기의}{기표} \rightarrow \frac{기의}{기표}$$

이에 대한 좋은 예는 사전 찾기라고 할 수 있다. 어떤 단어의 의미를 알고 싶을 때 우리는 무엇을 하는가? 우리는 그것을 사전에서 찾아본다. 그러나 사전은 단순히 기호의 일람표일 뿐이다. 그러므로 특정 기호의 의미는 단순히 다른 기호로 귀착되며 만약 우리가 두 번째 기호의 의미를 찾는다면 우리는 다른 기호를 만나게 되고 다시 그것을 찾게 된다. 이 과정은 결코 현실의 실재 지시대상에서 멈추게 되지 않을 것이며 '의미작용'의 끝없는 과정으로 이어질 것이다.

소쉬르의 언어학 이론으로부터 차용할 세 가지 기본적인 논지는 다음과 같다.

· 언어는 의식(consciousness)에 선행한다. 말하는 주체로서 우리는 언어 속으로 태어난다.

· 언어는 현실을 반영하지 않으며 우리의 경험은 주어진 언어 체계가 설정하는 한계 안에서 이루어지고 그 언어체계는 어느 정도 까지는 우리의 경험의 성질 또한 결정하게 된다.

· 언어는 단일 의미가 배치되는 절대적이고 고정된 체계가 아니라, 차별적 관계들의 모임이라고 할 수 있다.

소쉬르가 개념화한 총체적 체계로서의 언어는 구조라는 레비-스트로스의 개념과 이후 라캉의 상징계를 위한 모형을 제공했다. 그러나 라캉과 소쉬르 사이에는 중요한 차이점이 있다. 소쉬르에게는 기호의 양면이―한 장의 종이의 양면과도 같이―어긋날 수 없이 항상 한데 붙어 있으며 분리될 수 없다. 상징기능의 자율성에 대한 레비-스트로스의 고찰을 실마리로 삼아 라캉은 바로 이러한 기호의 불가분성에 대해 문제를 제기했다.

기표의 우위

라캉은 기호의 자의적인 속성은 받아들이지만 소쉬르 언어학의 두 가지 기본 전제들―기호의 불가분성 그리고 기표에 대한 기의의 우월적 위치―에 대해서는 질문을 제기한다. 「무의식에서의 문자의 심급 또는 프로이트 이후의 이성」(Agency of the Letter in the Unconscious, or Reason Since Freud)에 나오는 유명한 예에서 라캉은 나무 그림으로 기호의 구성을 설명하는 소쉬르의 일반적 도해를 다른 사례로 대체한다.

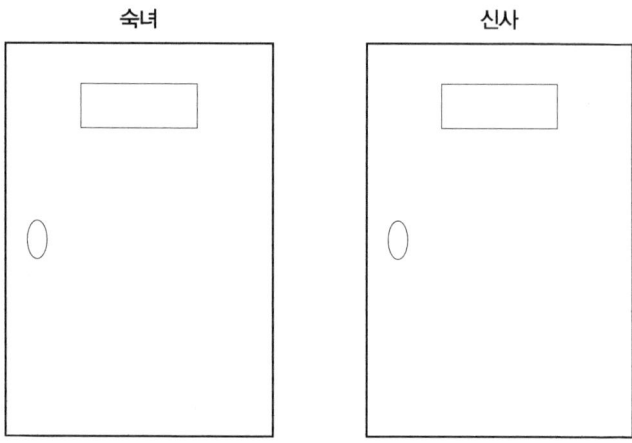

계속하여 라캉은 다음의 이야기를 들려준다.

기차가 역에 도착한다. 누나와 동생 사이인 어린 소녀와 소년이 기차의 칸막이 방 창가에 마주앉아 멈추기 위해 서서히 감속하는 기차의 창문으로, 지나가는 기차역 플랫폼의 건물들을 보고 있다. "봐." 동생이 말한다. "우리는 숙녀 쪽에 있어!", "바보 같으니라고!" 누나가 대답한다. "우리가 신사 쪽에 있는 게 안 보이니?"[4]

라캉은 이 예를 통해 드러나는 것은 기표가 기의의 영역에 도입되는

---

[4] Jacques Lacan, "The Agency of the Letter in the Unconscious or Reason Since Freud", *Écrits: A Selection*, trans. A. Sheridan, London: Routledge/Tavistock, 1977[1957], p.152.

방식이라고 주장한다. 화장실 문들은 동일하므로 한쪽 문을 다른 쪽과 구별하는 것은 다름 아닌 문 위의 기표인 것이다. 그러므로 라캉이 제안하는 것은 소쉬르가 기표/기의 관계에서 기의에 부여한 우위를 역전시키자는 것이다. 라캉의 재공식화는 이제 다음과 같아진다.

$$\frac{\text{기표 Signifier}}{\text{기의 signified}}$$

대문자화된 기표는 기의에 대해 우위를 확보하고 라캉에게 두 부분을 나누는 '가로선'은 기호의 불가분성이 아니라 근본적인 분열을 상징한다. 가로선은 의미에 대한 장벽으로서 기능한다. 기표와 기의 사이에는 항상 장벽이 존재하므로 기표가 지시하는 것은 기의가 아닌 다른 기표이다. 요컨대 기표는 우리를 다른 기표로 안내하고 의미작용의 끝없는 연쇄 안에서 다시 우리를 다른 기표로 이끈다. 예를 들어 우리는 다른 단어들을 통해서만 특정 단어나 개념의 의미를 정의할 수 있다. 우리는 기호들을 만들어 내는 끝없는 과정 속에 포획되었다. 그러므로 위에서 언급했던 언어 체계에 대한 우리의 도식적 표현은 다음과 같이 재구성된다.

$$\frac{\text{기표}}{\text{기의}} \rightarrow \frac{\text{기표}}{\text{기의}} \rightarrow \frac{\text{기표}}{\text{기의}} \rightarrow \frac{\text{기표}}{\text{기의}}$$

의미작용은 항상 과정—연쇄—이다. 그 요소들 중 어느 것도 실제로 의미나 기의로 '구성'(consist)되지는 않으며 다만 각 기표가 다음 기표를 향해 밀고 나갈 때 의미가 '강요'(insist)될 뿐이다. 의미는 고착되어 있지 않으며 라캉의 말로 바꾸면 "기표 아래로 기의가 끊임없이 미끄러진다".[5] 그러나 라캉은 '고정된' 의미가 존재하지 않는다고 주장하는 것은 아니다. 그가 '누빔점' 또는 '고정점'(points de capiton)이라고 부른 순간이 있는데 이는 기의가 기표 아래에서의 끊임없는 미끄러짐을 멈추며 잠시 동안 안정된 의미작용이 가능해지는 지점이다. 누빔점은 문자 그대로 소파나 매트리스에서 볼 수 있는 겉 천이나 커버에 달린 일종의 단추를 가리키는데 이것은 속 내용물을 고정시키기 위해 사용된다. 종래의 언어의 역사적 분석에 대비되는 소쉬르의 언어에 대한 '과학적' 분석은 라캉에게 프로이트의 '언어치료'(talking-cure)를 연구할 수 있는 모형을 제공했다. 소쉬르는 우리의 말을 통제하는 우리 안의 '구조'가 어떤 방식으로 존재하는가를 밝혀냈다. 라캉에게 그 구조는 다름 아닌 무의식이었다. 무의식은 언어를 통해 만들어지는 동시에 언어의 규칙에 의해 운용된다. 이 과정의 정확한 메커니즘은 야콥슨에 의해 제시되었다.

로만 야콥슨

야콥슨은 소쉬르의 언어의 두 축 사이의 구분 — 계열관계와 통합관계 — 을 차용하여 이 축들에 상응하는 수사학적 표현방법들로서 은유와 환유를 제안했다. 은유는 직접적인 비교를 제시하지 않고 단어의 사

---

[5] Lacan, "The Agency of the Letter in the Unconscious or Reason Since Freud", p.154.

용이나 표현을 통하여 다른 어떤 것을 묘사하는 것이다. 반면 환유는 어떤 대상을 표현하기 위해 일반적으로 그것을 연상하게 만드는 다른 단어를 사용하는 것인데 예를 들어 우리가 황제의 지위를 나타내기 위해 '왕관'이라고 말하거나 배를 암시하기 위해 '돛'이라고 말하는 것이다. 야콥슨에 의하면 은유는 하나의 개념을 다른 개념으로 치환(substitution)하는 행위이며 그러므로 선택의 축인 계열축에 상응한다. 환유는 한 개념이 다른 개념을 연상시키거나 그것에 인접해 있으므로 인접(contiguity) 관계이며, 그러므로 이것은 결합의 축인 통합축에 상응한다. 라캉은 야콥슨의 은유와 환유의 구조적 모형이—**압축**(condensation)과 **전치**(displacement)라는—프로이트의 꿈작업의 과정에 직접적으로 대응된다고 생각했다. 압축은 꿈 속의 둘 이상의 기호들 또는 이미지들이 합쳐져서 합성 이미지의 형태가 만들어지고 그 후 전체 구성 요소들의 의미가 그 안에 투입되는 과정을 일컫는다. 예를 들어 피해망상적 꿈(persecutory dreams)에서 꿈꾸는 이는 모종의 권위적 인물상에 의해 벌을 받고 있는 꿈을 꾸고 그 인물을 자신의 생활 속의 어떤 사람과 동일시하기 위해 노력할 것이다. 그러나 이 인물은 한 사람이 아니라 서로 다른 몇 사람들—부모, 고용주 또는 배우자—의 모습이 합성되었거나 압축된 것일 수 있다. 꿈꾸는 사람이 이 인물들에 대해 가진 모든 양가적 감정들은 꿈 속에서 한 사람의 박해자로 합해진다. 전치는 의미가 하나의 기호에서 다른 기호로 옮겨 가는 과정을 뜻한다. 불안몽(anxiety dreams)의 예를 들어 보자. 불안몽에서 꿈꾸는 사람은 생활 속의 매우 사소한 사건에 대해 불안을 느끼게 될 수 있으나 이것은 사실 한층 심각한 당면 문제를 피하거나 대체하는 역할을 한다. 이 두 과정들은 프로이트가 일차과정(primary process)이라고 부른 것으로서 의식적 사고인 이차과정(secondary process)과 대조된다. 은유와 환유에 대한 야콥슨의 구분을 프로이트의 일차과정과 비교함으로써 라캉은 마침내 무의식이 어떻게 언어와 같이 구조화되는가를 보일 수 있었다. 그에 의하면 무의식은 은유와 환유의 규칙에 따라 운용된다.

상징계

1950년대 전반에 걸쳐 라캉은 "부상한(emerged) 상징들에 의해"[6] 인간 세상의 모든 것들이 구조화되는 체계를 고안해 내는 데 전념했다. 라캉은 이때 모든 것들이 상징계로 환원될 수 있다고 이야기하는 것이 아니며 그보다는 상징들이 일단 나타난 연후에는 무의식과 인간 주체성을 포함한 모든 것들이 상징들과 상징계의 법에 따라 배열되고 구조화된다는 것이다. 프로이트에게 무의식은 우리를 벗어나는 것이고, 그것에 대해 우리는 어떠한 통제력도 갖지 못하며, 동시에 그것은 우리의 생각과 소망을 통제하는 우리 존재의 한 부분이다. 한편 라캉에게 무의식은 의미작용의 구성물로 이루어져 있는 것이다. 무의식은 우리의 통제 너머에 있는 의미작용의 과정이다. 우리가 언어를 말한다기보다는 언어가 우리를 통해 말하는 것이다. 이러한 의미에서 라캉은 무의식을 타자(Other)의 담론이라고 정의한다. 대타자(big Other)는 언어 즉 상징계

---

[6] Lacan, *The Seminar of Jacques Lacan, Book II: The Ego in Freud's Theory and in the Technique of Psychoanalysis 1954-1955*, ed. J.-A. Miller, trans. S. Tomaselli, Cambridge: Cambridge University Press, 1988[1978], p.29.

(the Symbolic)다. 이 타자는 결코 주체에 완전히 동화될 수 없다. 그럼에도 불구하고 무의식의 핵심을 구성하는 것은 근본적인 타자성이다(그 역할에 대해서는 다음 장에서 살펴보자). 우선 주체에 관한 라캉의 개념화와 어떻게 주체가 기표에 의해 결정되는가에 대해 이야기해 보자.

상징계가 인간의 우주에 한계를 설정한다는 의미에서 라캉은 상징계를 총체적 개념으로서 착상했다. 우리는 언어 안으로 태어난다. 언어를 통하여 타인의 욕망이 조직되고, 우리 또한 언어를 통하여 우리 자신의 욕망을 구성해 내도록 강요받는다. 우리는 라캉이 담론의 회로(circuit of discourse)라고 부른 것 안에 갇혀 있다.

나는 회로를 순회하는 담론 안에 통합된다. 나는 그 연결고리들 중 하나이다. 예를 들어 아버지가 훗날에 내가 다시 반복하도록 운명지어진 그 실수들을 저지른 이상 그것은 내 아버지의 담론이다.…… 나에게는 그가 나에게 남긴 담론을 다시 거두어드릴 의무가 있으므로 나는 어쩔 수 없이 그것들을 다시 반복하게 된다. 이는 단순히 내가 그의 아들이기 때문이 아니라 우리가 담론의 사슬을 멈출 수 없기 때문이며 그것을 이러한 비정상적인 형태로 다른 사람에게 전달하는 것이 바로 내 의무이다.[7]

우리는 이렇게 담론의 회로 안으로 태어난다. 그것은 우리의 출생 전에 우리를 운명짓고 우리의 사후에도 지속될 것이다. 한 명의 인간이 되

---

[7] Lacan, ibid., p.89.

기 위해 우리는—언어와 담론의 체계인—상징계에 종속된다. 우리는 그것으로부터 탈출할 수 없는 반면 그것은 하나의 체계로서 우리를 벗어난다. 각각의 주체들로서 우리는 사회적 또는 상징적 총체성이라는, 우리의 우주의 총합을 구성하는 체계를 결코 완전히 이해할 수 없지만 그 총체적 체계는 우리를 주체로서 빚어내는 힘을 가지고 있다.

앞 장에서 우리는 라캉이 어떻게 자아와 주체를 구분하는가를 보았다. 자아는 일차적으로 주체와 그들 자신의 신체와의 관계를 통해서 형성되는 '상상적 기능'이다. 반면 주체는 상징계 내에서 주조되며 언어에 의해 결정된다. 라캉에 의하면 발화행위(enunciation)의 주체와 발화(utterance)의 주체 사이에는—다시 말하면 말하는 주체와 말해진 주체 사이에는—항상 균열이 있다. 전환사(shifter)로서의 '나'—특정 지시대상을 가지지 않은 채 단지 발화행위에서 '나'라고 말하는 사람을 가리키는 것—에 대한 언어학자 에밀 벤베니스트(Émile Benveniste, 1902~1976)의 개념화를 따라 라캉은 말 속의 '나'는 결코 언어 속의 어떠한 안정적인 것도 가리키지 않는다고 주장한다. '나'라는 것은—주체, 자아 또는 무의식과 같은—다수의 서로 다른 현상들에 의해 점유될 수 있다. 예를 들어, 라캉이 '빈 말'(empty speech)이라고 부른 것에서 '나'는 자아에 상응할 것이고, '찬 말'(full speech)에서는 주체에 상응할 것이며, 반면 또 다른 경우에는 주체나 자아 어느 것에도 대응되지 않는다. 이것이 '나는 타자이다'(I is an other), 즉 '나'는 '내가' 아니다(I is not me)라는 말에서 라캉이 의미한 바이다. 이 두 개념들은 동일한 실체를 가리키지 않는다. 주체는 각 개인과 동일하지 않다. 그것은 개인과의 관계에서 탈중심화된다(de-centered). 요약하면 라캉은 '나'를 탈본질화하고(de-essentializes) 상징계와 기표를 주체의 우위에 놓는다. 주체를 말하는 것은 언어의 구조이며 그 역은 성립하지 않는다. 이것을 잘 알려진 라캉의 이야기로 정리하자면 **주체는 한 기표에 의해 다른 기표에게 제시되는 것이다.**『도둑맞은 편지』에 관한 라캉의 세미나는 이에 대한 설명인데, 여기서 주체는 의미작용의 연쇄 안에 포획되어 있는 반면, 기표는 주체를 특징짓고 상징계 안에서 주체의 위치를 결정한다.

도둑맞은 편지

『도둑맞은 편지』에 관한 세미나는 1954년 처음 시작되었다. 이는 이듬해에 집필되어 프랑스어판『에크리』에서 서론의 역할을 하는 논문으로 구성되지만 후에 출판된 선집들에서는 제외되었다. 벤베누토와 케네디가 지적하듯이 포에 관한 세미나는『에크리』의 처음에 배치되어 이중역할을 수행한다. 이 논문은 차후의 내용들을 대표하는 동시에, 더욱 중요한 것은 그것이 특정 독서 양식을 확립한다는 점이다. "그 이야기는 라캉을 읽으려면 기표의 길을 따라야 한다고 말하는 듯하며 사실『에크리』의 나머지 부분은 본질적으로 기표의 법칙에 관련되어 있다."[8] 1954~1955년 세미나의 제목은 '프로이트의 이론과 정신분석의 기법에 나타난 자아'(The Ego in Freud's Theory and in the Technique of Psychoanalysis)로 붙여졌고 프로이트의 후기 메타심리학 저서인『쾌락원칙을 넘어서』를 고찰하고 있다. 라캉은 무엇보다도 반복강박(repetition

---

[8] Benvenuto & Kennedy, *The Works of Jacques Lacan: An Introduction*, pp.23~24.

compulsion)이라는, 명백히 쾌락원칙을 위배하며 불쾌한 경험들을 반복하는 강박적인 충동에 대한 프로이트의 생각에 관심을 가지고 있었다. 라캉은 이 과정을 '반복 자동성'(repetition automatism)이라고 불렀고 이를 의미화 연쇄의 강요(insistence)라는 그의 개념과 관련시켰다. 『도둑맞은 편지』에 대한 라캉의 세미나는 이 논제 ─ **의미화 연쇄의 강요와 기표에 의한 주체의 결정** ─ 에 대한 예증이다.

에드거 앨런 포의 단편인 『도둑맞은 편지』는 탐정 듀팽에 관한 삼부작의 마지막 작품이다. 이야기를 살펴보면 한 장관이 여왕의 편지를 훔치고, 처음에 편지를 찾아 수색을 한 경찰들은 실패하지만 후에 듀팽은 성공적으로 편지를 찾게 된다. 포의 이야기의 반전은 편지가 사실은 숨겨진 적이 없었으며 항상 완전히 드러난 상태로 놓여 있었다는 것이다. 라캉에 의하면 이 이야기는 두 장면으로 나눌 수 있다. 첫 장면에서는 왕과 장관이 자리한 상태에서 편지가 여왕에게 전달되고 여왕은 개봉되지 않은 편지를 모든 사람이 볼 수 있는 탁자 위에 놓아 둔다. 장관은 즉시 그것이 공개되어서는 안 되는 성질의 편지라는 것을 알아차리고 탁자에 놓인 편지를 집어 드는데 여왕은 그 중요성을 왕에게 알리지 않고서는 편지의 반환을 요구할 수 없는 상황에 처한다. 경찰은 비밀리에 편지를 찾아 수색하지만 실패하는데, 그 이유는 그들은 장관이 편지를 숨겼을 것이라고 가정하는 반면 장관 역시 편지를 벽로 선반에 달려있는 편지꽂이에 드러나도록 놓아 두었기 때문이다. 두 번째 장면에서 우리는 첫 번째 장면의 반복을 보게 되는데 이번에는 장관이 편지를 소유하고 있고, 경찰이 바로 코앞에 있는 편지를 보지 못하는 위치를 점유하며, 듀팽이 공개적으로 벽로 선반 아래에 달려 있는 위장된 편지의 가치를 알아본다.

포의 이야기에 대한 라캉의 독해는 두 가지 중심 주제에 초점을 맞춘다. 첫 번째는 라캉이 볼 때 이야기의 '진정한 주체'의 역할을 하는 편지의 익명성이며, 두 번째는 이야기에서 반복되는 주체들 사이의(intersubjective) 관계들의 양상이다. 독자는 편지의 원본이 남성의 필적이었다는 것과 만일 왕이 그 내용을 알면 여왕이 곤란해질 것이라는 것 외에는 편지에 대해 전혀 아는 바가 없다. 편지가 손에서 손으로 전달됨에 따라—여왕으로부터 장관에게, 장관으로부터 듀팽에게, 듀팽으로부터 경찰국장에게 그리고 경찰국장으로부터 다시 여왕에게—그것은 그것을 소유한 각 인물들을 상징관계의 연쇄 안에 위치시키며 '상징적 협약'을 체결한다. 더욱이 이야기는 전반부의 여왕, 왕, 장관의 관계를 이후 장관, 경찰국장 그리고 듀팽 사이의 관계에서 되풀이한다. 이 순환적 위치들, 또는 상호주체적 관계들은 편지 자체의 이동좌표를 축으로 선회한다. 이러한 상징적 교환의 과정 전반에 걸쳐 편지의 내용이 알려지지 않은 채 유보되므로 우리는 편지를 기의 없는 기표로서 간주할 수 있다.

라캉에 의하면 이야기 안 다양한 주체 위치들은 세 가지 특정 형태의 '시선' 또는 '응시'에 의해 정의된다. 첫 번째 시선은 아무것도 보지 못하는 시선인데 다시 말하면 첫 번째 장면에서 왕의 위치이고 두 번째 장면에서는 경찰이 점유하는 위치이다. 그렇다면 이것은 법—앞을 보지 못하는 법—의 위치로도 간주될 수 있다. 두 번째 시선은 "첫 번째 사람이 보지 못한다는 것을 알고 자신이 숨기는 것의 비밀에 대해 착각하고 있는" 시선이다. 그것은 첫 번째에서는 여왕의 위치이며 두 번째에서는 장관의 위치이다. 세 번째 시선은 "처음의 두 시선들이 감추어져 있어야 할 것을 누구나 가로챌 수 있도록 방치해 둔다는 것을 보는" 시선이다.⁹ 이것은 처음에는 장관에 의해 그리고 이후에는 듀팽에 의해 점유된 위치다. 그렇다면 우리는 다음과 같이 반복되는 삼각형 구조를 갖게 된다:

     왕   경찰

   편지(L)   편지(L)
 여왕 장관   장관 듀팽

라캉에게 『도둑맞은 편지』는 주체를 결정하는 것이 기표 (letter 문자/편지)라는 그의 생각에 대한 정확한 예증이다. 사실 라캉이 제안하는 것은 이야기에서 그가 밝혀내는 세 가지 주체 위치들과 그의 세 개의 계 또는 범주들—상상계, 상징계 그리고 실재계—사이의 상관관계이며 우리는 이를 다음과 같이 재현할 수 있다.

    실재계

    편지(L)
  상상계 상징계

라캉에 의하면 왕과 "경찰들은 실재라는 개념에 대해 절대불변의 확

---

9 Lacan, "Seminar on the Purloined Letter", trans. J. Mehlman, eds. J. P. Muller & W. J. Richardson, *The Purloined Poe: Lacan, Derrida and Psychoanalytic Reading*, Baltimore, MD: The Johns Hopkins University Press, 1988[1956], p.32.

신을 가지고 있어서"[10] 바로 코앞에 있는 것을 알아보는 데 실패한다. 라캉은 이것을 '실재론자의 우둔함'(realist's imbecility)이라고 불렀다. 이것은 주어진 세상이 존재하며 우리는 이 세상과 직접적이고 매개되지 않은 관계를 가지고 있다고 생각하는 미숙한 경험주의를 뜻한다. 두 번째 위치는 보는 사람의 위치이다. 이 자리에서 주체는 첫 번째 위치를 점유한 자는 앞에 있는 것을 보지 못하고 어떤 일이 일어나고 있는가에 대해서도 알지 못하며 세 번째 위치에서는 전개되는 상황의 국면을 완전히 파악하고 있으므로 자신이 주도권을 장악하고 있다는 것을 이해한다는 사실을 알고 있다. 그러나 두 번째 위치에서 주체는 감추어진 것 — 편지의 비밀들 — 은 숨겨진 상태로 남아 있을 수 있다고 믿기 때문에 기표(편지)를 소유한 것은 자신들이라고 '착각한다'. 그렇다면 이 위치에서 주체는 편지와 본질적으로 자기애적인 관계를 가지며 이것은 우리가 앞에서 개략한 상상계적 단계에 상응한다. 세 번째 위치는 상징적이며 이 위치에서 주체는 "상황 속에서의 구조의 역할을 식별하고 이에 따라 행동한다".[11] 이것은 첫 번째에서는 장관의 위치이고 두 번째에서는 듀팽의 위치이다. 두 인물 모두 그들 앞에서 어떤 일이 진행되는가를 볼 수 있고, 편지가 암시하는 것을 이해하며, 무엇보다도 그들은 어떻게 행동해야 하는가를 알고 있다. 이것은 상징계 안에서의 주체의 위치이다. 주체는 전체 구조 안에서의 그들의 위치를 알고 그 구조가 그들의 행동을 결정하는 역할을 한다는 사실을 이해한다.

---

[10] ibid., p.39.
[11] ibid., p.63.

처음에는 여왕이, 이후에는 장관이 편지를 자신들이 소유할 수 있고 숨겨 놓을 수 있다고 믿는다. 그러나 라캉은 주체를 소유하는 것은 편지 (기표)라고 주장한다. 주체를 상징계 안에 각인시키는 것은 기표이다. 장관이 편지를 손에 넣어 감출 때 그는 수신자의 주소를 자신의 주소로 고쳐 쓰지만 그렇게 함으로써 그는 원본의 남성적 필체를 여성적인 것으로 바꾼다. 라캉에 의하면 장관은 "그를 두 번째 위치로 끌고 가는 반복의 역동성 안에" 갇힌다.[12] 마찬가지로 듀팽 또한 자신의 가짜 편지에 서명을 남기지 않을 수 없는데 이 때문에 그는 즉시 두 번째의 자기애적인 위치로 옮겨 가게 된다. 라캉이 설명하듯, "이제 듀팽은 그가 점유하는 위치로부터 명백히 여성적 속성의 분노를 느끼지 않을 수 없다".[13] 그의 편지에 비밀 전언을 남김으로써 듀팽은 과거의 모욕에 대해 장관에게 복수를 하고 있지만 동시에 그는 거리를 두어야 하는 분석가나 관찰자로서의 위치를 포기하고 있다. 주체는 기표에게 포획되어 끝없는 반복의 과정을 통해 의미작용의 연쇄 내에 위치된다. 라캉은 "우리가 무의식이란 우리 안에 기표가 살고 있다는 의미라고 설명하듯이…… 바로 이것이 무의식의 효과"라고 말한다.[14] 주체는 의미화 연쇄 외부에 존재(exist)하는 것이 아니라 그 내부에서 강요된다(in-sists). 편지는 의미화 연쇄를 따라 이동하며 부유하는 기표이고 개인들은 이렇게 전개되는 상황의 의미에 대해 의식하지 못한다.

---

12 *The Purloined Poe: Lacan, Derrida and Psychoanalytic Reading*, p.63.
13 ibid., p.51.
14 ibid., p.48.

✖

1950년대는 라캉에게 놀라운 혁신의 기간이었다. 구조주의 인류학자인 클로드 레비-스트로스, 그리고 언어학자 페르디낭 드 소쉬르와 로만 야콥슨의 영향을 통해 라캉은 상징계와 기표의 주체로서의 주체라는 그의 중심 개념들을 개발했다. 이는 전통적인 정신분석학과 라캉의 결별을 야기하고 — 무의식이 언어와 같이 구조화되었다는 — 그의 혁신적 사상을 가능하게 하였다. 다음 장에서 우리는 라캉에게 이 개념이 뜻하는 바가 무엇이며, 라캉과 프로이트의 무의식에 대한 개념이 어떻게 구별되는가를 생각해 보고, 1960년대 중반 이후 그의 연구에 나타나는 초점의 이동에 대해 살펴볼 것이다.

3. 오이디푸스 콤플렉스와 팔루스의 의미

3장에서 우리는 라캉의 연구가 어떻게 1950년대의 언어학적이고 구조주의적인 전문용어들로부터 거리를 두고 무의식적 욕망과 충동의 측면에서 주체에 관한 이론을 구성하게 되는가를 살펴볼 것이다. 독자가 팔루스, 아버지 그리고 초자아와 같은 정신분석 개념들에 대한 라캉의 재개념화를 이해하는 데 도움이 되도록, 우선 프로이트의 정신분석학의 중심 개념인 오이디푸스 콤플렉스를 라캉이 어떻게 재구성하는가를 설명하고자 한다. 라캉에게 팔루스는 음경과 동일시되어서는 안 되는 것이며, 기표로서 세 개의 범주—상상계, 상징계, 실재계—각각에서 서로 다른 기능을 수행한다. 유사한 방식으로 아버지는 현실에 존재하는 개인이라기보다는 기표 또는 은유로 보아야 한다. 앞으로 살펴보겠지만 '아버지의 이름'(Name-of-the-Father)은 어머니/아이의 결합을 분리시키고 아이를 욕망과 결여의 상징계 안으로 도입하는 기표다. 오이디푸스 콤플렉스 안에서의 아버지의 기능을 통해 초자아가 형성된다. 초자아는 아버지를 내재화한 결과인데 아버지와 초자아의 기능에 대한 라캉의 해석은 매우 혁신적이다. 이 개념들 각각에 대해 차례로 설명한 후, 정신분석 개념들에 내재한 근본적인 역설성(paradoxicality)이 인종차별이나 반유대주의와 같은 사회 현상을 이해하는 데 어떤 도움을 줄 수 있는가에 대해 생각해 보자.

오이디푸스 콤플렉스

오이디푸스 콤플렉스라는 프로이트의 개념은 아마도 가장 대중화되었으나, 동시에 오해의 소지가 가장 많은 정신분석 개념들 중 하나일 것이다. 오이디푸스가 자신도 모르게 아버지를 죽이고 어머니와 결혼함으로써 왕이 되는 소포클레스의 고대 그리스 비극 『오이디푸스 왕』의 내용을 차용하여 프로이트는 우리의 가장 깊은 무의식적 욕망은 아버지를 죽이고 어머니와 결혼하는 것이라고 제안한다. 하지만 오이디푸스 콤플렉스는 이보다는 더욱 복잡한 개념으로서 아이가 부모를 향해 가지는 사랑하는 감정이나 적대적인 느낌, 즉 양가적인(ambivalent) 감정을 파악하기 위한 프로이트의 시도라고 할 수 있다. 그 긍정적인(positive) 형태에서 콤플렉스는 경쟁자인 동성의 부모의 죽음에 대한 욕망이 이성의 부모에 대한 성적인 욕망과 더불어 표현된다. 그 부정적인(negative) 형태에서 콤플렉스는 반대로 동성의 부모에 대한 욕망과 이성의 부모를 향한 증오로서 작용한다. 사실 소위 '정상적'인 오이디푸스 콤플렉스는 긍정적 형태와 부정적 형태를 모두 가진다. 오이디푸스 콤플렉스에서 중요한 것은 아이가 어떻게 부모에 대한 양가적 감정을 조정하고 해소하는 방법을 배우는가이다. 프로이트는 이 과정이 3세에서 5세 사이에 일어난다고 보았다. 오이디푸스 콤플렉스의 해소와 더불어 성욕은 청소년기의 성으로 사춘기에 다시 나타날 때까지 '잠복기'(latency)를 거친다. 무수한 논쟁을 불러일으키며 프로이트는 오이디푸스 콤플렉스가 역사와 문화를 초월한 보편적인 현상이라고 주장했다.

오이디푸스 콤플렉스는 신경증의 핵심적 콤플렉스로서 그 내용의 본질적인 부분을 구성한다. 그것은 유아 성욕의 정점을 대표하며 그 후유증은 성인의 성욕에 결정적인 영향을 미친다. 이 땅에 태어나는 모든 인간은 오이디푸스 콤플렉스를 극복할 임무에 직면한다. 이에 실패하는 자는 모두 신경증에 희생된다.[1]

가족에 관한 초기의 백과사전적 논문(1938)에서 라캉은 오이디푸스 콤플렉스에 관한 다분히 정통 프로이트주의적인 독해를 받아들였지만 1950년대에 와서는 비로소 레비-스트로스의 영향을 통해('상징계' 장을 보라) 콤플렉스에 대한 자신만의 독특한 '구조적' 모델을 개발하기 시작한다. 라캉에게 오이디푸스 콤플렉스는 일차적으로 상징적 구조이다. 두 사람이 함께 살거나 결혼을 했을 때 이 관계들은 개인적이고 사사로운 이유들에 의해 이루어지는 것이지만 동시에 그 안에는 더욱 광범위한 사회적·상징적 측면들이 내재한다. 연애나 결혼관계는 단순히 당사자들에게만 해당되는 것이 아니라 친구, 친척 그리고 제도를 포함하는

---

[1] Sigmund Freud, *On Sexuality: Three Essays on the Theory of Sexuality and Other Works*, Penguin Freud Library, vol.7, Harmondsworth: Penguin, 1991 [1905], p.149.

전체 사회조직에 관계된다. 즉 개인적인 관계들이 남녀를 사회적 의미들로 구성된 상징회로 안에 위치시키는 것이다. 라캉은 이 때문에 관여된 실제 당사자들과 남녀의 관계를 조정하는 상징구조들을 구분해야만 한다고 주장한다. 사회 내에서 우리의 상징적이고 무의식적인 관계들을 정의하는 일차적 구조는 오이디푸스 콤플렉스이다. 좀더 정확하게 말하면 오이디푸스 콤플렉스는 상상계에서 구축된 어머니와 아이의 이자관계(binary relationship)를 깨뜨리는 삼자구조를 형성한다. 앞으로 설명하겠지만 상상계는 결코 단순히 이자구조로만 이루어진 것이라고는 할 수 없으며 세 번째 요소가 항상 개입되어 있다. 유아의 생후 초기 경험들은 어머니에 대한 절대적인 의존심으로 특징지어지는데 이것은 어머니가 영양과 보살핌과 양육이라는 아이의 욕구들을 충족시켜 주기 때문이다. 동시에 아이는 어머니/타자(m)other의 욕망에 관한 수수께끼에 직면한다. 타자(Other)의 욕망 안에서 나는 무엇인가? 아이가 구상해 내는 대답들은 오이디푸스 콤플렉스의 해소에 결정적인 역할을 할 것이다.

  오이디푸스 콤플렉스는 상상계로부터 상징계로의 이행을 특징짓는다. 세 번째 개념인 '아버지의 이름'의 개입을 통해 어머니와 아이 사이에 구축된 상호욕망의 폐쇄적 회로는 깨어지고 아이가 자신을 어머니로부터 분리된 존재로 구별하기 시작할 수 있게 되는 공간이 형성된다. 라캉은 이 세 번째 개념을 아버지의 이름이라고 부른다. 아버지의 이름은 실제 아버지를 뜻하지 않으며 사실 반드시 남성이어야 하는 것도 아니다. 그 이유는 아버지의 이름이 아이가 어머니의 욕망의 대상이 위치한 곳이라고 인식하는 상징적 자리이기 때문이다. 이것은 또한 아이의 욕망을 금지하기 위해 개입하는 권위와 상징계의 법의 위치이기도 하다.

라캉에 의하면 이 모든 과정이 주축으로 삼는 중심 기표는 **팔루스**이다.

팔루스의 의미

프로이트에 따르면 오이디푸스 콤플렉스는 유아 성욕의 '남근기'(phallic phase)에 상응한다. 프로이트는 이 단계 이전에는 모든 아이들이 근본적으로 자가성애(auto-eroticism)를 통해 성적만족을 얻는 양성애자라고 생각했다. 그가 지적하고자 하는 것은 유아들이 자신의 신체를 통해 성적 자극을 받는다는 것이다. 일반적인 성적대상이 없이 그들은 성감대를 확장하여 만족을 얻는다. 성감대는 성기뿐만 아니라 구공(口孔) 또는 항문외구(肛門外口)와 같이 유아에 의해 성적으로 중요한 의미를 부여받은 모든 신체부분 및 기관을 뜻한다. 예를 들어 손가락 빨기는 유아가 신체 특정 부위의 자극을 통하여 쾌락을 얻는다는 의미에서 자가성애적 활동이다. 남근기를 통해 변하는 것은 성기가 성적 자극의 중심이 된다는 것이다. 그러나 성인과 유아의 성욕 사이에는 결정적인 차이가 있는데, 유아기에는 남녀를 불문하고 "오직 하나의 성기, 즉 남성 성기에만 중요성이 부여된다. 그러므로 논점은 성기의 우위가 아니라 팔루스의 우위이다."[2] 음경의 현존과 부재를 확인함으로써 아이는 소년과 소녀가 다르다는 것을 인식하게 된다. 무엇보다도 먼저 프로이트는 남녀 모두 여성이 음경을 가지고 있지 않다는 사실을 부인하며, 비록 실제로 그것을 확인했다 하더라도 그들은 자신들이 그것을 본 것으로 믿는다고

---

[2] Freud, "The Infantile Genital Organization"(1923), *On Sexuality*, p.308.

가정했다. 그러나 결국 음경의 부재를 인정하지 않을 수 없게 되면 그들은 거세라는 개념을 통해 이 부재를 설명한다는 것이다. 남아는 여자를 거세된 남자로 보며 여아의 경우에는 자신이 음경을 가지고 있지 않으며 결코 음경을 가질 수 없다는 것을 받아들여야 한다. 프로이트는 실제 신체기관으로서의 음경과 성차(sexual difference)의 기표로서의 '팔루스'를 구별하지 않았다. 프로이트의 저작 안에서 팔루스는 항상 함축적으로 남성 성기를 참조하고 있다.

유아 성욕에 관한 프로이트의 통찰에서 라캉에게 중요한 것은 여아가 음경을 소유하고 있는가 또는 남아가 거세에 대한 두려움을 느끼는가의 문제가 아니라 팔루스가 결여와 성차의 기표로서 기능한다는 사실이다. 라캉의 이론에서 팔루스는 남성 성기를 암시하고 있음이 명백해 보일 때조차도 남성 성기와 혼동되어서는 안 된다. 팔루스는 무엇보다 먼저 기표이며 라캉의 체계에서는 특별히 특권적 기표의 자리를 점유한다. 팔루스는 라캉의 세 개의 범주들—상상계, 상징계, 실재계—전체에 영향을 미치며 라캉의 체계가 성숙함에 따라 의미작용의 연쇄를 멈추게(anchors) 하는 유일무이한 불가분의 기표가 된다. 후에 논의되겠지만 사실 팔루스는 그것이 의미작용의 과정 자체를 시작하는 것이기 때문에 특별히 특권적인 기표이다. 3장에서 우리는 팔루스의 상상계적인 측면과 상징계적 측면 그리고 아버지의 은유(paternal metaphor)를 통해 이들이 어떻게 아버지의 이름에 연계되는가에 초점을 맞출 것이다. 우리는 다음 장에서 팔루스, 주이상스, 그리고 실재계의 문제로 다시 돌아올 것이다.

상상적 팔루스

앞에서 언급했듯이 아이는 어머니의 욕망이 다른 곳으로 향해 있음에 따라 자신이 어머니의 욕망과 동일한 것이 아니며 어머니의 욕망의 단일대상이 아니라는 것을 점차적으로 깨닫게 된다. 그러므로 그/그녀는 다시 한번 어머니의 욕망의 대상이 되어 예전의 기쁨에 찬 결합의 상태로 돌아가기 위해 노력할 것이다. 어머니와 아이 사이의 단순했던 이자관계는 아이, 어머니 그리고 그녀의 욕망의 대상 사이에 맺어지는 삼자관계로 전환되었다. 아이는 어머니의 욕망의 대상이 되어 그녀를 유혹하고자 한다. 라캉은 이 세 번째 개념을 상상적 팔루스라고 부른다. 상상적 팔루스는 아이에 의해 누구든 어머니의 욕망의 대상이 되려면 가져야만 하는 것으로 추정되는 것인데 어머니의 욕망은 일반적으로 아버지를 향하고 있으므로 그가 팔루스를 가진 것으로 추측되는 것이다. 어머니의 욕망을 만족시키기 위해 노력하는 과정에서 아이는 어머니가 상실했을 것으로 추측되는 대상과 동일시하며 그녀를 위해 그 대상이 되고자 한다. 아이가 마음속에서 팔루스를 상실되었지만 되찾을 수 있는 실제 대상과 연계시킨다는 의미에서 팔루스는 상상적이다. 라캉에게 오이디푸스 콤플렉스는 상상적 팔루스와의 동일시를 포기하고, 팔루스가 기표라는 것과 그것은 애초에 존재하지 않았음을 인식하는 과정을 포함한다. 그러므로 프로이트가 거세라고 부른 것은 아이가 자신들이 어떤 것을—팔루스를—'결여하고' 있다는 인식을 수반하는 상징적 과정이다. 라캉에 의하면 거세의 과정에서 남아들은 그들이 결코 '현실에서' 실제로 상상적 팔루스를 가질 수 없다는 것을 받아들임으로써만 그것을 상징적으로 '가질' 수 있음을 인정하게 되고, 여아의 경우에는 어머니와의 관계에서 '팔루스적' 동일시를 포기할 때 그들이 팔루스를 '가지고 있지 않음'(not-having)을 받아들일 수 있다(이 매우 복잡한 개념에 대해서는 성차에 관한 부분에서 더욱 자세히 논할 것이다). 이것이 라캉이 설정한 오이디푸스 콤플렉스의 기능이다.

상징적 팔루스

아이와 어머니 사이의 상상적 일체감이 깨어지는 것은 아버지의 이름의 개입을 통해서이다. 아버지는 아이가 결여한 무엇인가를 소유한 것으로 추정되는데 바로 이것이 어머니가 욕망하는 것으로 간주된다. 그러나 이때 아버지의 이름을 실제의 아버지와 혼동해서는 안 된다. 아버지의 이름은 상징적 기능으로서 아이의 환영적 세상에 침입하여 어머니와 아이의 상상적 이자관계를 무너뜨린다. 아이는 아버지가 어머니의 욕망을 만족시키며, 그가 팔루스를 소유한 사람이라고 추측한다. 라캉은 이러한 의미에서 오이디푸스 콤플렉스가 치환의 요소, 즉 어머니의 욕망이라는 하나의 기표를 아버지의 이름이라는 다른 기표로 치환하는 과정을 수반한다고 주장한다. 이러한 초기의 치환행위를 통하여 의미작용의 과정이 시작되고 아이는 결여의 주체로서 상징계에 진입한다. 또한 이 때문에 라캉은 상징화 과정 자체를 '팔루스적'이라고 묘사한다. 팔루스는 아버지의 이름을 통하여 무의식을 조직·편성(organizing)하는 기능을 하는 중심적 기표로서 설정된다. 누구도 애초에 그것을 소유한 적이 없다는 전제하에 팔루스는 '근원적'(original) 상실 대상으로 간주된다. 그러므로 팔루스는 다른 기표들과는 구별되는데 그것은 부재의 기표로서 그 자체로는, 즉 사물이나 대상 또는 신체기관으로는 '존재'하지 않는다. 이에 대해 조금 더 자세히 살펴보자.

라캉은 상상적 팔루스를 포기하는 과정을 프로이트가 설명한 거세공포와 동등하게 간주하며, 프로이트의 이론에서 거세의 과정은 우리가 일반적으로 생각하는 것보다 한층 복잡하다고 주장한다. 거세는 자신의 음경을 잃는 것에 대한 불안만을 포함하는 것이 아니라, **결여** 또는 **부재**에 대한 인식 또한 수반한다. 아이는 음경의 상실에 대해 걱정을 하며 동시에 어머니는 음경을 가지고 있지 않다는 사실을 인식하게 된다. 그러므로 음경에 대한 생각은 환유적으로 결여의 인식과 연관된다. 이러한 의미에서 라캉은 팔루스를 단순히 음경으로 간주할 수 없다고 주장한다. **그것은 음경과 더불어 이것에 부재 또는 결여의 인식을 가산한 것**이다. 거세는 여아의 경우처럼 이미 음경을 상실했다는 두려움이나 남아의 경우처럼 그의 음경을 잃게 될 것이라는 두려움을 의미하는 것이 아니라, 자신이 어머니의 팔루스가 될 수 있다는 생각을 포기하는 상징적 과정이다. 아버지의 개입은 아이가 어머니로부터 거리를 두게 만드는 동시에 팔루스를 영원히 그의 손이 닿을 수 없는 저편에 배치한다. 만약 상징적 아버지가 팔루스를 소유한 것으로 간주된다면 아이는 자신도 상징계에서 주체가 되기 위해 상상적 팔루스를 포기할 수밖에 없다. 라캉에게 문제는 어떻게 우리가 '결여'를—정의상 존재하지 않는 어떤 것을—상징적으로 표현할 수 있는가에 관한 것이었다. 그는 '베일'이라는 것을 구상해 냄으로써 해답을 얻는다. 베일의 존재는 그것이 단지 주체 편에서의 유추에 불과하지만 그 안에 베일에 싸인 대상이 있다는 것을 전제로 한다. 이렇게 베일은 영원히 대상이 존재한다고 생각할 수 있도록 만들어 주는 것이다. 그러므로 팔루스가 항상 베일에 가려진 채 손이 닿을 수 없는 곳에 있다고 가정할 때 남아와 여아 모두 팔루스와 관계를 가질 수 있게 된다. 팔루스는 욕망과 의미작용 사이에 결정적 연결고리를 제공하며 욕망은 상징화 과정을 운행한다. 팔루스는 우리가 상실한 것이며 우리는 그것을 영원히 찾아 헤매지만 사실 그것은 애초에 우리가 가져 본 적이 없는 궁극적인 욕망의 대상이다.

이 복잡한 개념을 더욱 상세히 논의하기 전에 지금까지의 내용을 요약하자면, 팔루스는 아이가 타자의—어머니의—욕망을 인식하도록 강요받는 균열의 순간을 의미한다. "어머니가 욕망하는 것이 되고자 하는 아이의 욕망에 금지가 내려지면 어머니는 아이로부터 거부된다."[3] 그러므로 팔루스는 항상 다른 어떤 곳에 속하는 것이다. 그것은 어머니/아이의 이자관계를 단절시키고 상징적 교환의 질서를 구축한다. 이러한 의미에서 팔루스는 상상적인 동시에 상징적이다. 그것은 어머니의 욕망을 충족시킬 것으로 가정되는 대상을 대표한다는 의미에서 상상적이며 동시에 욕망은 충족될 수 없는 것이라는 인식을 의미한다는 점에서 상징적이다. 상상적 결합을 분리시킴으로써 "팔루스는 주체의 근본적인 균열 자체를 재현하는 분열[존재의 결여(lack-in-being)]의 순간을 대표한다."[4] '외관상'의 가치만을 가지는 부재 내부의 존재로서 팔루스란 외수(外數, fraud)이다.

---

[3] Jacqueline Rose, *Sexuality in the Field of Vision*, London: Verso, 1991, p.61.
[4] ibid., p.63.

아버지의 법과 초자아

아버지의 개입을 통해 아이는 유아기의 충족함으로 이루어진 상상계적 세계로부터 결여로 구성된 상징계적 우주로 나아간다. 오이디푸스 콤플렉스는 상상계로부터 상징계로의 이행을, 또는 프로이트가 『토템과 터부』(Totem and Taboo, 1913)와 『문명 속의 불만』(Civilisation and its Discontents, 1930)과 같은 저작들에서 이론화하였듯이, 자연에서 문화로의 이행을 의미한다. 프로이트에게 오이디푸스 콤플렉스는 문명, 종교, 도덕 그리고 예술의 기원을 의미한다. 어머니에 대한 우리의 근친상간적 욕망을 억압하고 승화시킴으로써 문명과 문화가 발전할 수 있었다. 그러므로 라캉이 말하는 아버지의 이름이란 근친상간을 금지하고 상징계의 법을 도입하는 것과 연관된다. 라캉에 따르면 상징계와 의미작용의 과정은 '팔루스적'이며 아버지의 은유와 아버지의 법이 강요됨에 따라 기능하게 된다. 아버지는 사회적·상징적 법을 구현하는 것으로 간주되며 아버지의 은유의 기능은 어머니에 대한 욕망을 아버지의 법으로 치환하는 것이다. 이는 또한 라캉에게는 무의식이 형성되는 순간이며 팔루스가 무의식을 조직·편성하는 중심 기표로서 설정되는 지점이다. 그러나 아버지의 은유의 내재화는 또 다른 부산물을 생성하는데 이것이 바로 프로이트가 초자아라고 명명한 것이다. 여기서 중요한 점은 라캉이 초자아라는 개념을 매우 특수하게 발전시켰다는 것이다.

초자아는 근친상간에 대한 금기를 내재화함으로써 자연으로부터 문화로 이행하게 되면서 나타나며 종종 도덕적 양심의 발달과 관련된다. 라캉은 초자아와 법 사이의 이러한 연관성을 유지하며 프로이트가 개진하지 않은 본질적인 역설을 지적한다. 『토템과 터부』에서 프로이트는 근친상간의 금지는 이후 모든 사회의 법의 기반을 마련했다고 주장한다. 다른 말로 바꾸면 인간 주체의 가장 근본적인 욕망은 근친상간에 대한 욕망이며 이에 대한 금지는 모든 사회의 지배원리를 대표한다. 라캉에게 초자아는 상징계에 위치하는 것으로서, 법에 대해 친밀하지만 동시에 역설적인 관계를 지닌다. 법과 마찬가지로 금지는 문화의 영역 안에서만 기능을 하며 그 목적은 항상 근친상간을 금지하는 것이다.

프로이트는 근친상간의 금지를 원초적 법의 기반이 되는 원칙으로 간주하는데 모든 다른 문화적 성과들은 이 법으로부터 파생된 결과에 지나지 않는다. 또한 그는 근친상간을 근본적인 욕망으로 이해한다.[5]

이때 법은 그것이 배제하고자 하는 것을 기반으로 제정되는데 다르게 표현하자면 법을 거스르고 위반하고자 하는 욕망이 바로 법의 존재 자체의 전제조건인 것이다. 초자아는 한편으로는 주체의 욕망을 규제하는 상징적 구조이지만 다른 한편으로는 욕망에 대한 몰상식하고 맹목적인 명령이기도 하다. 라캉이 세미나 XX에서 지적하는 대로 우리에게 즐기라고 강요하는 것은 다름 아닌 초자아이다. "초자아는 주이상스에 대한 명령이다—즐겨라!"[6] 그러므로 초자아는 법인 동시에 그 자체를 파괴

---

[5] Jacques Lacan, *The Seminar of Jacques Lacan, Book VII: The Ethics of Psychoanalysis 1959-1960*, ed. J.-A. Miller, trans. D. Porter, London: Routledge, 1992[1986], p.67.

[6] Lacan, *The Seminar of Jacques Lacan, Book XX: Encore, On Feminine Sexuality, The Limits of Love and Knowledge 1972-1973*, ed. J.-A. Miller, trans. Bruce Fink, NY: Norton, 1998[1975], p.3.

하는 것, 즉 법을 훼손시키는 부분이기도 하다. 초자아는 법—공법 또는 사회법—이 실패하는 곳에 나타나며, 지젝이 지적하듯 바로 이 실패의 순간에 법은 '불법적 쾌락에 지원을 청하지' 않을 수 없게 된다.[7] 어떤 의미에서 초자아는 공법의 변증법적 대극이다. 지젝은 이것을 — 공법에 항상 필연적으로 동반되는 어두운 이면인 — 외설스러운 '밤의' 법이라고 부른다. 정신분석에 따르면 주체가 법과 그것을 위반하고자 하는 욕망 사이의 긴장을 피하는 길은 전무하며 이 욕망 자체는 '죄의식'으로 표현된다. 사실 정신분석에서는 단순히 우리가 법을 어기고 근친상간을 범했을 때 유죄판결을 받게 되는 것이 아니라 근친상간을 범하고자 하는 욕망에 의해 우리는 항상 이미 유죄이다. 그러므로 이 때 드러나는 초자아의 궁극적인 역설은 "초자아의 명령에 복종하면 할수록 그 압력은 더욱 강해지고 우리는 더욱 죄의식을 느끼게 된다"는 것이다.[8] 우리는 이 개념들이 실제로 어떻게 적용되는가를 살펴볼 것이다. 그러나 우선 초자아에 남겨진 마지막 한 가지 모호함에 대해 논할 필요가 있다.

두 아버지

오이디푸스적 아버지와의 동일시를 통하여 근친상간의 금지가 내재화되고 오이디푸스적 욕망이 포기되는데, 프로이트는 이 과정에 의해 초

---

[7] Slavoj Žižek, *The Metastases of Enjoyment: Six Essays on Woman and Causality*, London: Verso, 1994, p.54[『향락의 전이』, 이만우 옮김, 인간사랑, 2002].
[8] ibid., p.67.

자아가 구성된다고 생각했다. 그러나 이때 프로이트에게서 발견되는 것은 한 명이 아닌 두 명의 아버지이다. 무엇보다 먼저 어머니와 아이의 관계에 개입하여 이를 파괴하고 아이가 어머니의 욕망에 접근하는 것을 금지하는 오이디푸스 콤플렉스의 아버지를 생각할 수 있을 것이다. 그는 아이에게 법―근친상간을 금지하는 법―을 전수하고 아이의 욕망을 법에 종속시키는 아버지이다. 그러나 주지할 사실은 아버지 자신도 법에 복종한다는 것이다. 두 번째 아버지는 법의 외부에 있는 것으로 인식되는 『토템과 터부』에 나오는 원초적 아버지(primal father)이다. 프로이트가 제시한 기원에 대한 신화에서 최초의 아버지는 절대적 힘을 가진 인물이다. 이 아버지는 그의 아들들과 경쟁자들을 추방함으로써 원시부족의 여자와 부를 차지했다. 이 폭압적 인물이 오이디푸스적인 아버지로부터 구별되는 점은 그 자신은 법―아들들이 부족의 여자들에게 접근하는 것을 금지하는 법―에 종속되지 않는다는 것이다. 그러므로 이와 같은―잔인하고 방탕한―또 다른 아버지는 법의 이면이다. 두 아버지들 모두 정신의 영역에서 초자아로서 기능한다.

원초적 아버지와의 동일시는 주체가 법이라는 권위와 함께 법을 위반하고 훼손하려는 불법적 욕망과 일제히 동일시하는 애매모호한 과정이다. 초자아와 더불어 아버지라는 개념 역시 매우 역설적인 방식으로 기능한다. 그는 권위의 작인(作因, agency)인 동시에 그가 다른 이들에게 공포한 법을 적극적으로 위배하는 법 밖의 인물이기도 하다. 그러므로 주체가 권위에 복종하고 자신의 욕망을 규제하기 위해 내재화해야 하는 기표는 그 자체가 법의 경계 너머에 존재한다. 심리적으로 과도하게 응징적인 초자아와 상징계에 대한 복종은 이러한 견디기 힘든 상황에 대처하기 위해 주체가 선택하는 한 방법이다. 그러나 이것이 암시하는 바는 만약 우리가 어떤 것을 금지하기 위해 강력한 수단을 동원해야만 한다면 범죄를 저지르고자 하는 욕망도 그만큼 강력할 것이라는 사실이다. 이제 이러한 범법과 응징의 악순환이 어떻게 사회 영역에 적용되는가를 인종차별주의와 반유대주의에 대한 지젝의 분석을 통해 살펴보자.

인종차별주의, 반유대주의 그리고 향락에 대한 명령!

인종차별주의와 반유대주의는 사회적 구조인 동시에 정신적 구조이다. 여기서 나는 이 과정들에 나타난 정신의 무의식적인 측면에 초점을 맞추고 있지만, 이것은 우리가 이들을 심리학적인 설명 중 하나로 환원할 수 있음을 암시하는 것으로 이해되어서는 안 된다. 우리는 인종차별주의와 반유대주의가 어떻게 앞서 다루었던 초자아의 구조들을 예증할 수 있는가에 대해 세부적으로 살펴볼 것이다. 인종차별주의와 반유대주의는 모두 본질적으로 모순적인 이데올로기들이다. 영국의 예를 들자면, 매체를 통해 우리는 끊임없이 이주민들이 우리의 사회보장제도의 혜택을 무료로 받기 위해 나라에 '쇄도한다'는 기사를 접하기도 하고 이와 동시에 바로 그 동일한 이주민들이 우리의 일자리를 약탈하고 일반시민들을 실직하게 만든다고 공격하기도 한다. 이것은 명백히 모순적이다. 만약 이주민들이 사회보장제도에 의해 사치스러운 생활을 영위한다면 그들은 일을 하고 있지 않을 것이며, 그들이 열심히 일하여 우리의 직장에서 일하게 된다면 그들은 명백히 국가에 기생하는 것이 아니라 기여하고 있는 것이기 때문이다. 이 과정에 대해 정신분석은 어떻게 주체들이 그러한 모순적인 믿음들을 유지시키는가를 설명해 낸다.

인종차별주의와 반유대주의의 관계는 복잡하며 그 양상은 지속적으로 변한다. 지젝은 전통적으로 반유대주의가 항상 '예외'로 간주되었으며 인종차별주의의 다른 형태들과는 다르게 개념화되었다는 사실을 지적한다. 고전적 인종차별주의가 국가 우월주의적 이데올로기를 제시함으로써 소위 '열등한' 인종들을 예속시키는 반면, 반유대주의는 유대인을 체계적이고 조직적으로 말살시키고자 한다. 더욱이 나치의 정치선전은 대량학살의 필요성을 이데올로기에 내재한 또다른 근본적 요소와 연결시켰다. 단지 유대인들이 국가의 위협요인이기 때문에 살해되어야 하는 게 아니라 이보다 더욱 중요한 것은 사회적·상징적 질서 —새로운 아리아인만의 국가— 자체가 그 과정이 수반되지 않고서는 완전히 실현될 수 없었기 때문이다. 이때 초자아라는 개념이 기능하기 시작한다.

파시즘의 정치선전은 '유대인' 또는 유대 인종을 법을 거스르고 훼손시키는 인물로 표현하며 새롭고 조화로운 아리아인 사회가 도래하기 위해서는 반드시 응징하여 종국에는 말살시켜야만 하는 것으로 간주했다. 더욱이 나치는 부와 권력의 자리를 점유한 유대인들이 너무나 많기 때문에 국가는 그들에게 저항하기 위해 강력하고 권위적이어야만 한다고 주장했다. 그러므로 한편으로는 유대인에게 과도한 권력과 영향력이 부여되는 반면 다른 한편으로는 파시즘의 정치선전에서와 같이 —곤충이나 설치류 등의— 인간 이하로서 묘사된 유대인의 모습을 볼 수 있는데 이러한 묘사는 그들에 대한 말살정책을 이성적으로 정당화하기 쉽도록 만들어 준다. 즉, 타자를 비인간화하는 과정이 타자의 권력과 영향력에 대한 과장과 함께 수반되는 이중 과정이 일어나는 것이다. 만약 특정 집단이 너무나 작거나 하찮아서 우리가 쉽게 그들을 진압할 수 있다면 왜 그리 야단들이란 말인가? 이들은 우리에게 그 정도의 위협을 가할 수 없는 존재들일 것이다. 우리가 반드시 타자를 말살해야 하는 이유는 그들이 부유하고 권력을 가지고 있으며 영향력이 있기 때문이다. 그러나 더욱 중요한 것은 그들이 소유하는 부와 권력과 영향력이 우리의 사회에서의 정당한 지위를 우리로부터 박탈한다는 점이다. 우리가 반유대주의에서 볼 수 있는 것은—사회 질서를 유지하고 통제하는 금지로서의—법이 그 자체가 배제하는 것으로부터 지원을 받게 된다는, 초자아를 통하여 제시되었던 그러한 악순환이다. 정권이 더욱 권위적으로 통제하게 된다면 그 이면에는 더욱 큰 위협이 도사리고 있는 것으로 가정되어야만 한다. 그러므로 유대인은 인간 이하이며 그렇기 때문에 '우리의 삶의 방식'에 잠행성(潛行性) 위협을 의미하지만 동시에 초인간적이어서 막대한 권력과 영향력과 성공을 의미하기도 하는데, 나치 이데올로기는 개인이 이러한 명백히 모순적인 입장들을 견지할 수 있도록 특정 환상 구조를 제시한다(환상의 설명에 대해서는 '실재계' 장을 보라). 이중 환상(dual fantasy)이라는 개념에 대해 조금 더 자세히 설명해 보자.

정신분석에 의하면 환상에는 항상 좋은 측면과 나쁜 측면이 있다. 우리 삶의 일상적인 모습들과 현대 문명의 공포 너머에 행복한 꿈과 같은 상태가 있는 것으로 간주되지만, 이것은 항상 질투와 염증과 악의를 수반한 더욱 어두운 측면과 함께 나타난다. 전체주의는 이러한 이중 구조의 전형적인 예를 제시한다. 우선 유토피아적 측면을 보자면 유기적으로 자연스럽게 연대된 사람들이 만든 통합되고 조화로운 공동체로서의 완벽한 국가에 대한 환상이 있다. 그러나 이 유토피아적 이상주의는 항상 이러한 유토피아의 실현을 저지하는 음모와 모반과 위협들에 대한 환상을 동반한다. 지젝에 의하면 이 때문에 공동체가 그 자체의 현실을 통제되고 조화로운 구조로서 인식하기 위해서는 반드시 중심부에 존재하는 내부의 본질적 갈등을 억압해야만 한다. 다른 말로 바꾸면 유토피아적 환상이 기능하기 위한 전제는 체계의 일부가 부인되고 억압되는 것이며 그 효율성은 이 과정이 얼마나 성공적인가에 달려 있다. 나치에게 이 역할을 담당한 것이 바로 '유대인'이다. '유대인'이라는 형상은 반유대주의 이데올로기의 전제조건이다. 바로 이것이 반유대주의를 유지시키는 것이다. 반유대주의 이데올로기가 작동하기 위해서는 환상의 차원에서 지젝이 '개념적 유대인'(conceptual Jew)이라고 명명한 것이 고안되고 유지되어야만 한다. 지젝이 주장한 흥미로운 사실은 나치 이데올로기가 종종 유대인 수가 가장 적은 독일 지역들에서 가장 기승을 부렸다는 것이다. 그렇다면 역설적이게도 거주하고 있는 실제 유대인의 수와 그들의 위협이 적으면 적을수록 그들의 역량이 오히려 더욱 강하게 느껴진 셈이다. 물론 이것은 이후의 한층 극심한 억압과 폭력의 사용을 합법화했고 이는 다시 자신들에 대한 더욱 강력한 위협을 전제로 한다. 이것이 바로 초자아의 자별적 악순환이다.

그런데 이때 진행되고 있는 또 다른 과정이 있다. 특정 권위주의 정권이 존재하기 위해서는 아무리 그 정권이 전체주의적이더라도 구성원들 각각의 능동적인 참여와 지지가 필요하다. 그렇지 않고서는 어떤 정권이든 순식간에 붕괴될 것이다. 그러나 성원들이 왜 명백히 억압적인 정권을 지지하겠는가? 이것을 이해하기 위해 우리는 아버지라는 개념의 모호성과 라캉이 초자아의 향락에 대한 명령이라고 부른 것을 참조해야 한다. 주체가 지도자/아버지라는 인물과 동일시할 때 그/그녀는 오이디푸스적인 역량과 권위의 위치와 동일시하고 있는 것이다. 그러나 동시에 주체는 원시부족의 잔인하고 방탕한 아버지와도 동일시하게 된다. 만약 우리가 쾌락과 향락을 얻지 못한다면 우리는 다른 사람이 우리의 지위를 강탈하고 대신 그 위치를 점유했기 때문이라고 생각한다. 그러므로 역량과 잠재력이 과장된 이미지는 이제 다른 '소수'집단에 속하는 것으로 간주된다. 지젝에 의하면 이것이 바로 반유대주의에서 전개되는 논리이다. '유대인'이라는 형상은 —유대인들이 우리가 가지지 않은 어떤 것을 소유하며 그러므로 그들은 우리가 얻지 못하는 쾌락을 느낄 수 있다는— 일종의 잉여(surplus)를 가정할 때에만 효력을 발생한다. 인종 차별주의와 반유대주의가 심리적으로 작동되기 위해서는 반드시 우리가 강탈당한 것으로 인식되는 불가능하고 불가해한 향락이 타자에게 속하는 것으로 가정되어야만 한다. 지젝은 역설적이게도 주어진 공동체를 '하나로 묶는' 것은 법을 위배하는 것과의 동일시라고 주장한다.

[그것은] 공동체의 '정상적' 일상생활을 통제하는 공법 또는 상징계의 법과의 동일시라기보다는 오히려 법을 위배하고 정지시키는 특정 형태와의(정신분석적 용어로는 특정 형태의 향락과의) 동일시이다.[9]

더욱 구체적으로 말하자면 공동체를 하나로 결속시키는 방법은 이방인 또는 외국인 집단에게 과잉 향락(excessive enjoyment)을 귀속시키는

---

9 Žižek, *The Metastases of Enjoyment: Six Essays on Woman and Causality*, p.55.

것이다. 그 예로 흑인 남성과 연계된 성적 능력에 관한 전형적인 환상을 들 수 있다. 이렇게 타자에게 과잉 향락을 귀속시키게 되면 그것은 주체에 대한—자신의 향락에 대한—절도를 의미하게 된다. 정신분석은 이러한 정신 구조—초자아, 아버지 그리고 환상—의 본질적 모호성은 모든 사회 질서에 필수적인 구성 요소이며 그 사회가 제대로 기능하기 위해서는 핵심적인 것이라고 주장한다. 만약 위협이 실제로 경험될 수 없다면 이 위협은 나치 이데올로기가 억압적 정권을 정당화하기 위해 '개념적 유대인'을 구상해야 했던 것과 마찬가지로 고안되어야 할 것이다. 핵심은 유대인이 나치 이데올로기의 원인이 아니라 그 결과 안에서 구성된 어떤 것이라는 점이다. 즉 유대인은 파시즘 정권을 가능하게 하는 전제조건으로서 사후적으로(retrospectively) 가정되었다는 것이다. '개념적 유대인'이라는 용어는 파시즘의 이데올로기의 불합리성에 논리와 일관성을 부여한다. 인종차별주의와 반유대주의 안에서 향락, 특히 향락의 '과잉'은—'타자는 게으르지만 그래도 우리보다 더 많이 즐기고 있다. 그들은 우리의 힘든 노동에 기생한다' 등과 같이—항상 타자에게 귀착된다. 그러나 이것은 그 자체로는 인종차별주의가 효력을 내기에 충분하지 않다. 이와 더불어 타자의 향락은 반드시 우리의 향락을 박탈하는 것으로 간주되어야 한다. '우리는 우리가 자랑스러워할 만하고 그 안에서 행복할 수 있는 공동체를 만들기 위해 열심히 노동했지만 우리를 속이는 게으른 외국인들에 의해 이 목표가 좌절되었다. 우리의 향락을 가장 완벽하게 실현시킬 수 있었던 바로 그 요소를 그들이 우리로부터 박탈해 갔으므로 우리는 우리의 공동체를 향유할 수 없다.' 향락의 절도—이것이 지젝이 이해하는 인종차별주의와 반유대주의의 논리다.

✖

라캉은 정신분석의 중심 콤플렉스인 오이디푸스 콤플렉스를 상징적 구조로서 재구성했다. 그러므로 라캉에게 거세의 위협은 실제적인 신체적 위협이 아니라 아이가 상징계 안에서 욕망하는 주체로서의 위치를 받아들임에 따라 수반되는 상징적 과정을 의미한다. 유사한 방식으로 라캉은 아버지의 역할 또한 근본적으로 재구성했다. 정신분석에서 아버지의 역할은 실제 아버지의 존재가 아니라 어머니의 욕망을 상징계의 법으로 대체하는 기표인 아버지의 은유와 관련된다. 아버지의 이름이 개입되며 상상계의 이자관계가 붕괴되고 팔루스가 근본적 상실 대상으로서 자리잡게 된다. 팔루스는 근본적인 욕망의 원인/대상(object-cause of desire)이며 무의식을 조직·편성하는 중심 기표이다. 이 용어들은 두 아버지에 대한 논의를 통하여 상징계의 법을 내재화하는 동시에, 이 법을 위반하고자하는 욕망으로서 기능하는 초자아와 연결되었다. 다음 장에서 우리는 욕망의 문제와 무의식의 주체에 대하여 더욱 자세히 살펴볼 것이다.

4. 무의식의 주체

앞에서는 언어의 역할과 상징계를 강조한 1950년대 라캉의 연구에 초점을 맞췄다. 그러나 엄밀히 말하자면 두 가지 이유에서 라캉은 구조주의자가 아니었다. 우선 구조주의는 주체를 완전히 증발시키는 방법을 모색했으며 주체를 단순히 상징 구조들의 '결과'로 보았다. 그렇지만 라캉은 주체를 상징계와 관련하여 구성하기 위해 노력하면서도 주체가 언어나 상징계의 결과로 단순히 환원될 수 있는 것이라고는 생각하지 않았다. 둘째로 구조주의에서 구조는 항상 완전한 반면 라캉에게 구조—상징계—는 결코 완전한 것이 아니다. 항상—과잉(excess) 또는 상징계 너머의 것 등—남겨진(left over) 어떤 것이 존재한다. 상징계를 넘어서는 것은 주체와 대상이다.

본 장에서는 주체와 관련하여, 그리고 5장에서는 대상 a(*objet petit a*)를 통하여 이러한 예외들에 대해 논의할 것이다. 라캉이 프로이트와 구별되는 자신만의 방식으로 무의식을 개념화하고, 언어와 구조 너머(beyond)에 있는 것을 더욱 체계적으로 구성해 내고자 시도함에 따라 마침내 세미나 XI(1964)에서 그는 자신의 연구에 중요한 전환점을 맞이하게 된다. 또한 그는 은유와 환유라는 언어학적 범주들을 **소외**(alienation)와 **분리**(separation)라는 새로운 개념들로 대체했다. 앞으로 논의되겠지만 소외와 분리의 과정들은 욕망과 충동이라는 정신분석적 개념들에 밀접하게 연관되어 있는데 독자가 이 어려운 개념들을 이해하도록 돕기 위해 셰익스피어의 『햄릿』에 대한 라캉의 독해를 살펴볼 것이다.

무의식의 형성

프로이트에게 무의식은 그것이 유아기 초기의 경험들과 외상(trauma) 들에 대한 기억의 흔적들로 구성된다는 점에서 근본적으로 표상(representation)[1]을 의미했다. 전 생애에 걸쳐 프로이트는 정신에 관한 몇 가지 다른 모형들을 개발했다. 무의식에서 비롯되어 의식으로의 표출을 모색하는 강렬한 욕망들에 관한 경제학적 또는 역동적 모형, 의식·전의식 그리고 무의식으로 구성된 위상학적 모형, 그리고 마지막으로 이드·자아 그리고 초자아로 이루어진 구조적 모형이 있다(이 다양한 모형들에 관한 설명은 투르슈웰, 『지그문트 프로이트 컴플렉스』, 5장을 보라). 유사한 방식으로 라캉은 무의식에 관한 몇 가지 정의들을 개념화했는데 각 단

---

[1] 프로이트에 의하면 무의식은 대표표상(Vorstellungsrepräsentanz/ Vorstellungsrepräsentant) 들로 구성되어 있다. 영어로는 'ideational representative', 'the representative of the representation' 등으로 번역된다. 표상이라는 단어에 재현이라는 의미가 내포되어 있으므로 'representation'이 무의식에 관련하여 사용될 때에는 재현이 아닌 표상으로 번역했다. 그러나 그 외 부분에서 표상이라는 번역이 자연스럽지 않을 때에는 일반적으로 통용되는 표현인 재현으로 표기했다. —옮긴이

계에서 그가 강조했던 점들은 그의 생애 전반에 걸쳐 변화한다. 이후 우리는 라캉에 의해 개진된 무의식에 관한 세 가지 특정 정의들에 관해 논할 텐데, 그 정의는 다음과 같다. ①간극 또는 균열로서의 무의식, ②언어와 같이 구조화된 무의식, ③타자의 담론으로서의 무의식.

우선, 무의식이라는 말이 무엇을 뜻하는가에 관해 이야기해 보자.

라캉에 의하면 정신분석은 과학이다. 정신분석은 무의식적 주체에 관한 과학인데 이 주체라는 것은 현대 철학의 선구자인 르네 데카르트와 함께 17세기에 처음 출현했다. 라캉은 프로이트의 무의식을 데카르트적인 주체의 직계 자손인 동시에 데카르트로부터 파생된 모든 철학적 전통을 훼손시키는 것으로 해석한다. 『성찰』(Meditations, 1642)에서 데카르트는 어떻게 우리가 자신의 믿음과 자신이 현실에 대해 인식한 것에 대한 진실을 알 수 있는가에 대해 질문한다. 그는 이것이 과학적으로만 가능한 작업이며 우리는 의심의 여지가 있는 모든 것을 배제한 후 확실하게 남은 것만을 진실로 간주해야 한다고 제안한다. 데카르트의 관찰에 의하면 이런 방식의 접근이 가지고 있는 어려움은 우리가 종국에 오히려 처음 출발했을 때보다 더욱 많은 어려움과 불확실성을 가지게 되는 위치로 귀착될 수 있다는 점이다. 데카르트가 지적하듯이 우리는 "세상에는 아무것도—하늘도, 땅도, 정신도, 신체도—존재하지 않았다"[2]는 것을 받아들여야만 한다. 데카르트는 그렇다면 우리가 확신할 수 있는 것은 신과 우리 자신의 존재뿐이라고 결론 내린다.

---

[2] René Descartes, *Discourse on Method and the Meditations*, Harmondsworth: Penguin, 1968[1642], p.103.

그러므로 만약 그[신]가 나를 속인다 하더라도 내가 존재한다는 사실에는 의심의 여지가 없다. 그리고 나를 속이기 위해 그가 할 수 있는 모든 것을 동원한다 하더라도 그는 결코 내가 무(nothing)가 되게 할 수는 없는데, 내가 생각하는 한 나는 항상 어떤 것이기 때문이다. 그래서 이에 대해 충분히 숙고하고 모든 것을 빈틈없이 조사한 후 우리는 결론적으로 확신을 가지고 다음의 명제를 받아들여야 한다. 내가 **나는 있다, 나는 존재한다**(I am, I exist)는 것을 표현하거나 그 생각을 마음에 떠올릴 때마다 이것들은 필연적으로 진실이 된다.[3]

반면 지젝이 지적하듯, 라캉주의적 관점에서 우리가 확신할 수 있는 유일한 것은 우리가 존재하지 않는다는 것이다. 그 의미를 설명하자면 이렇다. 프로이트는 그가 의심하는 위치에서 출발한다는 점에서 어느 정도는 데카르트주의자로 남아 있긴 하지만 데카르트가 의심하는 위치에서 의식의 확신으로 이동하는 반면 프로이트는 반대 방향으로 움직여 명확성의 이면에 배치된 의심을 강조한다. 프로이트에게 정신분석의 중심원칙은 거의 대부분의 정신생활과 정신활동이 의식의 접근이 불가능한 것으로 남아 있다는 것이다. 그는 인간 정신을 설명하기 위하여 잘 알려진 대로 빙산의 이미지를 사용했는데, 즉 실제 보이는 것은 빙산의 일각일 뿐이며 나머지 대부분은 수면 아래 잠겨 있다는 뜻이다. 라캉은 우리가 프로이트의 무의식을 진심으로 받아들인다면, 데카르트의 공식

---

[3] Descartes, *Discourse on Method and the Meditations*.

을 다음과 같이 바꾸어야 한다고 주장한다. "**내가 의심한다는 사실에 의해서 나는 내가 생각하고 있다는 것을 확신하게 된다.**"[4]

의식의 확실함은 항상 다른 어떤 것 — 의심, 알려지지 않은 미지의 것 또는 알 수 없는 불가지한 것, 즉 프로이트가 무의식이라고 명명한 것 — 에 의해 지지되고 있다. 그러므로 라캉에 의하면 프로이트 이후에 우리가 확실하게 알 수 있는 유일할 것은 다음과 같다.

무의식의 주체는 스스로를 드러내며 그것은 우리가 확실하게 느끼기 전에 생각하는 것이다.[5]

이러한 의미에서 무의식은 선존재론적(pre-ontological)이다. 그것은 존재와 비존재라는 실존에 관한 문제가 아니라 데카르트적인 의심으로 깨닫지 못한 부분, 알 수 없는 부분에 대한 문제이다. 그러나 여기서 우리가 분명히 해 두어야 할 것은 무의식은 그러한 것들에 대해 의심하는 행위를 뜻하는 것이 아니라는 점인데, 그렇다면 그것은 이미 존재하는 주체를 상정하게 되기 때문이다. 무의식은 의심 너머에 있는 미지의 것이다.

---

4 Lacan, *The Seminar of Jacques Lacan, Book XI: The Four Fundamental Concepts of Psychoanalysis 1964-1965*, ed. J.-A. Miller, trans. A. Sheridan, Harmondsworth: Penguin, 1979[1973], p.35.
5 ibid., p.37.

간극 또는 균열로서의 무의식

라캉은 무의식이란 반드시 "프로이트가 다른 장면(another scene)이라고 부른, 시간과 무관한(non-temporal) 장소(locus)에서 지각과 의식 사이에 일어나는 균열의 경험을 통해 이해되어야" 한다고 주장한다.[6] 프로이트에 의하면 무의식은 우리의 의식적 방어기제가 가장 약해지는 바로 그 순간 자신을 드러내며 — 예를 들어 수면 중에 꿈으로 나타나고, 우연한 말실수들 속에서 우리가 전혀 의도하지는 않았지만 종종 생각하기는 했던 것을 말하게 될 때 드러나며, 우리가 자신에 대해 이해하는 것보다 종종 더 많은 것을 밝혀 주는 농담들을 통해서 그리고 마지막으로 정신적 고통과 정신질환의 증상들을 통해서 — 이로써 우리는 무의식이 존재한다는 것을 알 수 있다. 프로이트는 이 각각의 예들을 통해 알 수 있는 것은 어느 순간 출현하여 일상의 말과 경험을 혼란시키는 의식적 생각 너머의 과정이 존재한다는 사실이라고 주장한다. 이 생각은 —『꿈의 해석』,『일상생활의 정신병리학』, 그리고『농담과 무의식의 관계』와 같은 — 언어에 관한 프로이트의 초기 저작들에서 볼 수 있다. 세미나 XI에서 라캉은 이 저작들을 자세히 살펴보며 무의식을 '장애'(impediment), '실패'(failure), '분열'(splitting)과 연관하여 정의한다. 무의식은 언어가 실패하고 혼란스러워지는 순간에 자신을 드러낸다. 무의식은 바로 상징의 연쇄 안의 이러한 간극 또는 균열이다. 그렇다면 어떤 의미에서 라캉은 무의식이 언어와 같이 구조화되어 있다고 말하는 것일까?

[6] *The Seminar of Jacques Lacan, Book XI: The Four Fundamental Concepts of Psychoanalysis 1964-1965*, p.56.

무의식은 언어와 같이 구조화되어 있다

무의식이 언어와 같이 구조화되어 있다는 생각은 라캉의 중심 논제이며 아마도 정신분석에서뿐 아니라 문학 및 문화학 분야에도 지대한 영향을 미친 업적일 것이다. 프로이트는 무의식을 통사론이나 문법이 없는 영역—시간성(temporality)과 모순이 없는 영역—으로 묘사했다. 이는 라캉의 논제에 직접적으로 대비되는 것이 아닌가? 프로이트에게 정신 상태는 표상(ideas/representations)이거나 표상(ideas)과 정동(affect; 에너지)의 합이며 이러한 측면에서 그는 의식적 사고를 통한 이차과정의 산물인 '단어표상'(word-presentation)과 무의식에서 일어나는 일차과정의 산물인 '사물표상'(thing-presentation)을 구분했다. 이것은 매우 복잡한 개념들이며 프로이트는 어디에서도 그 의미에 대해 명확히 설명하지 않았다. 많은 비평가들이 프로이트의 일차과정과 이차과정에 대한 구분을 의식적 사고는 언어에 관계되어 있는 반면 무의식은 이미지나 감정에 관계되어 있다는 의미로 해석했다. 라캉은 여기에 전적으로 반대한다.

 라캉에 의하면 감각된 이미지들을 구조로 번역하는 것이 언어이기 때문에 무의식은 기표의 규칙을 따른다. 우리는 단지 말과 언어를 통해서만 무의식을 알 수 있다. 그러므로 무의식 안의 요소들, 기표들 그리고 다른 형태의 언어들 사이에는 유사한 종류의 관계가 존재한다. 앞에서 보았듯이 무의식은 상징계 안에서 주체가 조직될 때 구성된다. 라캉의 무의식은 프로이트가 주장한 전형적인 무의식에서와 같이 개인적인 무의식이 아니다. 칼 구스타프 융이 정의한 대로 신화적 원형들과 인류의 유산이 담긴 보고나 저장소로서의 집단적(collective) 무의식도 아니다. 라캉의 무의식은 개인적인 차원 너머에 있는(trans-individual) 상징계가 주체에 미치는 **효과**이다. 이로부터 우리는 세 가지의 관련 논제를 도출할 수 있다.

① 무의식은 생물학적인 것이 아니라 의미작용을 하는 어떤 것이다.
② 무의식은 개인적인 차원 너머에 있는 상징계가 주체에 미치는 효과(effect)—충격(impact)—이다.
③ 무의식은 언어와 같이 구조화되어 있다.

핑크는 라캉에게 무의식은 언어와 같이 구조화되어 있는 것일 뿐 아니라 무의식을 구성하는 것이 언어인 한 그 자체가 언어라고 주장한다. 이것은 우리로 하여금 우리가 언어라고 부르는 것이 과연 무엇을 의미하는가를 다시 생각하게 한다. 라캉에게 언어는 단순히 발화된 말이나 글로 쓰인 텍스트뿐 아니라 차별관계에 근거한 모든 의미화 체계를 가리킨다. 무의식은 그것이 부호화와 판독, 또는 암호화와 해독을 포함하는 의미화과정이라는 점에서 언어와 같이 구조화되어 있다. 무의식은 기표 아래에서 어긋나며 미끄러지는 기의와 고정되지 않는 의미가 초래하는 기표와 기의 사이의 **간극**을 통해 상징계에 생성된다. 요약하면 무의식은 의미작용을 하는 어떤 것이며 해독되어야만 한다.

세미나 XX에서 라캉은 자신이 사용하는 '언어'(言語, language)라는 개념과 언어학을 구분하기 위해 언어(偃語, la linguisterie)[7]라는 신조어를 개

---

7 일상의 의미가 무너진다는 뜻으로 쓰러질 '언'(偃)자를 사용하여 누운 말[偃語]로 표기했다. 구분을 위해 고딕서체로 표기했다.—옮긴이

발했다. 언어학은 언어와 지식을 형식화하는 데 관심을 갖는다. 반면 언어는 언어학자들이 무시하는 언어의 측면이다. 이것은 언어 내에서 의미가 실패하고 무효화되는 지점들을 가리킨다. 그것은 실패한 단어들로 구성된 과학이다. 핑크는 매우 자연스럽게 언어를 '언어속임수'(linguistricks)라고 번역하는데, 이는 무의식의 유희성과 무의식이 의식적 생각에 장난을 침으로써 매번 주체가 실책하게 만드는 방식을 강조한다. 본격적인 언어학적 의미라기보다는 위와 같은 의미에서 무의식은 언어와 같이 구조화되어 있다. 이제 무의식은 타자의 담론이라는 라캉의 세 번째 정의로 돌아가자.

무의식은 타자의 담론이다

프로이트는 무의식에 관해 '다른 장면'([an]other scene)—변치 않는 인간 욕망의 장소—이라고 말했다. 라캉은 무의식을 간단히 '타자(Other)의 담론'이라고 말한다.[8] 여기서 라캉은 소타자(little other)와 대문자화된 대타자(big Other)를 구분할 것을 강조한다. 소문자로 된 '타자'(other)는 항상 상상계의 타자들을 가리킨다. 우리는 이 타자들을 통일되고 통합되고 일관된 자아들로 간주하고 그들은 우리 자신의 반영들로서 우리에게 완전히 통일된 존재가 된 듯한 느낌을 제공한다. 이것은 거울단계에서 유아가 자신의 욕망을 완전히 충족시켜 줄 것으로 가정하는 타자이다. 동시에 유아는 자신을 타자의 유일한 욕망의 대상으로 간주한다

---

[8] "The Subversion of the Subject and the Dialectic of Desire in the Freudian Unconscious", *Écrits: A Selection*, 1977[1960].

('상상계' 장을 보라). 반면 대타자는 우리가 우리의 주체성 안으로 동화시킬 수 없는 절대적 타자성(absolute otherness)이다. 대타자는 상징계이다. 그것은 외국어라고도 할 수 있는데 우리는 그 안에서 태어나며 자신의 욕망을 표현하기 위해서는 반드시 말하는 법을 배워야 한다. 그것은 또한 우리를 둘러싼 사람들의 담론이자 그들의 욕망이며 우리는 이것을 통하여 우리 자신의 욕망을 내재화하고 변형시킨다. 정신분석이 우리에게 가르치는 것은 우리의 욕망이 항상 타자의 욕망과 밀접하게 결합되어 있다는 것이다. 무엇보다 먼저 부모의 욕망을 들 수 있는데 그들은 갓 태어난 아이에게 성공적이고 충족된 인생에 대한 그들의 모든 희망과 소원들을 불어넣으며 또한 자신들의 모든 충족되지 않은 꿈과 열망을 전가한다. 이러한 타자의 무의식적인 욕망과 소원들은 언어―담론―를 통해 우리들 안으로 유입되며 그렇기 때문에 욕망은 항상 언어에 의해 형상화되고 주조된다. 우리의 욕망은 우리가 가진 언어를 통해서만 표현될 수 있으며 우리는 타자들을 통하여 그 언어를 배워야만 한다. 라캉에 의하면 언어가 없이는 무의식이라는 것이 존재할 수 없는 것과 마찬가지로 욕망 또한 언어를 통하여 존재하게 되는 것이다. 그러므로 무의식적 욕망은 대타자―상징계―와의 관계 속에서 나타난다. 우리가 타자의 언어와 욕망을 통해서 우리의 욕망을 말할 수밖에 없는 이상 무의식은 **타자의 담론**(discourse of the Other)이다. 핑크에 의하면 "무의식 안에는 그러한 낯선 욕망들이 가득하다고 말할 수 있다".[9]

9 Bruce Fink, *The Lacanian Subject: Between Language and Jouissance*, Princeton, NJ: Princeton University Press, 1995, p.9.

정신분석학의 주체 —무의식의 주체—는 타자들(others)을 통해서만 그리고 타자(Other)와의 관계 안에서만 태어날 수 있다. 라캉이 설명하듯 주체는 타자(Other)의 위치(place) —자리(locus)—에서 나타난다. 데카르트의 주체와 마찬가지로 무의식의 주체는 자신의 존재에 대한, 더욱 정확히 말하자면 자신의 존재의 결여에 대한 질문에 직면한다. 그러나 데카르트의 주체와 달리 라캉의 주체는—**나는 생각한다, 그러므로 나는 존재한다**라는— 자의식이 보이는 확실함을 가지지 않는다. 라캉에게 무의식의 주체는 근본적으로 무(no-thing)라고 할 수 있다. 즉 그것은 그/그녀의 존재를 상실한 결여된 주체이다. 또한 라캉의 주체는 무의식과 욕망에 일종의 등가적 관계를 맺고 있는 것으로 간주할 수 있는데 이 세 개념들은 라캉의 이론 안의 동일한 지점에서 부상한다. 이때 정신분석이 제기하는 문제는 다음과 같다. 어떻게 유가 무의 결과일 수 있는가? 1950년대에 라캉은 주체란 기표들의 효과이며 은유와 환유의 과정을 통하여 형상화되는 것이라고 제안했다. 세미나 XI에서 그는 은유와 환유를 소외(alienation)와 분리(separation)의 기능으로 대체했다. 이 두 기제들은 주체가 타자(Other) 안에서 그/그녀 자신을 구성해 내는 과정을 설명한다.

소외와 분리

주체는 우선 기표와 동일시하고 이후 기표에 의해 결정되는데 그 전과정을 소외라고 명명할 수 있다. 소외는 근본적으로 말과 언어의 주체에 관련되며 이것은 라캉이 처음 십년 동안의 세미나에서 전념했던 주제이다. 1950년대에 라캉은 소외와 관련된 두 순간에 대해 설명하며 주체가 이중으로—우선 거울단계 동안 유아가 타자 안에서 자신에 대해 오인(mis-recognition)함으로써 그리고 두 번째로는 주체가 상징계와 언어 속으로 편입될 때—소외된다고 주장했다. 소외는 자아 형성이 초래하는 필연적 결과이며 주체성을 획득하기 위한 필수적인 첫 걸음이다. 일반적으로 철학이나 정치이론에서 이해하는—진정한 자기가 되기 위해서는 반드시 극복되어야 하는 자기소외(self-alienation)로서의—소외라는 개념과는 반대로 라캉에게 소외는 필연적이고 극복 불가능한(untranscendable) 것이다. 소외된 주체는 기표의 주체이다. 이것은 상징계와 언어에 의해 결정되는 주체이며 구조적으로 분열되고 균열되어 있다. 1960년대 중반 이후 라캉은 더 이상 소외의 두 계기들에 대해 언급하지 않았으며 대신 기표에 의한 주체의 결정이라는 하나의 과정에 초점을 맞추었다. 라캉의 관점으로 보자면 "소외는 운명이다".[10] 우리는 언어를 벗어날 수 없으며 언어는 상징계 안의 특정 위치에 우리를 각인시킨다.

세미나 XI에서 라캉의 비약적 발전은 '분리'(separation)라는 개념의 도입이라 할 수 있다. 분리는 욕망과 관계되며 아이가 자신을 어머니/타자([m]Other)로부터 구별하는 과정을 가리키는데 이것은 단순히 언어의 주체로 볼 수 없는 것이다. 분리라는 개념을 통해 우리는 라캉에 대한—모든 것을 언어로 환원시킨다는—빈번한 비판이 그의 초기 세미

---

[10] Colette Soler, "The Subject and the Other", eds. Richard Feldstein & Bruce Fink & Maire Jaanus, *Reading Seminar XI: Lacan's Four Fundamental Concepts of Psychoanalysis*, NY: SUNY Press, 1995, p.49.

나들에 국한된 매우 파편적인 독해에 근거한다는 것을 알게 된다. 분리는 욕망의 영역에서 일어나며 주체로부터 일종의 '존재의 결여/존재에 대한 열망(want to be)'[11] —의미화 연쇄로부터 분리된 존재의 결여/의미화 연쇄로부터 분리된 존재가 되고자 하는 열망(want to be) — 을 불러일으킨다. 이것은 구조 밖, 언어와 타자의 너머에 있는 것을 '알고자 하는 소원'(want to know)이라는 의미도 포함한다. 그러나 이 경우의 타자는 소외에서의 타자와 동일한 것이 아니다. 앞서 우리는 타자를 기표들로 구성된 것으로 간주했지만 분리에서의 타자는 무엇보다 먼저 '결여된'(lacking) 타자이다. 우선 **욕망**(desire)에 대해 살펴본 후 다시 결여된 타자로 돌아오도록 하자.

라캉은 '욕구'(need)와 '욕망'(desire)을 엄격히 구분한다. 허기나 갈증과 같은 욕구는 충족될 수 있는 반면 욕망은 인간의 기본욕구 너머의 충족될 수 없는 어떤 것을 가리킨다. 라캉에게 욕망은 프로이트의 리비도나 '소원'(wish)보다 훨씬 광범위하고 더욱 추상적인 개념이다. 세미나 XI에서 그는 스피노자를 따라 욕망을 '**인간의 본질**'(the essence of man)로서 묘사한다.[12] 욕망은 바로 우리 존재의 핵심에 있고 그러므로 그것은 본질적으로 **결여**(lack)와 관계된다. 사실 욕망과 결여는 분리할 수 없을 정도로 밀착되어 있다. 라캉은 욕망을 요구(demand)에서 욕구(need)를 감했을 때 발생하는 잔여분(remainder)으로서 정의한다.

---

11 라캉은 manque à être로 표기했으며, 이는 영어로 want-to-be, want of being 또는 lack of being 등으로 번역된다. 존재의 결여와 존재가 되고자 하는 열망 모두를 의미하는 개념이다.—옮긴이
12 *The Four Fundamental Concepts of Psychoanalysis 1964-1965*, p.275.

그러므로 욕망은 충족을 위한 욕구(appetite)나 사랑에 대한 요구 그 어느 것도 아니며 후자로부터 전자를 감했을 때 생기는 차이이자 그들의 분열(Spaltung)이 초래하는 결과로서 나타나는 현상이다.[13]

욕망과 무의식은 근본적 결여(fundamental lack) ― 팔루스의 부재 ― 의 인식을 통해 형성된다. 그러므로 욕망은 항상 주체와 타자―상징계―에 결여된 어떤 것의 발현이다. 타자를 통해 주체는 상징적 사회 질서 안에서의 위치를 확보한다. 타자의 욕망을 통해 주체 자신의 욕망이 구성되듯 타자에 의해 주체는 상징적 권한을 부여받는다.

타자의 욕망 안에 ― 라캉이 X, 변수, 또는 (일반적으로) 미지의 것이라고 부르는 ― 본질적으로 해독 불가능한 상태로 남아 있는 부분을 이해하려는 아이의 노력을 통해 아이 자신의 욕망이 구성된다. 타자의 욕망이 아이의 욕망의 원인으로서 기능하기 시작한다.[14]

특징적으로 유아의 초기 경험들은 어머니가 영양, 보살핌 그리고 양육에 대한 아이의 욕구들을 충족시킴에 따라 어머니/타자(m)Other에게 절대적으로 의존한다. 이러한 각본에서 유아는 어머니/타자가 자신의 모든 욕구와 욕망을 충족시킬 수 있는 것으로 상상하며, 또한 자신에게 관심이 집중되므로 자신도 똑같이 어머니의 욕망을 충족시킨다고 생

---

13 "The Signification of the Phallus", *Écrits: A Selection*, 1977[1958], p.287.
14 Fink, *The Lacanian Subject: Between Language and Jouissance*, p.59.

각한다.

그러나 점차 아이는 자신만큼 어머니가 자신에게 의존적이지 않다는 것과 그녀의 욕망의 일부가 다른 곳을 향해 있다는 것을 깨닫는다. 라캉에 의하면 이러한 딜레마를 직면한 아이는 스스로에게 일련의 질문을 제기하게 된다. 그녀는 나로부터 무엇을 원하는 것일까? 나는 그녀에게 무엇인가? 그녀는 무엇을 욕망하는가? 유아는 자신이 분열되고 결여된 주체일 뿐만 아니라 어머니/타자 또한 욕망하는 주체이므로 어떤 것을 결여하고 있다는 것을 인식할 수밖에 없게 된다. 어머니/타자는 결코 완벽하지 않으며 유아의 사랑에 대한 요구는 자신의 욕구를 충족시키는 대상들을 넘어선다. 라캉의 경우 요구에 내재한 이러한 환언할 수 없는 '저편'(beyond)이 바로 욕망을 구성하게 되는 것이다.

주체와 마찬가지로 타자 역시 결여되어 있다. 타자 역시 '빗금 그어져'(barred) 있다. 타자의 욕망에는 근본적으로 주체가 헤아릴 수 없는 어떤 요소가 있다. 라캉이 분리라고 부른 것은 단순한 결여라기보다는 타자 안의 결여와 '존재의 결여/존재가 되고자 하는 열망(want to be)'과의 대면을 나타낸다. 분리의 과정에서—주체의 결여와 타자의 결여라는—두 가지의 결여들이 하나로 겹쳐진다. 이 두 결여들 간의 상호작용이 주체의 구성을 결정할 것이다.

그러므로 분리는 주체가 '타자의 욕망 안에서 나는 무엇인가?'라는 질문을 제기할 수 있는 지점에서 일어나며 이후 주체는 자신을 타자의 욕망으로부터 구별해 낼 수 있다. 타자의 욕망은 항상 주체를 넘어서거나 벗어나지만 그럼에도 불구하고 주체가 되찾을 수 있는 잔여분이 남아 있으며 주체는 이것을 회복함으로써 "그/그녀 자신을 욕망의 존재로서"

또는 욕망하는 주체로서 "존재 안에서" 지속시킬 수 있다.[15] 그 잔여분 (remainder)이 대상 a, 즉 **욕망의 원인/대상**(object-cause of desire)이다('실재계' 장을 보라).

라캉의 주체

그러므로 라캉의 주체는 두 단계를 통해 구성된다. 첫 번째는 언어를 통한 소외의 과정에, 그리고 두 번째는 욕망의 분리에 상응한다. 그러나 라캉은 주체가 나타나는 지점을 정확히 명시한 적이 없는데 그 이유는 주체가 결코 그런 식으로 생성되지 않기 때문이다. 라캉의 정신분석학의 주체는 어떠한 영속성과 지속성도 가지지 않는다. 라캉은 주체를 언제나 지금 도착하고 있거나 또는 막 도착한 것으로서 ─ 항상 너무 이르거나 또는 이미 늦은 것으로서 ─ 정의한다. 주체가 마침내 안정되고 완전한 총체로서 나타났다고 말할 수 있는 시점은 결코 존재하지 않는다. 주체는 시간의 특정 순간이라기보다는 끊임없는 주체화과정 ─ 소외와 분리 ─ 을 통해 단지 섬광같이 나타날 뿐이다. 파울 페르하에허는 이 과정을 적절히 요약한다.

타자의 욕망의 수수께끼를 대면한 주체는 이 욕망을 말로 표현하고자 노력하고 이후 타자의 영역에서 기표들과 동일시함으로써 자신을 구성하지만, 결코 주체와 타자 사이의 간극을 메우는 데는 성공하지 못한다. 그러므로

---

15 Fink, *The Lacanian Subject: Between Language and Jouissance*, p.61.

기표에서 기표로의 끊임없는 움직임 속에서 주체는 나타나고 사라짐을 반복한다.[16]

여기서 결정적인 것은 주체가 상징계 안에서의 자신의 위치를 받아들인 후에야 행동할 수 있게 된다는 것이다. 주체는 단순히 구조에 의해 결정되는 것이 아니다. 주체가 되기 위해 우리는 타자의 욕망과 관련하여 우리의 위치를 설정해야 한다. 유아는 반드시 타자의 욕망으로부터 자신을 변별해 내야만 한다. 바로 이러한 선택이라는 요소가 벗어날 수 없을 듯한 상징계의 결정권 너머에서 변화의 가능성을 허락하는 것이다. 라캉은 이것을 '전미래'(future anterior)—미래의 시점에서의 과거(future past)—라고 지칭한다. 주체의 선택은 자신의 미래를 결정하게 되지만 역설적이게도 이것은 무의식과 욕망의 불확정성(indeterminateness)에 근거한다. 주체는 어떤 의미에서 '예비주체'(subject-to-be)와 타자의 장 사이에서 끊임없이 변화하며 지연되지만 결코 실제적으로 존재하지는 않는 것이다. 그러나 주체가 어떠한 영속성이나 지속성도 가지지 않으며 단순히 언어와 담론의 결과도 아니라면 과연 주체란 무엇인가? 언어와 상징계 너머의 무엇이 주체를 기표의 주체 이상으로 만드는 것일까? 이 근본적인 질문에 대한 대답은 충동에 대한 정신분석의 설명으로부터 모색될 수 있다. 주체는 결코 충동과 별개일 수 없는 것이다.

---

[16] Paul Verhaeghe, "Causation and Destitution of a Pre-ontological Non-entity: On The Lacanian Subject", ed. D. Nobus, *Key Concepts of Lacanian Psychoanalysis*, London: Rebus Press, 1998, p.168.

충동

충동에 대한 프로이트 이론은 그의 전 생애에 걸쳐 광범위하게 수정되었다. 충동(drive) 또는 일반적인 번역인 본능(instinct)은 육체적(신체적)인 것과 정신적인 것 사이의 경계에 존재하는 개념이다. 이것은 에너지의 양과 그 정신적인 표상—무의식이 표상이라는 앞의 논의를 기억하라—으로 구성된다. 장 라플랑슈와 세르주 르클레르는 프로이트의 충동을 "생명체를 근원(sources)으로 하며 생물학적 속성을 가진 지속적인 힘(force)으로 언제나 충동의 근원 자체로부터 비롯되는 긴장상태의 제거를 통한 만족을 목적(aim)으로서 상정하는 것"이라고 정의한다.[17] 프로이트에 따르면 충동에는 '긴장'(pressure), '목적'(aim), '대상'(object) 그리고 '근원'(source)이라는 네 가지 특성이 있다.[18] 프로이트가 긴장이라고 명명한 것은 충동의 원동력으로 작용하는 요소를 뜻하는데 다시 말하면 "힘(force)의 양, 또는 충동이 연계된 일에 대한 절실함"[19]을 의미한다. 긴장을 불러일으키는 것은 모든 충동의 공통된 특성으로서 이것은 충동의 핵심이라고 할 수 있다. 충동의 목표는 만족을 얻는 것인데 그것은 자극의 근원을 제거함으로써 성취된다. 충동의 대상은 목적달성을 위해 충동이 부착되는 곳이다. 프로이트는 충동과 그 대상 간에 형성된 특별히 밀접한 유대를 '고착'(fixation)이라고 정의한다. 마지막으로 충동

---

17 Jean Laplanche & Serge Leclaire, "The Unconscious: A Psychoanalytic Study", *Yale French Studies*, vol.48, 1972[1965], p.140.
18 "Instincts and Their Vicissitudes", *On Metapsychology: The Theory of Psychoanalysis*, Penguin Freud Library, vol.11, Harmondsworth: Penguin, 1984[1915], p.118.
19 ibid.

의 근원은 "기관 또는 몸의 일부에서 일어나는 신체과정인데 이 과정으로부터 비롯되는 자극은 본능(instinct)에 의해 정신생활에 전달된다".[20] 요약하면 충동은 신체 내부로부터 발생하는 어떤 것으로서 심리적으로는 표상을 통하여 표출된다. 프로이트는 무엇보다도 충동의 목적과 충동이 만족을 얻는 방식에 관심을 가졌다.

우리는 여기서 프로이트의 충동에 대한 다양한 이론들을 세부적으로 살펴볼 수는 없지만 본능과 충동 사이의 구분을 이해하는 것은 중요하다. 본능은 충족될 수 있는 욕구를 지칭한다. 앞에서 언급되었듯이 허기와 갈증은 프로이트가 일반적으로 제시하는 예들이다. 이러한 욕구들은 신체 내부에서 자극을 발생시키며 이들은 충족되거나 해소될 수 있다. 반면 충동은 만족될 수 없으며 그것이 의식에 가하는 압력의 항구성(constancy)에 의해 특징지어진다. 프로이트가 충동의 전형으로 제시하는 것은 '소원'이나 '욕망'으로도 번역되는 리비도(libido)—성적 에너지—이다. 라플랑슈와 르클레르에 따르면 욕구의 영역에 충동을 도입함으로써 욕구와 욕망의 구분이 생겨났다. "충동은 욕구의 영역에 성애적 요소를 첨가한다. 이제 리비도가 욕구를 대체하게 된다."[21] 리비도는 인간의 근본적인 원동력이다. 모든 인간의 사고와 행동과 사회관계들을 조직하는 원칙은 무의식적 욕망이다. 전 생애에 걸쳐 프로이트는 충동에 대한 이원론을 견지했다. 『과학적 심리학을 위한 구상』(Project for a Scientific Psychology, 1895)에서 그는 속박(bound) 에너지와 자유(un-

---

[20] ibid., p.119.
[21] "The Unconscious: A Psychoanalytic Study", *Yale French Studies*, p.140.

bound) 에너지를 구분했다. 『성욕에 관한 세 편의 에세이』에서 프로이트는 리비도와 자아 본능(ego-instincts) 또는 자기 보존(self-preservation)을 위한 충동을 구분했다. 마지막으로 자기 보존을 위한 충동 역시 본질적으로 성적인 것이라는 동료 분석가들의 비판을 받아들이며 그는 『쾌락원칙을 넘어서』에서 멋진 신화가 된 그의 마지막 이론인 쾌락원칙을 따르는 에로스와 죽음충동인 타나토스를 구상한다.

라캉은 충동이라는 프로이트의 개념을 인간심리에 대한 연구와 주체성에 대한 이해에 기여한 정신분석의 가장 중요한 성과로 간주하는 듯하다. 라캉은 충동과 본능에 관한 프로이트의 구분을 유지해야 할 필요성을 역설하는데 그의 초기 저작에서 충동은 욕망과 밀접하게 연관되어 있다. 무엇보다도 충동은 결코 그 목적을 성취하지 않는다는 속성을 욕망과 공유한다. 충동은 항상 대상 주위를 맴돌지만 결코 그것에 도달하는 만족을 성취하지는 않는다. 그러므로 욕망의 목적이 욕망하는 것이듯 충동의 목적은 단순히 그 자신의 반복적이고 강박적인 리듬을 지속시키는 것이다. 그러나 충동에 대한 라캉의 이론은 결정적으로 두 가지 측면에서 프로이트의 이론과 구별된다. 프로이트는 그가 구강기, 항문기 그리고 남근기로서 정의한 일련의 부분 충동들에 의해 성욕이 구성된다고 주장했다. 이 단계들은 오이디푸스 콤플렉스가 해소된 후 하나의 통일된 성기충동으로 융합된다. 프로이트와 반대로 라캉은 충동은 결코 주체에게 하나의 통합되고 조화로운 해결책을 제시하지 않으며 이러한 의미에서 모든 충동은 부분적이라고 주장한다. 더욱이 부분충동은 하나의 통합된 충동의 부분이라기보다는 성욕의 재생산 과정에서 나타나는 충동의 국부성(partiality)을 대표한다('성차' 장 참고). 라캉은 프로이트의 충동에 관한 이론을 또 다른 중요한 측면에서 논의했다. 그는 모든 것을 단일한 원동력으로 환원하기보다는 프로이트의 이원론을 유지하는 것이 중요하다고 생각했지만 에로스와 타나토스라는 두개의 상이한 충동들에 대한 프로이트의 개념은 받아들이지 않았다. 라캉에게 충동은 근본적으로 성적이며 동시에 모든 충동은 죽음충동이다. 라캉에게는 본질적으로—죽음 충동이라는—오직 하나의 충동만이 존재하며 죽음충동은 점차적으로 실재계, 주이상스(jouissance)와 더욱 밀접하게 연관된다. 세미나 XI 이후 라캉은 충동과 주이상스를 욕망과 대치시키며 주체를 위해 남겨진 실재계—주이상스—의 작은 조각을 대상 a라고 지칭한다('실재계' 장을 보라). 이들은 매우 난해한 개념들인데 독자들이 이들을 좀더 쉽게 이해할 수 있도록 셰익스피어의 『햄릿』에 대한 라캉의 독해를 통해 주체라는 개념을 타자의 욕망과 관련지어 살펴보자.

『햄릿』과 욕망의 비극

소포클레스의 『오이디푸스 왕』과 더불어 『햄릿』은 정신분석에서 핵심적 참고문헌이 되어 왔다. 『꿈의 해석』에서 프로이트는 인류의 정서생활에 나타나는 오랜 세월에 걸친 억압의 역사를 바탕으로 두 희곡을 구별하며 정신분석적 문학비평의 첫 번째 작품을 산출한다.

『오이디푸스 왕』에서는 그 기저에 있는 아이의 원망(願望)적 환상이 공개되어 마치 꿈 속에서와 같이 실현된다. 『햄릿』에서 그것은 억압된 채로 남아 있다. 그리고—신경증의 경우와 마찬가지로—우리는 그것을 억제했을 때 초래된 결과들로써만 그 존재를 알 수 있다. 이상한 것은 더욱 현대적인 비극이 불러일으키는 압도할 만한 효과 속에서도 관객들은 주인공의 성격에 대해서는 완전히 무지한 상태로 남아 있다는 사실이다.[22]

프로이트와 어니스트 존스는 아버지를 살해한 숙부에 대한 복수를 지연하는 햄릿의 행동을 그의 어머니에 대한 억압된 오이디푸스적 욕망과 관련하여 설명했다.[23] 햄릿의 아버지를 죽이고 그후 그의 어머니와 결혼함으로써 숙부는 햄릿 자신의 무의식적 소원을 충족시켰기 때문에 그에게 복수를 할 수 없었다는 것이다. 반면 라캉에게 『햄릿』은 억압된 오이디푸스 이야기에 관한 연극이라기보다는 주체성과 욕망의 드라마이다.[24] 『햄릿』은 욕망의 비극이다. 자신의 욕망이 헤어날 수 없이 타자의 욕망에 매여 있기에 욕망 안에서 길을 잃은 한 남자의 비극이다. 엘리자베스 라이트가 지적하듯이, 라캉은 『햄릿』을 '교착 상태에 빠진 욕망과 이를 타개하는 애도의 행위 양자의 알레고리'로 제시한다.[25] 「애도와 멜랑콜리」(Mourning and Melancholia, 1917)[26]에서 프로이트는 애도의 기제를 먼저 세상을 떠난 사랑하는 이들로부터 점차적으로 리비도를 회수하는 과정으로 설명했다. 이 과정은 서서히 진행되는데 그동안 "상실된 대

---

[22] Freud, *The Interpretation of Dreams*, Penguin Freud Library, vol.4, Harmondsworth: Penguin, 1991[1900], pp.336~337.
[23] Ernest Jones, *Hamlet and Oedipus*, London: Victor Gollancz, 1949.
[24] Lacan, "Desire and the Interpretation of Desire in *Hamlet*", 1982.
[25] Elizabeth Wright, *Speaking Desires Can Be Dangerous: The Poetics of the Unconscious*, Cambridge: Polity Press, 1999, p.77.
[26] 독일어 원제 'Melancholie'와 이 논문의 제목에 대한 프랑스어/영어 번역이 'Mélancholie'/'Melancholia'이므로 멜랑콜리로 번역했다. 그러나 프로이트의 본문 내용에 상응하는 번역은 우울증(depression)의 한 형태인 '중증 우울병'(melancholia)일 것이다. ─ 옮긴이

상[사람]의 존재는 마음속에 머물고"[27] 주체의 욕망은 잃어버린 대상에 고착된다. 애도의 과정이 끝나면 주체는 그들의 욕망을 다른 곳으로 선회시킬 수 있게 된다. 라캉에 의하면 햄릿은 어머니가 조급하게 그의 숙부와 결혼을 하여 상징적 아버지를 대체했기 때문에 아버지의 죽음을 충분히 애도할 수 없었다. 즉 그의 어머니는 햄릿이 자신의 욕망을 거두어 다른 곳으로 선회시킬 수 있게 되기 전에 상실된 대상을 새로운 대상으로 교체한 것이다. 앞에서 보았듯이 근원적 상실 대상은 팔루스이며 라캉의 설명대로라면 햄릿의 경우 상실된 팔루스를 애도할 수 없었으므로 자신의 욕망의 재기(再起) 또한 불가능하게 된다. 프로이트에 의하면 이러한 상황에서는 애도가 멜랑콜리로 전환된다. 애도와 멜랑콜리의 결정적 차이는 "애도[의 과정]에서 빈곤하고 공허해진 것은 세상이지만, 멜랑콜리의 경우 그렇게 되는 것은 자아 자체"라는 점이다.[28] 멜랑콜리에서 애도의 행위는 자기애적으로 자신을 향하게 되고 주체는 자신의 자아를 상실된 대상과 동일시한다. 그러므로 이는 애도의 자연스러운 과정을 방해하여 주체를 시간 속에 동결시키는 결과를 초래한다.

라캉은 자기애를 상상계와 어머니/아이의 이자관계에 연관시킨다. 라캉에 의하면 햄릿의 딜레마는 어떻게 자신을 타자/어머니([m]Other)의 요구로부터 분리시키고 그 자신의 욕망을 인식할 것인가에 있다. 그러므로 라캉은 부왕의 죽음에 대한 복수를 지연시키는 그 악명 높은 망설

---

[27] Freud, "Mourning and Melancholia", *On Metapsychology: The Theory of Psychoanalysis*, Penguin Freud Library, vol.11, Harmondsworth: Penguin, 1984[1917], p.253.
[28] Freud, "Mourning and Melancholia", p.254.

임을 타자(Other)의 욕망의 발현으로 해석한다. 햄릿은 도저히 자신의 욕망과 타자의 욕망 사이에서 선택을 할 수가 없는 것이다. 그러나 여기서 분명히 해야 할 것은 그가 망설이는 이유는 어머니에 대한 햄릿의 욕망 때문이 아니라 그가 어머니의 욕망 안에 고착되어 있기 때문이라는 점이다. 햄릿은 아무리 애를 써도 자신의 욕망을 어머니의 욕망으로부터 구별해 낼 수 없다. 그는 자신의 욕망에 대해 혼동하고 이를 왜곡시킨다. 그는 그의 욕망이 타자와의 관계에서 구성되는 것이 아니라 타자와 같은 것이라고 생각한다.

이 혼동은 햄릿과 오필리아의 관계를 통해서도 관찰할 수 있다. 라캉은 오필리아를 욕망의 대상 — 대상 a, 즉 햄릿의 욕망의 원인/대상 — 으로 간주한다. 희곡의 초반부에서 햄릿은 오필리아로부터 멀어진다. 그는 사랑하는 대상으로부터 거리를 두지만 그렇게 함으로써 그는 주체와 대상 간의 상상적 관계를 분해시킨다. 주체와 대상 사이의 경계가 용해된 상태에서 햄릿은 자신의 주체성을 인식할 수 없게 된다. 그의 전 존재가 욕망의 대상에 대한 거부와 함께 소멸되고 역설적으로 그는 타자의 욕망 안에 구속된다. 오필리아는 그녀가 죽었을 때에만, 즉 그녀가 다시 획득 불가능하게 되었을 때에만, 욕망의 대상으로 회복될 수 있다. 라캉에게 햄릿의 비극은 타자의 시간 안에 정지된 주체의 비극이다. 햄릿은 마지막 순간까지 항상 너무 일찍(폴로니어스의 살해에서와 같이) 또는 너무 늦게(기도하는 클로디우스를 죽이지 못하고 그의 욕망의 대상 또한 인식하지 못하는 것과 같이) 행동한다. 연극의 마지막 부분에서 자신이 치명적으로 부상을 당했을 때에야 비로소 햄릿은 주체로서의 그의 위치를 받아들이게 된다.

✖

라캉에 의하면 우리는 무의식이라는 것이 무엇인지 알 수 없다. 사실 그것은 실제로 존재하는 사물이 아니라 가설이다. 우리는 무의식이라는 것을 주체의 말(speech)을 통하여 추론할 수 있을 뿐이다. 우리는 다른 어떤 곳에 X라는 '지식'이 존재한다는 것을 미루어 짐작할 수 있다. 이러한 의미에서 무의식은 상징계에서 나타나며 주체가 개인적인 차원 너머에 있는 상징계와 대면할 때 부상하는 것이다. 타자(an-Other)가 없이는 무의식도 존재할 수 없다. 무의식은 타자—각인된 내용을 해독할 수 있는 대화자, 독자 또는 분석가—의 존재에 의존한다. 이와 마찬가지로 무의식의 주체 및 욕망의 주체는 한 명의 개인이라기보다는 기표와 기의 사이의 간극에서 구성되는 어떤 것으로서, 주체는 언어에 의해 결정되는 이상 기표의 주체라고 할 수 있다. 동시에 주체는 의미화 연쇄의 파열구(breach)—충동이 드러나는, 상징계와 실재계 사이에 벌어진, 간극—라고 할 수 있다. 이 개념들에 대해서는 다음 장에서 더욱 자세히 논할 것이다.

5. 실재계

실재계(the Real)는 매우 난해하면서도 동시에 가장 흥미로운 라캉의 개념 중 하나이다. 실재계를 이해하는 데 발생하는 어려움은 부분적으로 그것이 '사물'이 아니라는 사실에 기인한다. 그것은 세상의 물질적 대상이나 인간의 신체가 아니며 심지어 '현실'이라고 할 수도 없다. 라캉에게 현실이란 상징들과 의미작용의 과정으로 구성되는 것이다. 그러므로 우리가 현실이라고 부르는 것은 상징계 또는 '사회현실'과 연관된다. 실재계는 사회적·상징적 우주와 지속적인 긴장관계를 가지며 그 극한에 존재하는 미지의 것이다. 실재계는 또한 매우 역설적인 개념이다. 그것은 우리 사회현실의 기반이 되며—사회현실은 실재계가 없이는 존재할 수 없다—동시에 그 현실을 훼손시킨다. 실재계를 이해하는 것이 더욱 난해한 이유는 라캉의 실재계에 대한 개념화가 그의 생애 전반에 걸쳐 급격히 변하고 있기 때문이다. 우리는 실재계라는 개념이 비교적 미분화된 형태로 남아 있던 1950년대부터 시작하여 라캉이 상상계와 상징계의 관계를 재구성하기 위해 실재계를 이용하는 매우 중요한 시기인 1964년에서 1970년대 초까지를 살펴보고 마지막으로 실재계가 라캉의 사상에서 중심 범주로 고양되는 그의 후기 저작까지 실재계의 발전과정을 따라갈 것이다. 라캉의 사상이 변화하는 각 단계를 통해 실재계가 차지하는 비중은 달라지지만 그 개념에 대한 이전의 정의와 기능들은 지속된다. 그러므로 라캉의 다른 개념들과 마찬가지로 실재계에 대해 언급할 때에도 우리는 그의 이전 연구들을 재평가하고 재구성하지 않을 수 없게 된다. 후기 라캉에서 실재계는 환상, 대상 a 그리고 주이상스의 기능을 이해하지 않고서는 논할 수 없는 개념이다. 우리는 주요 개념들을 차례로 언급한 후 롤랑 바르트의 감탄할 만한 마지막 저서인 『카메라 루시다』를 통해 실재계의 기능을 살펴볼 것이다.

실재계는 항상 제자리에 있다

1950년대부터 1960년대 초까지 라캉의 창조적 에너지는 기표와 상징계의 역할을 설명해 내는 데 초점이 맞추어져 있었다. 이 시기에 실재계는 그의 체계 안에서 중요한 기능을 수행하기는 했으나 아직 비교적 미분화된 상태였다. 라캉은 1930년대에 발표된 그의 논문들에 실재계라는 개념을 사용했지만 이 초기 저작들에서 실재계는 기본적으로 '절대적 존재'(absolute being) 또는 '즉자적 존재'(being-in-itself)를 가리키는 철학적 개념이었다. 그렇다면 실재계는 거울단계의 상상계에 대비되어 구상된 개념이라고 할 수 있다. 실재계는 '즉자적 존재'로서 현상과 이미지의 영역 너머에 있는 것으로 정의되었다.

1954~1955년의 포 세미나에서 실재계는 결정적인 수정과정을 거치

며 세 개의 범주 중 하나로 격상된다. '제자리에 머무는 것'(that which remains in its place)으로서의 실재계는 상상계와 상징계 모두에 대립되었다. 실재계란 거리에 뱉어진 추잉검과 같이 신발 뒤축에 달라붙어 떨어지지 않는 어떤 것이라는 설명으로부터 라캉이 이 시기에는 실재계를 비교적 저급한 수준으로 간주하고 있음을 추측할 수 있다.[1] 초기 세미나에서 실재계는 '구체적'(concrete)인 것으로서 묘사되었다. 그것은 상징화 이전에 존재하는 불가분의 적나라한 물질성(brute materiality)이다. 임상적 관점에서 실재계는 허기와 같은 욕구의 형태로 항상 제자리로 돌아오는 맹목적인 전상징계적(pre-symbolic) 현실이다. 그러므로 실재계는 상징화되기 이전의 신체와 밀접하게 연관되지만 이때 염두에 두어야 하는 것은 실재계는 허기를 일으키는 욕구이며 그것을 만족시키는 대상이 아니라는 것이다. 아이가 배고픔을 느낄 때, 이 욕구는 유방 또는 인공수유를 통하여 일시적으로 만족될 수 있으나 유방과 우유병은 배고픔에 관련된 대상들이며 라캉의 정신분석에서 이 대상들은 결코 유아의 요구를 전적으로 충족시킬 수 없으므로 상상계적인(imaginary) 것이다. 실재계는 욕구가 발생하는 장소이며 그것을 상징화할 방법이 없다는 의미에서 전상징계적이다. 우리는 경험을 통하여 실재계가 존재한다는 것을 알게 되는데, 실재계는 ― 유아의 울음과 같은 ― 기호로서 담론 내부로 도입되지만 그 발원지는 상징화 과정의 너머에 있다. 그러므로 실재계는 대상이나 사물이 아니라 욕구의 형태로 우리의 상징적 현

---

1 "Seminar on the Purloined Letter", *The Purloined Poe: Lacan, Derrida and Psychoanalytic Reading*, p.40.

실에 침입하는, 억압되어 있고 무의식적으로 기능하는 어떤 것이다. 실재계는 일종의 편재(遍在)하는 미분화된 덩어리로서 우리는 상징화 과정을 통하여 주체로서의 우리자신들을 구분해 내야만 한다. 실재계를 상쇄하고 상징화하는 과정을 통해서 '사회현실'이 생성된다. 요약하면 존재란 사고와 언어의 산물이며 실재계는 언어에 선행하므로 실재계는 존재하지 않는다. 실재계는 '상징화에 절대적으로 저항하는 것'이다.

상징화의 한계로서의 실재계

1964년 이후 라캉의 이론이 수정되며 실재계는 생물학이나 욕구와의 모든 연관성을 상실하게 된다. 실재계는 여전히 적나라한 물질을 연상시키지만 이 시기에는 상징화될 수 없는 것이라는 의미가 더욱 부각된다. 실재계는 상징계와 상상계 너머에 있는 것으로서 양자 모두의 한계로 설정된다. 무엇보다 실재계는 외상(trauma)이라는 개념과 연관된다.

의학에서 외상은 일종의 창상이나 손상이지만 오늘날 우리는 정신적인 외상에 더욱 익숙한 듯하다. 예를 들어 우리는 매체를 통해 기차 충돌사고, 전쟁, 인재와 같은 외상적 사건들을 자주 접하게 된다. 사고를 당했거나 주위에서 현장을 목격한 사람들에게 이러한 사건의 효과는 외상적이며 정신적으로 매우 괴로운 것이다. 피해자들은 이 외상들을 극복하기 위해 일반적으로 특정 형태의 상담이나 치료를 받게 된다. 정신적 외상을 초래하는 것으로 알려진 형태에는 근친상간과 같은 육체적·성적 학대들이 있다. 그러나 정신분석에서의 외상은 '현실'에서 개인에게 일어나는 사건들이라기보다는 일반적으로 정신적 사건을 의미한다. 정신적 외상은 주체가 외부자극에 대해 이해하고 이를 통제하는 데 무능할 수밖에 없는 상황을 대면했을 때 일어난다. 가장 일반적인 예로 주체가 너무 일찍 성(性)에 대면하여 전개되는 상황을 이해할 수 없는 경우를 예로 들 수 있다. 이 사건은 주체의 무의식에 정신적 상처를 남기며 이것은 성인이 되었을 때 다시 표면으로 부상한다. 프로이트에게 외상이라는 개념은 아이가 자신이 이해할 수 없는 것을 실제적으로 또는 상상적으로 경험하게 되는 원장면(primal scene)과 연관된다. 이러한 동화시킬 수 없는 기억은 후기의 사소해 보일 수도 있는 어떤 사건이 그것을 의식에 다시 불러들일 때까지 망각되고 억압된다.

외상이라는 개념은 의미화 과정에 어떤 교착상태나 고착이 일어났음을 암시한다. 외상은 상징화의 흐름을 정지시키고 주체를 초기발달단계에 고착시킨다. 예를 들어 기억은 개인의 정신에 고착되어 심한 정신장애와 고통을 야기시키는데 그/그녀가 아무리 이 기억을 합리적으로 설명하고 말로 표현하려 해도 쳇바퀴 돌듯 고통이 반복될 뿐이다. 외상에 대한 프로이트의 개념화에 라캉이 덧붙인 것은 외상이 상징화되지 못하고 남아 있는 한, 그것은 실재계이며 주체의 중심에 자리 잡은 영속적 어긋남(dislocation)이라는 것이다. 외상의 경험은 실재계라는 것이 상징계 또는 사회현실 내부로 결코 완전히 흡수될 수 없는 것이라는 사실을 밝혔다. 우리가 우리의 아픔과 고통을 언어로 표현하여 상징화하기 위해 아무리 노력한다 해도 항상 어떤 것이 남겨지게 된다. 다른 말로 바꾸면 언어를 통해 변형될 수 없는 잔여가 언제나 남아 있다. 라캉이 'X'라고 부르는 이 초과분(excess)이 바로 실재계이다. 그러므로 점차적으로 라캉이 실재계와 조우하는 것이 불가능하다는 것을 강조하게 됨에 따라 실재계는 죽음충동 및 주이상스와 연계된다. 우선 어떻게 하나의 대상이 존재하지 않으면서 동시에 우리의 생활에 심대한 영향을 미칠 수 있는가에 대해 이야기해 보자.

Das Ding(사물)

두 번째 단계에 포함되는 라캉의 세미나들에서 실재계는 초기의 개념화에서 부여되었던 '사물성'(thingness)이라는 의미를 상실한다. 정신분석의 윤리에 대한 세미나(1959~1960)에서 라캉은 무의식에 대한 프로이트의 정의 중 특히 억압의 문제를 명료히 하기 위해 노력했다. 프로이트에게는 억압이 없다면 무의식도 있을 수 없는데 그렇다면 억압된 것이란 정확히 무엇인가. 단어, 이미지 또는 감정이라고 할 수 있을까? 이 질문은 많은 논쟁들을 불러일으켰고 이는 정신분석에 다양한 학파들이 생기게 된 이유 중 하나라고 할 수 있다. 라캉에게 억압된 것은 이미지, 단어, 감정보다 한층 근본적인 어떤 것이다. 프로이트도 이 부분을 감지했는데 그는 『꿈의 해석』에서 꿈속에는 해석 너머에 있는―그가 꿈의 '배꼽'이라고 부른―단단한 불가입적 중핵이 있다고 추측했다. 라캉에 의하면 억압된 것은 바로 이 단단한 불가입성 중핵이다. 상징계 안에 존재하는 실재계의 중핵은 빈자리로 인식되며 모든 그 외의 표상들, 이미지들 그리고 기표들은 이 간극을 메우고자 하는 시도일 뿐이다. 세미나 VII에서 라캉은 이 억압된 요소가 **대표표상**(representative of the representation), 또는 *das Ding*(사물)이라고 설명한다.

사물은 기의 너머를 가리키며 그 자체로서는 무엇인지 알 수 없는 것이다. 그것은 상징화 너머의 어떤 것이며 그러므로 실재계와 관련된다. 또한 라캉은 이것을 '단조로운 현실 속의 특별한 것'(the thing in its dumb reality)이라고 지칭한다.² 사물이란 끊임없이 찾아 헤매야 하는 상실된 대상이다. 그러나 더욱 중요한 것은 그것이 "어느 곳에도 존재하지 않으며, 상실된 대상이라고는 하지만 역설적이게도 애초에 어디에도 존재하지 않았으며 그러므로 잃어버릴 수도 없었던 대상"³이라는 사실이다. 사물은 "가장 근본적인 인간열정의 원인"이다.⁴ 그것은 욕망의 원인/대상이며 단지 사후적으로만(retrospectively) 구성될 수 있다. 사물은 '객관적으로/대상적으로'(objectively) 말해서 무(no-thing)이다. 그것은 단지 그것을 구성하는 욕망과의 관계 속에서만 어떤 것이 된다. 1959~1960년 세미나 이후 사물의 개념은 라캉의 저작으로부터 완전히 사라지는데 1964년에 이것은 대상 a라는 관념에 의해 대체된다. 여기서 실재계와 관련하여 중요한 점은 사물이란 '무'(no-thing)이며 주체의 욕망을 통해서만 어떤 것(something)이 된다는 것이다. 어떤 근원적인 사물이 상실되며 그것을 찾고자 하는 욕망이 생성되었다면 이와는 반대로 주체성과 상징계의 중심에 있는 공백과 틈을 채우고자 하는 욕망이 사물을 생성한다. 4장에서 우리는 라캉이 어떻게 이 과정을 분리라는 개념으로 설명하는가를 살펴보았다. 후에 라캉은 분리라는 용어를 환상과 본환상(fundamental fantasy) 가로지르기라는 개념으로 보충한다.

2 The Seminar of Jacques Lacan, Book VII: The Ethics of Psychoanalysis 1959-1960, p.55.
3 ibid., p.58.
4 ibid., p.97.

무의식적 환상

정신분석은 사회현실보다는 우리의 무의식적 욕망과 소원들의 실상 (reality)에 우선적으로 관심을 가진다. 이러한 무의식적 욕망들은 환상을 통하여 나타난다. 환상은 주체가 주인공이며 항상 소원—궁극적으로 무의식적 소원—의 성취를 대표하는 상상된 장면으로서 방어기제 (defensive processes)들에 의해 다소 왜곡된 방식으로 표현된다. 환상은 섹슈얼리티에 본질적인 것이며 정신분석의 주된 관심영역의 하나이기도 하다. 후에 살펴보겠지만 환상은 결코 전적으로 사적인 문제로 간주될 수 없는 것이며 영화, 문학 그리고 텔레비전과 같은 매체들을 통해 공공영역 내에서 소비되는 것이다. 그러므로 환상은 보편적인 동시에 특수한 것이다. 환상 각본에는 한정된 주제 내에서 주요서사들이 지속적으로 재등장하지만 이들은 주체의 일상생활을 구성하는 우연적인 재료를 통해 끊임없이 재가공될 수 있다.

환상은 일반적으로 현실과 상상이라는 두 극 사이에 존재하는 의식적이거나 무의식적인 요소들의 혼합물이다. 프로이트는 근본적으로 세 가지의 현실을 설정한다.

① 물질적 현실 또는 육체적 현실
② 심리적 현실 또는 우리의 중개적 사고들(intermediate thoughts)의 현실
③ 정신적 현실 또는 무의식적 소원들의 현실 즉 환상[5]

---

[5] Jean Laplanche & Jean-Bertrand Pontalis, "Fantasy and the Origins of Sexuality", eds. V. Burgin et al., *Formations of Fantasy*, London: Routledge, 1986[1968], p.8.

정신적 현실이라는 프로이트의 개념은 종종 우리의 사고 및 사적인 세계로 이루어진 현실을 의미하지만 그럼에도 불구하고 그것은 물질적 현실만큼이나 실제적인 것이다. 환상은 정신적 현실의 영역 안에 존재한다. 라플랑슈와 퐁탈리스는 환상을 두 유형으로—근원적(original) 또는 원초적(primal) 환상들과 이차적(secondary) 환상들로—구분한다. 이차적 환상은 백일몽과 이미 구성된 각본들의 재가공에 관련되기 때문에 우리의 직접적인 관심사는 아니다. 반면 근원적 또는 원초적 환상은 더욱 복잡한 과정이다. 이 환상들은 보편적이며 그 수가 한정되어 있다. 예를 들어 오이디푸스 콤플렉스는 보편적 환상 구조로서 기능한다. 원초적 환상들이 근원적(original)이라는 말은 모든 이후의 환상들의 근원이 된다는 뜻이 아니라 근원(origins)에 대한 환상—예를 들어 『토템과 터부』에서 프로이트가 환상적으로 구상한 근원에 관한 이야기—이라는 의미이다. 원초적 환상들은 주체가 성인이 된 이후 정신생활의 유형을 결정하는데, 이러한 의미에서 고정된 내용을 재현한다기보다는 '구축한다고'(structuring) 할 수 있다. 어떻게 이러한 구축이 성차(sexual difference)와 관련하여 발생하는가는 6장에서 살펴볼 것이다.

환상의 기원은 '자가성애'와 충동의 환각적(hallucinatory) 충족이다. 라플랑슈와 퐁탈리스에 의하면 "실제/실재적 대상이 부재할 때 유아는 근원적인 만족의 경험을 환각적인 형태로 재생한다."[6] 그러므로 우리의 가장 근원적인 환상들은 욕망이 격앙되거나 해결되는 초기 경험들에 연

---

6 "Fantasy and the Origins of Sexuality", p.24.

결되어 있다. 여기서 중요한 것은 환상과 욕망의 관계에 내재한 속성이다. "환상은 **욕망의 대상이 아니라 그 무대**이다."[7] 환상은 주체가 그들의 욕망을 구조화하고 조직하는 방식이다. 그것은 욕망의 근거가 된다. 앞에서 우리는 주체가 어떻게 타자의 욕망의 수수께끼와 대면해 자신에게 '타자의 욕망에서 나는 무엇인가?'와 같은 특정 질문들을 제기하게 되는가를 보았다. 환상은 그 질문에 대한 응답이다. 우리는 환상을 통해 어떻게 욕망하는가를 배우며 욕망하는 주체들로 구성된다. 지젝에 의하면 환상 공간은 "욕망들을 영사하기 위한 일종의 스크린과 같이 비어 있는 표면의 역할을 한다."[8] 여기서 우리는 라캉주의가 영화학 분야에서 매력적으로 인식될 수 있는 또 하나의 명백한 이유를 이해하게 된다. 환상은 욕망의 대상이 아니며 특정 대상들에 대한 욕망도 아니다. 그것은 무대화 또는 욕망의 미장센이다. 우리가 환상으로부터 도출하는 쾌락은 목적의 달성이나 대상의 성취에 기인하는 것이 아니라 무엇보다도 욕망의 무대화로부터 획득되는 것이다. 가장 중요한 것은 환상은 결코 현실에 의해 충족될 수 없는 것이며 현실과 혼동되어서도 안 된다는 점이다. 환상과 실재계 사이에서 중개역할을 하는 중요한 개념은 대상 a다.

환상과 대상 a

라캉은 그의 초기 저작에서부터 1970년대의 마지막 세미나까지 대상 a

---

[7] "Fantasy and the Origins of Sexuality", p.26. 강조는 필자의 것이다.
[8] Slavoj Žižek, *Looking Awry: An Introduction to Jacques Lacan Through Popular Culture*, Cambridge, MA: The MIT Press, 1992, p.8.

를 지속적으로 재구성하였다. 대상 a는 라캉의 세 개의 범주 모두에 암시되어 있는 개념이다. 라캉은 대수학적 기호인 a를 1955년에 L도식[9]과 관련하여 처음 도입하였는데 여기서 그것은 대타자의 대문자 A에 대비되어 소타자를 가리킨다. 대상 a는 타자의 결여를 대표하며, 결여되어 있는 특정 대상이라기보다는 결여 자체를 뜻한다. 여기서 라캉이 의미하는 바는 무엇인가? 욕망은 정확히 말하자면 어떠한 대상도 가지지 않는다. 욕망은 항상 사라진 어떤 것에 대한 욕망이므로 상실한 대상에 대한 지속적인 탐색을 수반한다. 주체와 타자 사이의 파열을 통해 아이의 욕망과 어머니의 욕망 사이에 간극이 벌어진다. 이 간극에 의해 욕망이 움직이기 시작하고 대상 a가 도래한다. 환상을 통하여 주체는 타자와 하나가 되는 착각(illusion)을 지속시키고 자신의 균열을 외면하려고 노력한다. 타자의 욕망은 항상 주체를 넘어서거나 벗어나지만 그럼에도 불구하고 주체가 되찾아 자신을 지탱할 수 있는 어떤 것이 남겨진다. 그것이 바로 대상 a이다.

대상 a는 우리가 상실한 대상이라고 할 수 없는데 만약 그렇다면 우리는 그것을 되찾아 우리의 욕망을 만족시킬 수 있을 것이기 때문이다. 이보다 그것은 우리의 삶에 어떤 것이 결여되었거나 상실되었다는, 우리가 주체들로서 가지게 되는 지속적인 느낌을 뜻한다. 우리는 항상 만

---

[9] L도식은 소타자 a'(autre)와 자아 a(moi)가 이루는 상상계적인 관계와 주체 S(Es)와 대타자 A(Autre)로 구성된 상징계적인 관계를 보여 주는 도식이다. autre는 프랑스어로 타자라는 뜻이며 a와 A는 타자의 첫 알파벳이다. a와 a'는 거울상을 뜻하기 때문에 소타자와 자아(ego)를 대표하는 기호로 사용되었으며, 참고로 독일어에서 이드를 뜻하는 das Es는 주체(subject)의 첫 알파벳 S와 동일하게 발음된다.

족과 지식과 재산과 사랑을 찾아 헤매고 있으며 이런 목표들이 성취된 다 하더라도 우리는 항상 다른 어떤 것을 다시 욕망하게 된다. 정확히 표현할 수는 없지만 우리는 그것이 어디엔가 있다는 것을 안다. 이것은 우리가 끊임없이 메우려고 애쓰는, 우리 존재의 핵심에 자리 잡은, 공백 또는 심연으로서의 실재계를 이해할 수 있는 한 방식이다. 대상 a는 공백이자 간극인 동시에 우리의 상징적 현실에서 그 간극을 순간적으로 메우게 되는 모든 대상이다. 이때 염두에 두어야 할 것은 대상 a는 대상 자체를 가리키는 것이 아니라 결여를 덮어 가리는 기능을 일컫는다는 점이다. 파빈 애덤스는 이점을 다음과 같이 지적하고 있다.

> 대상은 의미화 연쇄의 부분이 아니다. 이는 그 연쇄 안의 '구멍'(hole)이다. 그것은 재현(representation)의 장 안의 결함(hole)이지만 이것이 단순히 재현을 파괴하지만은 않는다. 파괴하는 동시에 수선하는 것이다. 그것은 빈틈(hole)을 만들어 내며 동시에 이를 덮어씌우기 위해 결여의 자리에 나타나는 것이다.[10]

라캉의 다른 개념들과 마찬가지로 욕망의 역설은 그것이 사후적으로 기능한다는 점이다. *das Ding*과 더불어 대상 a는 '객관적으로/대상적으로'(objectively) 말해서 무이다. 그것은 자신을 불러내는 욕망과의 관계 속에서만 어떤 것으로서 존재한다. 독자가 사랑에 빠지는 과정을 상

---

[10] Parveen Adams, "Operation Orlan", *The Emptiness of the Image: Psychoanalysis and Sexual Differences*, London: Routledge, 1996, p.151.

기하면 라캉이 의미하는 바를 이해하는 데 도움이 될 것이다. 처음 사랑에 빠질 때 우리는 상대방을 이상화하여 그 사람과 함께 있을 때 완전함을 느낀다. 이것이 사랑에 빠진 상태의 상상계적 차원이다. 또한 '한 쌍'이 되어 다른 결여된 주체와 관계를 갖는 것에는 상징계적인 차원도 있다. 더불어 그 관계에는 항상 또 다른 어떤 차원이 관여되어 있다. 우리의 배우자는 아름답고, 지적이고, 유머가 있고 춤도 멋지게 출지 모르지만 다른 사람들도 모두 장점들을 가지고 있다. 그렇다면 우리의 배우자들을 특별하게 만드는 것은 무엇인가? 그들에게는 그 실체를 정확히 알 수 없는, 포착하기 어려운 어떤 특별한 것이 있는데 확실히 말로 표현할 수는 없지만 우리는 그것이 존재한다는 것을 알고 있다. 이 때문에 우리는 그들을 사랑하는 것이다. 이것이 대상 a ─욕망의 원인/대상─이다. 그렇다면 대상 a는 상징계를 구조화하는 공백, 간극, 결여인 동시에 그 결여를 덮어씌워 가리는 것이기도 하다.

대상 a는 대상을 만드는 과정에서 남겨진 잔여이다. 그것은 교묘히 상징화의 수중에서 벗어나는 파편이다.[11]

대상 a는 다르게 말하여 실재계의 잔여이다. 그것은 상징화를 벗어나는 것이며 재현의 너머에 있다. 라캉의 개념으로 표현하자면 환상은 대상 a에 대한 주체의 '불가능한' 관계를 정의한다.

---

11 Bruce Fink, *The Lacanian Subject: Between Language and Jouissance*, p.94.

실재계의 불가능성과 주이상스

마지막 단계인 1970년대에는 불가능한 조우로서의 실재계에 초점이 맞추어진다. 사실 그는 점차적으로 정신분석의 전반적 경험이 모두 이러한 불가능한 외상적 조우를 둘러싸고 선회하는 것이라고 생각하게 된다. 이 단계에서 라캉은 실재계와 현실을 명백히 구분하는데 이것은 자아와 주체, 상상계와 상징계, 또는 심지어 소외와 분리 사이의 구분보다 더욱 강조된다. 라캉에 의하면 환상이란 현실을 떠받치고 있는 것이며 실재계가 우리의 일상생활의 경험 안으로 침입할 때 방어하는 역할을 한다. 라캉은 이 과정을 '환상 가로지르기'라고 부른다. 환상 가로지르기는 주체가 실재계의 외상을 주체화하는 것이다. 다른 말로 주체는 외상적 사건을 받아들이고 그 주이상스에 대해 책임을 진다. 주이상스는 라캉의 이론 중 매우 복잡한 개념이며 적절한 영어번역이 없는 상태다. 이 개념은 '향락'(enjoyment)으로 번역되기도 하지만, 이보다 쾌락과 고통의 결합, 또는 더욱 정확하게 고통 속의 쾌락을 의미한다. 주이상스는 환자들이 자신의 병 또는 증상을 즐기는 것처럼 보이는 역설적 상황을 연출한다. 또한 프랑스어로 이 단어는 성적인 뉘앙스를 가지며 성적 쾌락과 연결된다. 그러나 일반적으로 라캉은 종교적 또는 신비주의적 황홀경의 경험을 주이상스의 예로서 제시한다.

라캉은 1953년에도 주이상스라는 용어를 사용했는데 이 개념은 1960년대에 와서야 충동과 실재계에 연계되며 그의 사상에서 중요한 개념으로 부상한다. 『쾌락원칙을 넘어서』에서 프로이트는, 인간으로서 우리의 일차적 동기는 쾌락 또는 욕망의 충족이라고 주장하며 쾌락원칙에 우위를 부여한, 충동에 관한 그의 초기 이론을 수정할 수밖에 없게 된다. 임상경험을 통해 프로이트는 주체들이 고통스럽고 외상적인 경험들을 강박적으로 반복하며 이것은 쾌락원칙의 우위성에 직접적으로 상치되는 것임을 깨닫는다. 프로이트는 이렇게 쾌락 너머에 있는 듯한 어떤 것을 '죽음충동'이라고 불렀으며 생명의 일차적 목표는 죽음을 향한 적절한 길을 찾는 것이라고 제안했다. 라캉은 죽음충동을 반복과 연계시키는 것에 관해서는 프로이트를 따르고 있으나 우리가 죽음을 향하여 나아가는 것이 아니라 죽음에 의하여 이끌리는 것이라고 주장했다. 결여는 욕망 사이로 생명을 움직이게 하는 것이지만, 엘리 래글런드 설리번이 지적하듯 인간은 친숙한 상징계로부터 떨어져 나와 실재계의 외상과 공백 안으로 추락하기보다는 그것이 아무리 고통스럽다 할지라도 상징계 안에서 어떤 경험이든 참아내려 할 것이다.[12] 래글런드 설리번은 주이상스를 "우리의 인생에 그 가치를 부여하는 본질 또는 속성"으로 묘사한다.[13] 끊임없이 자신을 충족시키려고 노력하며 하나의 기표에서 다른 기표로 움직이는 욕망과 반대로 주이상스는 절대적이고 확실한 것이다(모든 충동에 대한 일차적 정의에서 충동의 속성이 지속적으로 긴장을 유발하는 것이었음을 기억하라). 그러므로 라캉은 주이상스를 욕망에 대치시키고 욕망은 주이상스의 일관성 안에서 만족을 추구한다고 제안한다. 우리의 의사에 관계없이 상징계는 죽음충동에 의해 통제된다. 죽음은 쾌락 너머에 있으며 접근 불가능한 것인 동시에 금지된 것이다. 그것은 극복될

---

12 Ellie Ragland-Sullivan, *Essays on the Pleasures of Death: From Freud to Lacan*, London: Routledge, 1995, p.94.
13 ibid., p.88.

수 없는 궁극적 한계이다. 그리고 이 궁극적 한계는 또한 주이상스와도 연관된다.

주이상스에 대해 이야기하는 것이 어려운 이유는 우리가 그것이 무엇인지 실제로 말할 수 없기 때문이다. 우리는 부재나 불충분한 느낌을 통해 그것을 경험할 수 있을 뿐이다. 주체들로서 우리는 만족할 줄 모르는 욕망에 의해 이끌린다. 욕망을 실현시키고자 할 때 우리는 필연적으로 실망하게 된다. 우리가 느끼는 만족감이 결코 충분하지 않기 때문이다. 우리는 항상 무엇인가가 더 있다는, 어떤 것을 놓쳤다는, 다른 어떤 것을 더 가질 수도 있었다는 느낌을 가진다. 우리가 경험하는 불충분한 쾌락의 너머에서 우리를 만족시키고 채우게 될 그 이상의 어떤 것이 바로 주이상스이다. 우리는 그것이 무엇인지는 모르지만 언제나 부족하다는 느낌이 있으므로 그것이 어디엔가 존재할 것이라고 가정하는 것이다. 핑크가 말하듯 결국 "우리는 더 나은 어떤 것이 있을 것이라고 생각하고, 더 나은 어떤 것이 있을 것이라고 말하며, 더 나은 어떤 것이 있을 것이라고 믿게 되고"[14] 이러한 사고과정의 진지함은 이 생각에 일관성을 부여한다. 우리는 사후적으로 무에서 유를 만들어 낸 것이다. 더욱이 어떤 것이 존재하며 우리가 그것을 결여하고 있다고 가정함으로써 우리는 일반적으로 이것을 타자로부터 기인하는 것으로 간주하게 된다. 타자는 우리 자신의 경험 너머에서 향락의 차원을 경험하는 것으로 설정된다.

---

[14] Bruce Fink, "Knowledge and *Jouissance*", eds. S. Barnard and B. Fink, *Reading Seminar XX: Lacan's Major Work on Love, Knowledge, and Feminine Sexuality*, NY: SUNY Press, 2002, p.35.

이때 중요한 점은 이 무한한 주이상스란 존재하지 않는다는 사실이다.

그것은 생각을 통해 우리 마음속에 그리게 되는 이상, 관념, 가능성으로서 **지속된다**(insists). [라캉의] 개념으로 표현하자면 그것은 '외존'(ex-sists)한다. 그것은 지속적으로 우리가 자신의 요구를 느끼지 않을 수 없도록 만들면서 마치 외부에 존재하는 듯 밖으로부터 강요(insistence)한다. '그 과정을 되풀이 해보자!'라고 말하는 소원[욕망]이 아니라 그보다는 '그 외에 당신이 할 수 있는 것은 없는가, 조금 다른 것을 시도해 볼 수는 없는가?'라고 질문한다는 의미에서 그것은 우리의 외부이다.[15]

타자가 과도한 주이상스를 경험할 것이라는 믿음은 환상에 의해 지속된다. 환상은 우리가 자신의 주이상스에 대한 불만 및 실재계의 불가능성과 화해하게 하는 한 방법이다. 통제나 제어가 불가능한 실재계에 대응하기 위하여 우리는 환상을 통해 우리의 사회현실을 구성한다. 독자 역시 짐작하겠지만 이것은 앞에서 개략적으로 설명한 인종차별주의와 반유대주의의 구조이기도하다. 우리는 타자가 ― 그들이 유태인이건, 흑인이건, 집시들이건 혹은 동성애자이건 ― 우리의 주이상스를 훔쳐갔다고 가정한다. 다음 장에서 '남성적' 주이상스와 '여성적' 주이상스에 대한 라캉의 구분과 함께 주이상스에 관해 더욱 자세히 살펴볼 것이지만, 이에 앞서 우선 문화학 분야에서 실재계와 대상 a라는 개념들의 적용사

---

[15] Fink, "Knowledge and *Jouissance*", p.35.

례를 제시하고자 한다.

롤랑 바르트의 『카메라 루시다』

『카메라 루시다』는 죽음과 상실에 대한 아름답고 감동적인 연구인데 이 느낌들은 바르트의 전체 저작들 안에서 이 저서가 점유하게 된 우연한 위치에 의해 더욱 부각된 셈이다. 이 책은 그의 어머니의 죽음과 자신의 죽음 사이에 집필된 것으로 바르트의 마지막 저작이었으며, 이 때문에 마치 바르트의 유언 같아 보이기도 한다. 바르트가 마지막으로 그의 이 야기들을 하고 있다는 느낌은 텍스트의 문체로도 강화된다. 『카메라 루시다』는 사진의 본질에 대한 매우 주관적인 명상을 적은 책이다. 바르트가 말하듯 그것은 "사진이 **그 자체로** 무엇인가에 대하여 그리고 어떤 본질적인 특성에 의해 다른 이미지들로부터 구분되는가"에 관하여 알아내기 위한 탐색이자 내부의 여행이며 동시에 '존재론적' 욕망이다.[16] 그렇다면 『카메라 루시다』는 「서사의 구조 분석 입문」(Introduction to the Structural Analysis of Narrative, 1966)에 나타나는 텍스트의 문법을 설명하기 위한 바르트의 초기 기호학적 시도들과 『텍스트의 즐거움』(*The Pleasure of Text*, 1973)에서 볼 수 있었던 그의 더욱 단편적이고 유희적이며 열광적 문체를 포기하는 듯 보인다. 이 책이 사르트르에게 헌정되었다는 점과 '물자체'(thing-in-itself)에 주어진 현상학적 강세는 바르트가―자신의 현상학적 근원들과 텍스트에 대한 더욱 인간적인 접근으

---

[16] Roland Barthes, *Camera Lucida*, London: Flamingo, 1984[1980], p.3.

로 돌아가며 —기원으로의 회귀를 표명하고 있는 듯 보일 것이다. 그러나 우리는 그러한 결론에 도달하는 데 조급해서는 안 된다. 『카메라 루시다』는 다음과 같이 시작한다.

하루는, 오래전인데, 우연히 나폴레옹의 막내 남동생의 사진을 보게 되었다.......**17**

그러므로 표면상 그것은 이론적 연구라기보다는 소설처럼 보인다. 이 텍스트에서 '나'는 다른 모든 허구적 작품들에서의 '나'와 마찬가지로 텍스트상의 가공인물이며 '실제의/실재적'(real) 롤랑 바르트와 혼동되어서는 안 된다. 만약 『카메라 루시다』에서 바르트의 유언과도 같은 느낌을 받는다면 우리는 바르트의 전 생애에 걸친 연구가 결론적인 마지막 말이란 존재할 수 없다는 생각에 헌정되었다는 것을 상기해야만 한다. 바르트가 「저자의 죽음」(1968)에서 우리에게 가르쳐 주었듯이 일단 텍스트가 공공영역 안으로 들어오면 저자는 더 이상 의미를 결정하는 사람이 아니다. 그러므로 우리는 이 텍스트에서 다른 어떤 과정이 진행되고 있다는 사실을 주시해야 하며 어쩌면 이 책을 사진의 본질에 관한 연구서라기보다는 '자전적 소설'로 간주해야 할지도 모른다.**18**

---

17 Barthes, *Camera Lucida*, p.3.
18 Victor Burgin, "Re-reading *Camera Lucida*", *The End of Art Theory: Criticism And Postmodernity*, London: Macmillan, 1986, p.88.

스투디움과 푼크툼

바르트가 사진에 대해 매력을 느낀 부분은 특정 사진들과 그들의 지시대상 간의 관계였다. 바르트에 의하면 사진은 "문자 그대로 지시대상이 방사(放射)되는 것이다".[19] 언어가 본질적으로 허구인 반면 사진은 확실하고 진정한 느낌을 지닌다. 그렇다면 바르트에게 특정 사진은 그 지시대상으로부터 결코 분리될 수 없는 것이다. 사진은 지시대상을 그 자체에 담고 있는데, 달리 표현하자면 지시대상이 사진에 접착된 듯 보인다(라캉은 뒤축에 붙어 있다고 말할 것이다). 바르트는 이것이 사진의 본질이라고 주장한다. 모든 사진에는 두 가지의 기본 요소들이 있는데 이들을 그는 **스투디움**(studium)과 **푼크툼**(punctum)이라고 불렀다. 스투디움은 사진에 의해 자극되는 문화적 흥미의 일반적 영역이다. 이는 일반적으로 공유되는 문화적 의미의 장으로서 특정 사진에 대한 우리의 취향에 관계없이 사진이 사진을 보는 사람에게 미치는 평균적 효과를 뜻한다. 반면 푼크툼은 더욱 개인적이고 친밀한 경험이다. 그것은 스투디움에 구두점을 찍고(punctuates) 사진 안에서 우리의 특정 관심을 불러일으키는 것이다. 푼크툼은 우리의 눈길을 사로잡은 사진 안의 우연적이고 우발적인 요소이다. 바르트가 말하듯, 그것은 나를 관통하여 찌르고 지나가지만 나를 상처 입히는 동시에 강렬한 감동을 주는 것이다. 스투디움이 사진에 대한 일반적이고 전반적인 느낌을 가리킨다면 푼크툼은 그 매끄러운 표면에 균열을 내는 세부이다. 그것은 사진으로 우리의 눈길을 이

---

[19] Barthes, *Camera Lucida*, p.80.

끄는 세부이며 바르트는 이를 '부분'대상과 비교한다. 푼크툼은 우리를 하나의 연상에서 다른 연상으로 안내한다는 점에서 일종의 확장적이고 환유적인 역량을 가진다. 그러므로 푼크툼 또한 사후적으로 작용한다. 그것은 연출되거나 사진에 첨가할 수 있는 것이 아니라 사진을 보고 나서 시간이 흐른 뒤 그것에 대해 돌이켜 생각할 때 기억나는 세부이다.

실재계를 애도하며

『카메라 루시다』는 명백히 애도에 관한 저서인데, 바르트가 낡은 사진 한 장을 발견하게 되며 그것을 계기로 일련의 회상들이 시작된다. 바르트는 다음과 같이 적는다.

> 나는 내가 사랑했던 얼굴에 대한 진실을 찾고 있었다. 그리고 그것을 찾았다. 그것은 매우 낡은 사진이었다. 모서리들은 앨범에 붙여졌었기 때문에 닳아 있었고 세피아 색깔은 바래졌으며 사진에는 두 아이들이 그나마 간신히 보였는데 그들은 당시 겨울정원이라고 불리던 유리 온실의 작은 나무 벤치의 끝에 함께 서 있었다. 그 당시 내 어머니는 다섯 살이었고 그녀의 오빠는 일곱 살이었다.[20]

이 사진은 사진과 정신분석과 삶과 죽음에 관한 일련의 성찰들을 환기시키지만 우리는 결코 실제로 그 사진을 보게 되지는 않는다. 다시 말

---

[20] Barthes, *Camera Lucida*, p.67.

하면 『카메라 루시다』는 중심의 부재를 둘러싸고 구조화된다.[21] 텍스트는 끊임없이 이 부재의 주위를 선회하며 근원적 상실에 의해 남겨진 구멍을 메우기 위해 일련의 다른 사진들을 제시하지만 우리는 결코 근원적 경험 자체로 돌아갈 수는 없다. 텍스트는 결코 진실이나 물자체 또는 바르트가 찾아 헤매는 본질을 생산하지 않으며 사실 그런 것들은 결코 생산해 낼 수 없는 것이다. 부재하는 그의 어머니의 사진은 그것이 애초에 존재한 적이 없었다는 정신분석학적 의미에서 상실된 대상의 기능을 한다. 바르트는 결코 그가 사랑했던 얼굴의 진실을 되찾을 수 없을 것이다. 왜냐하면 그것에 대한 것이라고는 불가능한 조우가 남긴 잔여들로서의 표상들뿐이기 때문이다.

그렇다면 지시대상과의 관계가 사진의 본질이라는 바르트의 주장은 어떻게 받아들여야 하는 것일까? 사진의 지시대상은 다른 기호 체계들의 지시대상이 아니다. 그것은 "이미지나 기호가 나타내는, 실제가 아닐 수도 있는 사물이 아니라 렌즈 앞에 놓인 필연적으로 실제적인 사물이며 이것이 없다면 사진도 존재하지 않을 것이다."[22] 그림이나 언어와 달리 사진은 사물이 존재했으며 사진기 앞에 있었다는 과거의 사실을 결코 부인할 수 없지만 그 실제적인 것은 사진이 태어나는 순간 상실된다. 그리고 이것이 바로—노에마(noème), 즉 '이미 존재한 것'(that-has-been) 또는 불가공성(intractability)이라는—사진의 본질이다. 이것을 설명할 수 있는 다른 이름은 본격적인 라캉의 정신분석학적 의미로 '실

---

[21] M. Iversen, "What is a Photography?", *Art History*, 17(3), 1994.
[22] Barthes, *Camera Lucida*, p.76.

재계'이다. 라캉은 세미나 XI에서 본질적으로 정신분석은 우리를 회피하는 실재계와 조우하는 것이라고 말하는데[23] 이러한 대면을 설명하기 위해 그가 사용하는 개념은 우연(tuché)이다. 바르트의 텍스트는 이러한 대면들—사진의 본질로 '간주된 것'(that-has-been), 실재계의 불가공성, 그리고 자기 자신의 운명에 대한 예기—에 의해 사로잡혀 있다. 우연은 주체가 견뎌내거나 동화하는 것이 불가능한 외상의 한 형태로 나타난다. 주체성의 심부에 있는 견고한 불가입적 중핵으로서의 외상이라는 개념이 바르트의 텍스트와 사진의 본질에 대한 그의 생각을 주조하고 있다. 빅터 버긴이 지적했듯이, '외상'은 '상처'를 뜻하는 그리스 단어로부터 파생된다. 동일한 의미를 가지는 라틴어는 푼크툼이다.[24] 다시 말하면 우리를 관통하여 상처를 입히고 사진의 스투디움(상징계)에 균열을 내는 바르트의 세부는 대상 *a*라는 형태를 통한 실재계와의 섬광 같은 만남을 의미한다.

✻

'실재계'라는 라캉의 개념은 그의 가장 매력적인 개념들 중 하나이다. 실재계라는 범주는 초기의 주변적 위치로부터 발전하여 라캉의 후기 사상에서는 핵심 범주가 된다. 실재계는 상징화에 저항하는 부분이다. 그것은 주체성과 상징계의 심부에 있는 외상적 중핵이다. 그러므로 실재

---

[23] Lacan, *The Four Fundamental Concepts of Psychoanalysis 1964-1965*, p.53.
[24] Burgin, "Re-reading *Camera Lucida*", p.86.

계는 말로 표현할 수 없는 인간존재의 궁극적 한계로서 죽음충동 및 주이상스와 연계된다. 주이상스는 욕망에 대비되는 것이며—그것은 우리의 욕망이 실패할 때 우리가 경험하는 불만이다—주체들은 환상과 대상 a를 통하여 이 불가능한 드라마를 연출한다. 라캉의 이러한 개념들은 정신분석의 제반 이론과 다른 관련 학문분야에 대변혁을 일으켰다. 우리는 이제 라캉의 마지막 세미나의 하나이며 그의 이론 중 가장 논쟁적인 부분의 하나이기도 한 라캉의 성차에 대한 설명을 살펴볼 것이다.

6. 성차

마지막으로 라캉의 정신분석학 중 단연 가장 논쟁적이고 이의가 많이 제기된 분야—여성의 섹슈얼리티에 대한 해석—에 대해 논해 보자. "여자는 존재하지 않는다"(the woman does not exist) 그리고 "성관계와 같은 것은 없다"(there is no such thing as a sexual relationship)와 같은 라캉의 도발적 표어들은 이에 대해 분개하고 격분하는 분위기 속에서도 지속적으로 그리고 정열적으로 변호되었다. 여성의 섹슈얼리티(feminine sexuality)에 대한 라캉의 사고는 두 가지 주요 단계들에 의해 구분된다. 첫 번째로 그는 성차를 팔루스에 근거하여 구분하려 하였으며 이때 라캉은 프로이트의 사고에 결정적 쇄신을 단행하고 있다. 프로이트에게 성차의 문제는 '거세 콤플렉스'를 중심으로 제기되므로 음경을 '가지고 있는가' 또는 '가지고 있지 않은가'라는 문제의 주위를 선회한다. 반면 라캉에게 거세는 음경이 아닌 주이상스의 절단과 결여의 인식을 수반하는 상징적 과정이다. 이 결여가 재현될 때 주체에게는 두 가지의 대안들이 주어진다. 팔루스를 '가지거나' 또는 팔루스가 '되는'것이다.[1] 라캉에 의하면 남성성은 팔루스를 가진 위치에 있는 척하는 반면 여성성은 팔루스인 것으로 **가장**(masquerade)한다. 성차에 대한 라캉의 사고의 흐름에서 두 번째 단계는 후기 연구인 세미나 XX —『앙코르: 여성의 섹슈얼리티에 대하여, 사랑과 지식의 한계 1972~1973』—에서 소개되는데 여기서 그는 '성 구분(sexuation)의 구조들'에 관해 논의한다. 이 후기 단계에서 라캉은 남성성과 여성성을 남성과 여성 모두에게 열려 있으며 생물학적인 것과는 관련이 없는 구조들로 발전시키는데 이때 남성적 구조와 여성적 구조를 결정하는 것은—라캉이 남근적 주이상스 그리고 타자적(Other) 주이상스라고 부른—개인에게 허락된 주이상스의 유형이다. 우리는 이 매우 논쟁적인 개념들을 아래에서 살펴본 후 궁정풍 사랑이라는 낭만적 전통의 형태로써 라캉의 이론에 대한 사례를 제시할 것이다.

프로이트와 여성의 섹슈얼리티에 대한 수수께끼

프로이트는 오이디푸스 콤플렉스와 유아 성욕에 관한 그의 이론을 남아들의 경험에 근거하여 구상했는데 처음에는 단순히 반대 방향의 동일한 과정이 소녀들에게 적용될 수 있다고 생각했다. 점차적으로 프로이트는 자신의 임상경험의 자료들과 동료들의 연구를 통해 그의 입장을 견지할 수 없음을 인정할 수밖에 없게 된다. 이때 두 가지 요인이 작용한다.

---

[1] Parveen Adams, "Waiving the Phallus", *The Emptiness of the Image: Psychoanalysis and Sexual Differences*, London: Routledge, 1966.

첫 번째로는 프로이트가 오이디푸스 콤플렉스의 마지막 단계인 해소의 과정에서 문제가 되는 것은 성기 자체가 아니라 남성 생식기관인 음경의 존재 또는 부재라는 것을 인식했다는 점이다. 두 번째로는 많은 프로이트의 추종자들이 유아기 중 전오이디푸스기를, 특히 어머니/아이 관계의 중요성을 더욱 부각시키기 시작했다는 사실이다. 프로이트는 발달의 초기단계인 전오이디푸스기의 중요성을 받아들이게 되는데 이것은 그가 오이디푸스 콤플렉스에 대한 초기의 개념화를 수정해야 한다는 뜻이었다. 전오이디푸스기에 유아는 남녀를 불문하고 모두 최초의 사랑의 대상인 어머니와 밀착된 관계를 가지는데, 여아들의 경우에도 오이디푸스 콤플렉스가 시작된다고 주장하기 위해서 프로이트는 사랑의 대상이 어머니로부터 아버지에게로 옮겨 가는 방식을 설명해야만 했다.

오이디푸스 콤플렉스는 남아들의 경우에는 비교적 간단히 설명된다. 그들은 처음에는 어머니를 사랑의 대상으로 간주하지만 점차 그들의 어머니가 아버지의 사랑의 대상이기도 함을 깨닫게 된다. 그러므로 아버지는 어머니에 대한 경쟁자가 되며 남아는 아버지가 그의 음경을 절단할 것이라는 두려움을 가지게 된다. 아이는 이 딜레마를 사랑의 대상인 어머니를 포기하고 아버지와 동일시함으로써 해소한다. 어머니를 포기한 것에 대한 보상으로 남아는 훗날 사랑의 대상이 되는 다른 여성들과 관계를 가질 수 있게 된다. 그러나 여아의 오이디푸스 콤플렉스는 일단 여아들이 최초의 사랑의 대상(어머니)을 포기하게 되는 과정을 설명해야만 한다. 그러므로 여아의 경우 오이디푸스 콤플렉스는 이에 선행하여 일어나는 그 이전의 단계를 포함한다. 여아는 자신과 어머니가 모두 음경을 가지지 않았음을 깨닫게 되고, 프로이트가 음경선망이라고 명명한 단계에서 그녀의 사랑을 어머니로부터 아버지에게로 이동시킨다. 그후에 사랑의 대상이었던 어머니는 아버지의 애정에 대한 경쟁자가 된다. 처음에 소녀는 어머니가 음경을 가지고 있지 않기 때문에 어머니의 가치를 절하하고 자신을 똑같이 만든 것에 대해 그녀를 원망한다. 이제 프로이트가 설명할 수 없는 문제는 그렇다면 왜 여아가 사랑의 대상인 아버지를 포기하고 어머니와 다시 동일시하는가였다.

거세 콤플렉스는 남아들에게는 오이디푸스 콤플렉스의 결론과 해소를 의미하며 그는 사랑의 대상인 타자를 포기한다. 반면 여아에게 거세 공포는 그녀를 오이디푸스 콤플렉스로 이끄는 역할을 하며 여기에는 어떠한 만족스러운 해결도 존재하지 않는다. 여아는 그녀의 욕망을 아버지에게 이동시키기 위하여 자신이 음경을 가지고 있지 않다는 사실을 반드시 받아들여야만 하는데 이 과정은 모종의 보상이 없이는 일어나지 않는다. 프로이트는 이 보상이 아버지의 아이를 욕망하는 양상을 보이며, 여성의 오이디푸스 콤플렉스는 거세의 공포에 의해서가 아니라 아버지에게서 받을 수 있는 아이라는 선물을 욕망하며 정점에 이른다고 추측했다. 여아들은 사랑의 대상인 타자를 결코 완전히 포기할 수 없으므로 오이디푸스 콤플렉스를 완전히 해소할 수 없다. 이렇듯이 여아의 오이디푸스 콤플렉스는 남아의 경우보다 훨씬 복잡한 과정이며 또한 이론으로서도 매우 불완전한 개념이다.

여성의 오이디푸스 콤플렉스에 관한 프로이트의 가설들은 그가 여성의 섹슈얼리티의 본질에 대해 연구하는 계기가 되었으나 이는 단지 일련의 해결할 수 없는 질문들만을 초래하게 된다. 생의 마지막까지 프로이트는 여성의 섹슈얼리티에 내재하는 수수께끼에 대해 혼란스러워했다. 그는 여성성을 '암흑 대륙'(dark continent)으로 묘사했으며 끝내 '여성은 무엇을 원하는가?'라는 문제를 풀지 못했다. 정신분석이 여성의 섹슈얼리티의 발달과정에 대해 적절히 설명하는 데 실패하자 1920년대에 여성의 섹슈얼리티에 대한 첫 번째 대논쟁이라고 알려진 사건이 초래된다. 이 논쟁은 어니스트 존스의 논문을 통해 시작되었고 카렌 호니(Karen Horney), 멜라니 클라인(Melanie Klein) 그리고 조안 리비에르를 포함하는 시대의 가장 저명한 많은 여성 정신분석가들로부터 반응을 이끌어 냈다(이 논쟁에 대해서는 줄리엣 미첼의 『여성의 섹슈얼리티』2의 서문을 보라). 여성의 섹슈얼리티에 대한 라캉의 연구는 1920~1930년대에 시작된 논쟁들의 연장선상에 있으며 이는 이후 1970~1980년대의 '두 번째 대논쟁'을 불러일으킨다(『페미니즘과 정신분석 사이에서』를 보라).3

팔루스를 가질 것인가, 아니면 팔루스가 될 것인가?

정신분석에 대한 페미니스트들의 비판은 프로이트의 사상에서 특히 문제가 되는 두 가지 구성요소들에 초점이 맞추어져 있다. 첫째, 페미니스트들은 정신분석에서는—그 사람이 음경을 가졌는가 또는 그렇지 않은가라는—해부학적 성이 개인의 성적 정체성을 결정한다는 의미에서 정신분석은 생물학적 본질주의의 한 형태를 강조하고 있다고 비판했다. 그리고 사실 이것은 전혀 근거 없는 주장이라고 할 수는 없는 것

---

2 Juliet Mitchell & Jacqueline Rose, *Feminine Sexuality: Jacques Lacan and the école Freudienne*, London: Routledge, 1982.
3 Teresa Brennan(ed.), *Between Feminism and Psychoanalysis*, London: Routledge, 1989.

이다. 예를 들어 마리 보나파르트(Marie Bonaparte)는 급기야 '생물학은 운명'이라고까지 주장한다. 존스, 보나파르트 그리고 호니에 의한 프로이트의 '남근중심주의'를 수정하고자하는 시도들은 역설적이게도 더욱 결정론적이고 본질주의적인 성발달이론들로 귀결된다. 페미니즘에 의해 제기된 두 번째 비판은 정신분석이 항상 여성들을 남성들과의 관계에서 부정적으로 정의한다는 것이다. 프로이트에게 남성은 능동적 작인으로 간주되는 반면 여성은 수동성에 근거하여 정의된다. 1960년대와 1970년대 초 이러한 두 가지의 비판들은 페미니즘 안에서 견고하게 구축되어 광범위하게 수용되었고(이 비판들이 포함하는 더욱 세부적인 주장들에 대해서는 케이트 밀레트가 쓴 페미니스트 텍스트의 고전 『성 정치학』[4]을 보라), 그 결과 젠더 연구를 통하여 성차에 대한 정신분석학적 이해는 사회적으로 구성된 산물로 인식된다. 이러한 문맥에서 성차에 대한 라캉 특유의 이론이 나오게 된다. 안정되고 고정된 정체성에 관련된 모든 개념들은 허구이며 생물학적으로 주어진 것이 아니라는 라캉의 주장은 페미니스트들에게 성차에 관한 반본질주의적 정신분석 이론의 가능성을 제공하는 것으로 간주되었다.

라캉의 관점에서 무의식은 모든 안정적이고 고정적인 정체성을 훼손시키는 것인데 여기에는 고정적 성 정체성 또한 포함된다. 초기 라캉에게 성차는 생물학의 문제가 아니라 의미작용의 문제였다. 남성성과 여성성은 해부학적으로 구분되는 것이 아니라 주체가 기표로서의 팔루스

---

[4] Kate Millet, *Sexual Politics*, London: Virago, 1977[초판 1969년; 『성 정치학』, 김전유경 옮김, 이후, 2009].

와 가지는 관계를 통해 정의되는 주체 위치들이다. 앞에서 언급되었듯이 라캉에게 팔루스는 기표이며, 음경에 관계되어 있기는 하지만 직접적으로 동일한 것은 아니다. 재클린 로즈가 지적하듯이 팔루스가 기표라는 사실이 중요한 이유는 "인간의 섹슈얼리티의 발달과정에서 그것이 점유하는 위치는 자연(nature)이 설명할 수 없는 어떤 것"이기 때문이다.[5] 팔루스는 결여의 기표이다. 처음에 그것은 상상적 대상—어머니의 욕망을 충족시킬 것으로 추정되는 대상—으로서 기능한다. 그후 욕망은 만족될 수 없으며 대상으로서의 팔루스는 영원히 손이 미칠 수 없는 곳에 있는 것이라는 인식을 통하여 팔루스는 상징적으로 기능하게 된다. 어머니와 아이 사이의 상상적 결합이 파열되며 욕망이 움직이기 시작하고 동시에 의미화 과정이 개시된다. 그러므로 팔루스는 주체의 근본적인 분열을 재현하는 파열 또는 분열의 순간을 대표한다. 이러한 의미에서 남녀를 불문하고 우리는 모두 상징적으로 거세되므로 팔루스는 모든 인간에게 결여를 대표한다. 라캉에게 거세는 프로이트가 설명한 것과는 매우 다른 과정인데, 이는 남녀 모두에게 근본적 상실을 의미하며 자신의 주이상스의 어떤 부분에 대한 포기를 수반한다. 욕망하는 주체가 되기 위해서 우리는 우리의 주이상스가 전적으로 충족될 수 없는 것임을 인식해야만 한다. 거세는 이러한 근본적인 상실을 가리키며 그 상실의 기표가 바로 팔루스이다. 이 개념들을 구별할 때, 특히 이들을 실제 신체기관과 혼동하지 않기 위해 여기서 우리가 염두에 두어야

---

[5] Rose, "Feminine Sexuality: Jacques Lacan and the École Freudienne", p.63.

할 것은 주이상스가 충동과 실재계에 연관되는 반면 팔루스는 기표이며 상징계에 관련된다는 점이다. 그러므로 남녀의 거세 콤플렉스의 '차이'는 주체가 원초적 결여 또는 상실을 재현하는 방식에 기인하며 이때 오이디푸스 콤플렉스의 비대칭성이 명백해진다. 남아들은 팔루스를 가진 '척'할 수 있는 반면 여아들은 팔루스가 될 수밖에 없다. 이것은 무엇을 의미하는가? 팔루스를 가지거나 그것이 되는 것은 일차적 결여를 덮어 가리는 두 가지 방식을 대표한다. 오이디푸스 콤플렉스를 통해 남아들은 어머니의 욕망과 결여를 인식한다. 이후 그들은 어머니의 욕망의 대상을 아버지와 동일시하며 아버지가 팔루스를 가졌다고 추측한다. 요약하면 남아는 결여된 타자인 어머니로부터 팔루스의 소유자인 아버지로 이동한다. 그러므로 남아는 타자(Other)—여성들—를 위한 욕망의 대상을 가지고 있는 척한다. 그러나 이것은 '가식'(pretense)일 뿐인데 그 이유는 그들이 애초에 팔루스를 소유한 적이 없기 때문이다. 팔루스는 항상 다른 곳에 있다.

 반면 여성들은 상당히 복잡한 과정을 통하여 팔루스를 '가지고 있다'는 생각을 포기하게 되는데 그후 그들은 어머니와 동일시할 수 있고 그러므로 타자(Other)—남성들—의 욕망의 대상이 된다. 라캉은 여성들이 팔루스가 되기 위해 자신의 본질적 부분을 포기하는 과정을 가장(masquerade)이라는 개념과 연결시킨다.

 이 설명이 역설적으로 들릴지도 모르지만 나는 여성이 팔루스가 되기 위해, 즉 타자의 욕망의 기표가 되기 위해 가장을 통해 여성성의 본질적 부분, 다시 말하면 그녀의 속성 전체를 거부할 것이라고 말하고 있는 것이다. 그녀

는 그녀가 아닌 바로 그 부분에 대하여 욕망되고 사랑받기를 바라는 것이다.[6]

여성은 가장을 통해 팔루스를 '가지고 있지 않은'(not-having) 상태를 팔루스가 '된'(being) 상태로 전환시킨다.

가장으로서의 여성성

라캉은 조안 리비에르의 논문 「가장으로서의 여성다움」(Womanliness as Masquerade, 1929)으로부터 가장이라는 개념을 발전시켰다. 이 논문은 「여성의 성욕의 초기 발달[7]」(Early Development of Female Sexuality, 1927)이라는 어니스트 존스의 논문에 대한 답변이었다. 존스는 여성의 성 발달과정의 두 가지 유형을 소위 '정상'적인 이성애적 발달과 이와 구분되는 동성애적 발달로 나누었으며 후자의 경우는 남성들에 의해 자신의 남성성이 인식되기를 바란다고 주장했다. 리비에르는 여성성에 대한 정신분석학적 고찰을 위한 여성의 새로운 유형을—프로이트나 존스가 이전에 구상했던 어떤 유형보다 현대의 여성에 훨씬 잘 부합하는, '지적인 여성'과도 같은, 특정 인물 유형을—도입하고자 노력하였다. 리비에르에게 이 새로운 여성의 유형이 야기하는 난제는 그들이 남성들에게 불러일으키는 불안에 대한 문제였다. '남성적'인 또는 지적인 직업을 희망하는 여자들은 그들이 동료나 공동연구자가 되고자 하는 바로 그 남

---

[6] Lacan, "The Signification of the Phallus", *Écrits: A Selection*, 1977[1958], pp.289~290.
[7] 어니스트 존스의 경우 'sexuality'는 성행위에 관련된 뉘앙스를 내포하므로 성욕으로 번역했다.—옮긴이

자들에게 두려움과 불안을 불러일으켰다. 그러므로 "남성성을 원하는 여자들은 남성들이 느끼는 불안을 경감시키고 남성들에 의한 보복을 피하기 위해 여자다움의 가면을 쓰게 된다".[8] 여자다움이 가면과 같이 쓰는 것이라는 리비에르의 제안은 지적인 여성들의 경우뿐만 아니라 더욱 광범위하게 적용될 수 있는 것으로 보인다. 리비에르에 의하면 여성다움은 "남성성을 가지고 있다는 사실을 숨기기 위해 또는 그녀가 남성성을 가지고 있다는 것이 발각되는 경우 예상되는 보복을 피하기 위하여 가공되어 가면으로 쓰게 되는 것"이다.[9] 그러나 우리가 진정한 여성다움과 가장으로서의 여성다움을 구분하는 것이 무엇인가를 곰곰이 생각해볼 때 그들은 마치 동일한 것인 듯 보이기도 한다. 아피냐네시(Appignanesi)와 포레스터(Forrester)는 리비에르의 견해가 급진적인 이유는 "여성다움에 관한 한 리비에르에게 가면과 본질은 하나"이기 때문이라고 지적한다.[10]

리비에르는 가장의 개념이 여성의 성발달이론에 중요한 기여를 할 수 있다고 간주하며 개념이 현실에서 적용되는 과정을 여성의 오이디푸스 콤플렉스 안에서 확인한다. 그녀는 어머니와 아버지 모두가 어린 소녀의 경쟁자들이며 그녀의 가학적인 분노의 대상들이라고 주장한다.

이 섬뜩한 상황에서 소녀의 안전을 보장하는 유일한 길은 어머니를 회유하

---

[8] Joan Riviere, "Womanliness as a Masquerade", *Formations of Fantasy*, p.35.
[9] ibid., p.38.
[10] Lisa Appignanesi & John Forrester, *Freud's women*, London: Virago, 1993, p.363.

고 [자신이 여성의 신체를 파괴한 것에 대해] 속죄하는 것이다. 그녀는 어머니와의 경쟁을 그만두어야만 하며 만약 가능하다면 자신이 훔쳐 낸 것을 어머니에게 돌려주려고 노력해야 한다. 잘 알려져 있듯이 그녀는 아버지와 동일시한다. 그리고 그렇게 획득한 남성성을 어머니를 위하여 사용한다. 그녀는 아버지가 되어 그의 자리를 차지한다. 그런 방식으로 그녀는 그를 어머니에게 '돌려줄' 수 있다.[11]

그러나 아버지 역시 반드시 회유하여 만족시켜야만 하는데 이것은 그를 위하여 여성의 외관으로 가장함으로써만, 즉 그에게 그녀의 '사랑'과 그에 대한 결백을 보여 줌으로써만 성취될 수 있다. 리비에르에 따르면 어린 소녀는 어머니를 회유하고 아버지를 만족시키는 것 사이에서 이중으로 구속되는데 이는 결코 대칭적인 관계가 아니다. "여성의 보복으로부터 자신을 보호하는 일이 남성의 책망으로부터 자신을 보호하는 것보다 더욱 힘들다. 음경을 되찾아 이를 사용하여 어머니에게 보상하고 그녀를 회유하려는 노력은 결코 충분하지 않기 때문이다."[12] 그렇다면 여성의 정체성과 성 발달과정에서 그녀는 우선 아버지와 동일시해야 하고 그 후에 어머니와 동일시할 수 있다. 그러므로 여성에게 문제는 그들이 여성성의 가면을 쓰는가 또는 그렇지 않은가가 아니라, 그것이 얼마나 잘 어울리는가이다. 요약하면 **여성성은 가장이다**.

가장이라는 리비에르의 개념은 여성의 섹슈얼리티에 관하여 매우 중

---

[11] Riviere, "Womanliness as a Masquerade", p.41.
[12] ibid., p.42.

요하고도 어려운 문제를 제기한다. 가면에 대한 가정은 그 이면에 숨겨진 어떤 것이 있음을 암시한다. 다른 말로 바꾸면 가장이라는 속임수의 이면에 진정한 여자가 있다는 것이다. 그러나 리비에르에게 여성의 섹슈얼리티에 관한 한 외양과 본질은 하나이며 동일한 것이다. 라캉은 진정한 여성다움과 가상의 융합이라는 바로 이러한 딜레마에 초점을 맞춘다. 라캉은 가장이라는 개념에서 전형적인 '여성의 성적 태도'를 식별해내고 있는데, 다시 말해 '여성의 리비도의 구조를 조직하는' 것은 가면 또는 베일인 것이다.[13] 즉 "가장은 여성성의 재현(representation)이지만 여성성 또한 재현이다. 여성성은 여자의 재현이다".[14] 가장이라는 개념에 의해 전면에 부각되는 것은 여자의 본질적 정체성이 아니라 그보다는 그 정체성이 가지고 있는 구축적인 성격이다. "가장(masquerade)은 여자가 존재한다고 말하지만 동시에 여자는 가장이므로 그녀는 존재하지 않는다고도 말한다."[15]

여자는 존재하지 않는다

"여자(Woman)는 존재하지 않는다"[16] 또는 "그녀는 **비전체**(not-whole)이다" 등의 개념들은 흔히 여성의 섹슈얼리티에 관한 라캉의 설명들 중 가장 모욕적인 표현들에 속하는 것으로 간주되는데 팔루스라는 개념과 마

---

[13] Stephen Heath, "Joan Reviere and the Masquerade", *Formations of Fantasy*, p.52.
[14] ibid., p.53.
[15] ibid., p.54.
[16] Lacan, *The Seminar of Jacques Lacan, Book XX: Encore, On Feminine Sexuality, The Limits of Love and Knowledge 1972-1973*, p.7.

찬가지로 이 독해 또한 라캉에 대한 근본적인 오독에 근거한다. 팔루스가 '빈' 기표인 것과 같이—그것은 결여의 기표이며 어떠한 명확한 내용도 가지지 않는다—'여자'라는 기호 역시 어떠한 종류의 긍정적이거나 경험적인 기의도 가지지 않는다. '여자'(Woman)라는 기호가 가리키는 보편적인 여성의 범주는 존재하지 않는다. 그러므로 동질적인 집단으로서의 여자라는 개념에 호소하는 것은 상상계적이고 환영적인 정체성에 호응하는 것이다. 더욱이 라캉이 존재에 관해 이야기할 때 그는 상징계의 차원에 있는 어떤 것을 가리키고 있다. 만약 여자가 존재한다고 말할 수 있다면 여자는 상징계의 차원에 있어야만 하는데 그렇다면 이것은 다음의 함축적 의미를 가지게 된다. 첫째로 상징계는 정의상 팔루스적인 것이므로 여성성은 팔루스에 귀속되는데 이것은 프로이트가 여성성을 음경의 부재로써 정의하는 것과 마찬가지의 논리이다. 둘째로 만약 그렇다면 그것은 여성성이 전적으로 담론적 구성물(discursive construct)이고 성적 정체성은 사회적으로만—상징적으로만—구성되는 것임을 의미하게 된다. 그러나 라캉은 "경험 안에 위치시킬 수 없으며 그러므로 상징계에 존재한다고 말할 수 없는 어떤 것—여성적 주이상스—에 대한 가능성을 열어둔다".[17] 여자가 '비전체'(not-whole)라고 말하는 것은 그녀가 어떤 부분에서 불완전하며 남자가 가진 어떤 것을 결여하고 있다는 의미가 아니라, 그보다는 그녀가 "완전히 구속당하지 않았다는 것을 뜻한다. 여자는 남자와 같은 방식으로 분열되어 있지 않다.

---

[17] Joan Copjec, "Sex and The Euthanasia of Reason", *Read My Desire: Lacan Against the Historicists*, Cambridge, MA: MIT Press, 1994, p.224.

소외되었기는 하지만 그녀는 전적으로 상징계에 속하지는 않는다".[18] 라캉은 이를 상당히 복잡한 이중 부정으로 표현하는데 이는 '비전체'로서의 여자라는 개념에 대한 많은 오해들을 불러일으켰다.

그리고 바로 이것이 요점이다. 그녀는 팔루스라는 것에 접근하여 그것을 자신만의 것으로 간직하는 다른 방식들을 가지고 있는 것이다. 그녀가 불-완전하게 팔루스적 기능에 종속되어 있기 때문에 그녀가 그곳에 속하지 않는 것이 아니다. 그녀는 단연코 그곳에 소속되어 있지 않은 것이 아니다. 그녀는 전적으로 그곳에 있다. 그러나 거기에는 그 이상이 있는 것이다.[19]

정확히 말하면 여자가 존재하지 않으며 그녀가 '비전체'이기 때문에 그녀는 남성들에 비해 항상 그 이상(encore)의 어떤 것을 느낄 수 있다.

『앙코르』: 성 구분 이론

성차에 관한 초기의 설명에서 라캉은 거세와 음경선망에 대한 프로이트의 이론을 결여의 기표로서의 팔루스로 옮겨 놓음으로써 정신분석학을 그 본질주의와 규범적 개념화와 이성애적 편견으로부터 해방시키려고 노력했다. 가장의 개념이 여성이라는 표상을 분석할 때 놀랍도록 유용했던 반면(「라캉 이후」 참조), 그것은 여전히 여성의 욕망에 관한 문제에 대해서는 아무런 해답도 제시하지 못했다. 1972~1973년에 라캉은 『앙

---

18 Fink, *The Lacanian Subject: Between Language and Jouissance*, p.107.
19 *The Seminar of Jacques Lacan, Book XX*, p.74.

코르』 세미나에서 이 문제―여성의 욕망에 관해 말할 수 있는 것―로 돌아왔다. 이 세미나에서 라캉은 남성성과 여성성은 생물학적으로 주어진 것이 아니라 남녀 모두에게 가능한 두 가지의 '성별화된'(sexed) 주체 위치를 가리킨다는 생각을 더욱 발전시켰다. 이 세미나에서 중요한 것은 남성성과 여성성이 단순히 팔루스와의 관계에서가 아니라 각 위치에서 얻을 수 있는 주이상스의 유형을 통해 정의된다는 것이다. 그러므로 성차는 별개의 성들 간의 차이에 의해 정의되는 것이 아니라 주이상스와의 관계에서 개인이 점유하는 위치에 의해 결정된다.

『앙코르』는 일반적으로 여성의 성욕에 관한 라캉의 마지막 발언으로 간주되지만 이 주제는 사실 세미나의 일부에 지나지 않는다. 세미나 XX은 사랑의 속성, 주이상스, 그리고 지식의 한계들에 대한 광범위한 고찰이다. 여기서 성차는 정신분석적 관점에서 지식의 궁극적 한계를 의미하므로 중요하다고 할 수 있다. 성차는 자연과 문화 그 어느 하나로 환원될 수 없으며 그보다는 그들의 교차점에서 나타난다. 즉 성적 정체성이 자연적―생물학적―요소들과 문화적―의미화(signifying)의―요소들의 합이라기보다는 그것이 그들의 교차점에서 제외된 부분이라는 의미이다. 여기서 라캉이 제시하고자 하는 것은 주체의 구조이건 또는 상징적인 구조이건 간에 모든 구조들은 필연적으로 불완전하다는 것이다. 언제나 제외된 어떤 우연적인 요소, 규칙에서 벗어나는 예외가 있다. 그러므로 세미나 XX은 라캉이 대상 a를 실재계의 잔여물로 설명하기 시작했던 세미나 XI의 연장선상에서 이해되어야 한다. 앞으로 살펴보겠지만 『앙코르』는 세미나 VII과 라캉이 이 세미나에서 소개한 궁정풍 사랑에 대한 논의의 연장이기도 하다. 후기 라캉에서 충동은 점차적으로 예외나 한계와 연관된다. 충동은 주체가 상징계에 의해 전적으로 결정되지 않는다는 것을 의미하며, 주체에게 기표의 한계를 드러내는 개념이 된다. 충동은 또한 성이 판을 벌이는 지대이다.

남성성

지금까지 살펴보았듯이 정신분석의 교훈인 동시에 우리가 정신분석의 비극이라고도 부를 수 있는 것은 주체가 본질적으로 분열되어 있으며 결코 만족될 수 없다는 것이다. 더욱이 우리의 지식은 항상 우리가 무의식이라고 부르는 미지의 것에 의해 한계지어진다. 우리는 주체로서 주이상스가—우리의 쾌락 또는 향락이—결코 충분하지 않다는 불안에 시달린다. 즉 우리는 본질적인 불만과 불충분하다는 느낌에 사로잡히게 된다. 우리는 항상 어떤 것이 더 있을 것이라는 느낌을 받는다. 무엇인지 알지는 못하지만 그것이 어디엔가 있을 것이라는 생각을 하고 있으며, 그것을 소유하고자 한다. 이것이 핑크가 '하찮은'(paltry) 주이상스라고 부른 것이며,[20] 라캉이 팔루스적 주이상스라고 명명한 주이상스의 유형이다. "팔루스적 주이상스는 우리를 실패하게 만들고 실망시키는 주이상스이다. 그것은 실패하는 데 이력이 나 있으며 우리로 하여금 우리의 상대에 대해 근본적으로 무엇인가 아쉬워하게 만든다."[21]

팔루스적 주이상스는 우리 대부분이 거의 항상 경험하는 향락의 유형

---

[20] Fink, "Knowledge and Jouissance", *Reading Seminar XX: Lacan's Major Work on Love, Knowledge, and Feminine Sexuality*, p.36.
[21] Fink, "Knowledge and Jouissance", p.37.

이다. 즉 욕망의 대상—어떤 사람이거나 새로 획득한 재산이거나 또는 전력투구하여 연구하던 어려운 관념이라 할지라도 그것—을 소유했다고 생각할 때 우리는 여전히 만족스럽지 못한 느낌을 받는다. 우리는 실망하며 우리의 욕망이 충분히 만족되지 못했다고 생각한다. 항상 어떤 것이 부족하다는 느낌을 가지게 하는 이러한 종류의 (불)만족감이 바로 라캉이 팔루스적 주이상스라고 부르는 것이며 이것에 의해 남성적 구조가 정의된다. 남성적 구조의 특징은 타자를 대상 a로 바꾸고 대상이 우리의 욕망을 전적으로 만족시킬 수 있다고 오판하는 것이다. 그러나 여기서 중요한 것은 팔루스적 주이상스가 오직 남자만이 경험할 수 있다는 의미에서의 남성(male)으로 정의된 것이 아니라는 사실이다. 그것은 남녀 모두가 경험할 수 있는 것이며 그것이 실패에 의해 특징지어지는 한 팔루스적인 것으로서 정의된다.

여성성

반면 여성적 구조는 타자와 주이상스에 대하여 주체가 가지는 다른 종류의 관계에 의해 정의되며 라캉은 이것을 타자적(Other) 주이상스라고 부른다. 그러나 타자적 주이상스에 대해 논의할 때 야기되는 문제는 그것이 말해질 수 없는 것이라는 점이다. 말은 상징계와 연관되며 그러므로 팔루스적이다. 만약 우리가 타자적 주이상스에 대해 이야기할 수 있다면 상징계 자체가 팔루스적이므로 그것은 정의상 팔루스적인 것이 될 것이다. 정확히 말하자면 타자적 주이상스는 우리가 경험할 수는 있지만 그것에 대해서는 어떤 말도 할 수 없는 것으로서 이를 정의하는 것은 불가능하다. 이 같이 설명하는 라캉에 대한 입문서가 독자에게 도움이 될 리 만무하므로 이 특정 유형의 향락에 대해 할 수 있는 만큼 이야기해 보도록 노력해 보겠다. 핑크는 라캉의 타자적 주이상스는 상당히 모호한 개념이며 이에 대한 몇 가지 가능한 독해들을 생각해 볼 수 있다고 제안한다. 그것은 '타자가 우리로부터 얻는 주이상스' 또는 '우리가 타자로부터 얻는 향락' 또는 '우리가 타자로서 얻게 되는 향락'을 의미할 수 있다.[22] 모두가 라캉의 개념에 대한 가능한 독해들이다. 그러나 핑크 역시 타자적 주이상스가 여성으로 정의되어야 하는 이유에 대해서는 명확히 설명하고 있지 않다.[23]

세미나 XX에서 가장 잘 알려진 타자적 주이상스의 예는 이탈리아 바로크 시대의 조각가 로렌초 베르니니(Lorenzo Bernini)의 조각인 「성 테레사의 희열」(The Ecstasy of Saint Teresa)[24]이다. 이 작품은 공중의 천사가 성 테레사에게 화살을 던지는 순간 그녀가 황홀경에 빠져있는 모습을 보여 준다. 라캉은 다음과 같이 논평한다.

그것은 성 테레사의 경우와 같다.—로마에 가서 베르니니의 조각을 보는 순간 당신은 즉시 그녀가 그것을 느끼고 있다는 것을 이해할 수 있다. 여기에는 의심의 여지가 없다. 그녀가 느끼는 것은 무엇인가? 분명한 것은 신비주의자들이 공통적으로 증언하는 바와 같이 그들이 그것을 경험은 하지만

---

22 Fink, "Knowledge and Jouissance", p.38.
23 ibid., p.40.
24 일반적으로 법열(法悅)로 번역된다. 그러나 법(法)이라는 글자는 상징계를 암시하는 반면 타자적 주이상스는 상징계를 넘어서는 것이므로 여기서는 희열(喜悅)이라는 단어를 선택하여 법(法)을 넘어서는 기쁨[悅]을, 즉 상징계를 벗어나는 실재계를 표현하고자 하였다.—옮긴이

그것에 대해 전혀 알지 못한다는 것이다.[25]

이렇게 말로 표현할 수 없는 황홀경의 경험이 라캉에 의해 타자적 또는 여성적 주이상스라고 명명된 것이다. 타자적 주이상스라는 개념은 그것이 팔루스적 주이상스 '이상'의 어떤 것이라는 점에서 프로이트의 남근중심주의를 극복한 진보를 의미하는 것으로 해석된다. 그것은 상징계와 주체 너머에 있으며 그러므로 '무의식의 바깥'이다.[26] 남녀 모두 팔루스적 주이상스와 타자적 주이상스를 경험할 수 있으며 남성의 구조와 여성의 구조 사이에서 개인의 구조를 정의하는 것은 개인이 경험하는 주이상스의 유형이다. 그러나 라캉에 의하면 여자[27]와 남자 사이에는 결정적인 차이가 하나 있는데 그것은 여자가 두 가지 형태의 주이상스를 모두 경험할 수 있는 반면 남자의 경우에는 둘 중 하나만을 선택한다는 점이다.[28] 라캉은 여자를 남자와의 관계에서 부정적으로 설명하지 않으며, 그러므로 여자를 남자가 가진 것 ─ 음경 ─ 이 결여된 남자가 아닌 존재로 정의하지 않고 이보다 여자로 상정된 구조에서 그녀는 남자에 비해 다른 어떤 것 ─ 잉여(surplus) 주이상스 ─ 을 더 경험할 수 있다.

---

[25] *The Seminar of Jacques Lacan, Book XX: Encore, On Feminine Sexuality, The Limits of Love and Knowledge 1972-1973*, p.76.
[26] Colette Soler, "What Does the Unconscious Know about Women?", *Reading Seminar XX: Lacan's Major Work on Love, Knowledge, and Feminine Sexuality*, p.107.
[27] 이때의 남녀는 생물학적인 성에 무관한 '구조'를 의미한다. 즉 생물학적 성이 남성이라 하더라도 여성의 구조 안에 속하는 '여자'일 수 있으며 이에 대한 예로써 라캉은 세미나 XX에서 돈 후안에게서 볼 수 있는 여성의 구조에 대해 언급한다. ─ 옮긴이
[28] Fink, *Reading Seminar XX: Lacan's Major Work on Love, Knowledge, and Feminine Sexuality*, p.40.

성관계와 같은 것은 없다

궁정풍 사랑의 예로 넘어가기 전에 가장 심각한 물의를 일으켰던 섹슈얼리티에 관한 라캉의 소견 중 하나—"성관계와 같은 것은 없다"—에 대해 잠시 이야기해 보자. 라캉의 이 공식은 종종 유사하게 물의를 일으키며 미국의 전 대통령 빌 클린턴의 대통령으로서의 지위를 거의 박탈할 뻔했던, 모니카 르윈스키와 '성관계를 가지지 않았다'는 발언과 유사한 맥락에서 이해되는데 이것은 정확하지 못한 비유이다. 빌 클린턴은 이 문맥에서 뜻밖에도 모든 다른 유형의 성행위를 배제하며 '성관계'라는 말을 문자 그대로, 전적으로 국한된 의미에서 성기를 이용한 섹스를 지칭하기 위해 사용한다. 라캉은 이런 의미의 성관계에 대해 이야기 하고 있는 것이 아니며, 사람들이 그것이 어떤 형태이건 성관계를 가지지 않는다고 말하는 것도 아니다. 그보다 라캉은 더욱 근본적인 관계—두 사람 사이의 완전한 성적 결합의 불가능성—를 가리키고 있다. 오늘날 우리가 가지고 있는 가장 일반적인 문화적 환상 중 하나는 우리의 완벽한 배우자를 찾아서 '다른 반쪽'과 전적으로 조화롭고 성적으로 충족된 관계를 가지는 것인 듯하다. 사실, 오늘날 심리치료의 상당부분이 가정 내에서, 사람들 사이에서 그리고 무엇보다도 배우자와의 관계에서 조화와 균형을 이루고자 하는 욕망에 치중한다. 라캉에게 이것은 치명적 환상인데, 정신분석의 역할은 어떻게 모든 조화로운 관계가 근본적으로 불가능한가를 밝혀내는 것이기 때문이다. 남성성과 여성성은 타자에 대한 서로 다른 관계로써 정의되는 두 개의 비보완적 구조들을 대표하므로 성관계와 같은 것은 있을 수 없다는 것이다. 우리는 으레 다른 사람을 자신이 욕망한다고 생각하는 것으로 바꾸려고 노력하든가 아니면 다른 사람이 욕망하는 듯한 것으로 우리 자신들을 바꾸려고 하는데 이것은 결코 타인의 욕망에 정확히 부합될 수 없다. 다시 말하면 "남성과 여성 주체의 주된 문제는 그들이 그들의 배우자가 관계를 맺고 있는 자신의 모습을 알고 있지 못한다는 것이다."[29] 어떤 의미에서 우리는 항상 다른 사람으로부터 기대하는 것을 얻지 못하게 되며 우리의 욕망은 충족되지 않은 상태로 남겨진다. 라캉이 말하듯 우리는 결코 하나(One)가 될 수 없다. 팔루스와 대상 a와의 관계에서 남성성과 여성성의 바로 이런 비대칭성이 성관계와 같은 것은 없다는 말의 의미이다. 라캉에 의하면 적어도 주이상스의 남성적 유형과 여성적 유형은 융화될 수 없는 것이다. 나는 이제 라캉이 제시하는 여성의 비존재(non-existence)와 성관계의 실패에 관한 문학적 사례—중세의 궁정풍 연애시의 전통—로 이 장을 마치고자 한다.

궁정풍 사랑

궁정풍 사랑은 프랑스 남부 프로방스 지방에서 11세기 말과 12세기 초에 발달한 서정시의 전통으로 중세에 서유럽 전역으로 확산되었다. 그것은 사랑에 관한 철학 전반을 체현하고 있으며, '귀족계급'의 연인들의 관계에 지침이 되는 정교한 행동 양식을 대표하는 것으로서 육욕적 측면이 강조되는 사랑을 영적인 경험과 가장 고양된 정열들로 대치시킨다. 궁정풍 사랑은 사랑하는 사람을 이상화하고 동시에 그녀에 의해 자

---

[29] Renata Salecl, "Love Anxieties", *Reading Seminar XX: Lacan's Major Work on Love, Knowledge, and Feminine Sexuality*, p.93.

기 자신 또한 이상화되며 스스로를 전적으로 그녀의 욕망에 복속시킨다. 그러나 궁정풍 연애에는 그 구조 자체에 내재한 본질적 불가능성, 즉 사랑의 완성을 가로막는 장애물이 있다. 궁정풍 사랑은 그 내용이 체계를 갖추게 되면서 주로 한 명의 기사와 결혼한 귀부인 사이의 사랑 이야기로 귀착된다. 영국 문학에서 이에 대한 가장 유명한 예는 아서왕과 원탁의 기사 이야기에 나오는 란슬롯과 귀네비어의 사랑이다. 이 사랑은 육체적으로는 충족될 수 없는 것인데 만약 그 선을 넘는다면 재난과 죽음이 초래된다. 그러므로 궁정풍 사랑은 이루어질 수 없는 사랑의 고뇌를 수반한다. 이때 기사는 자신의 명예를 걸고 그의 불변의 심경을 확고부동하고 일관된 행동을 통하여 표현함으로써 사랑하는 이에게 충성을 바친다.

이 기사도 이야기에서 라캉이 흥미롭게 본 것은 우선 그 상징적 측면이다. 궁정풍 사랑은 "어떠한 실제적이고 구체적인 현실적 상응물도 없이 몇몇 관습적이고 이상화된 주제들로 유희하는 방식"이다.[30] 그럼에도 불구하고 이 상징적 관례는 현실에서 실제적인 효과를 초래하며 심지어 현대 남성들의 정서생활에까지 영향을 미치고 있다. 무엇보다 좋은 예는 어떠한 실제적 상응물도 존재하지 않는, 극단적으로 이상화되기만 한 '귀부인'이라는 인물이다. 라캉은 다음과 같은 말을 한다.

논의 대상인 여성은 결핍과 도달불가능성이라는 생소한 관문을 통해 소개된다. 그 역할을 맡게 되는 남성의 사회적 지위에 관계없이 항상 출발선상

---

[30] Lacan, *The Seminar of Jacques Lacan, Book VII: The Ethics of Psychoanalysis 1959-1960*, p.148.

에 배치되는 것은 대상에 대한 도달불가능성이다.[31]

귀부인은 대상 a — 또는 라캉이 세미나에서 명명한 바와 같이 *das Ding* — 즉 욕망의 움직임 자체를 개시하는 욕망의 '불가능한 원인/대상'이다. 그렇다면 이때 중요한 것은 그녀는 획득불가능할 뿐만 아니라 애초에 결코 존재한 적이 없었다는 사실이다. 그녀는 현실적 상응물을 갖지 않는 이상화된 이미지이다. 『향락의 전이』에서 지젝은 라캉이 이때 귀부인을 '숭고한' 영적 대상의 위치로 고양시키지 않으려고 노력한다는 점을 지적한다. 귀부인은 그보다는 '추상 인물' — 자동인형이나 기계와 같은 역할을 하는 '차갑고, 거리가 느껴지며 비인간인(inhuman) 배우자' — 이다. "그러므로 귀부인은 어떤 종류의 정화된 영성(spirituality)에도 관계되어 있지 않다. 그녀는 우리의 욕구나 욕망과는 전적으로 이질적인 근본적 타자성이라는 의미에서 비인간적 배우자의 역할을 한다."[32]

만약 궁정풍 사랑에서 귀부인이 그녀를 사랑하는 이들의 이상화된 이미지와 환상들이 투사되는 거울의 역할을 하고 있다면 이 과정은 거울이 이미 그곳에 존재했다는 것을 전제할 때에만 가능한 것이다. 귀부인이라는 표면은 "그 너머로의 접근이 불가능한 한계로서, 현실에 있는 일종의 블랙홀의 역할을 한다."[33] 다시 말하면 우리는 그녀와 같은 형상과는 공감할 만한 어떠한 관계도 가질 수 없다. 그녀는 라캉이 사물(Thing)

---

31 *The Seminar of Jacques Lacan, Book VII: The Ethics of Psychoanalysis 1959-1960*, p.149.
32 Slavoj Žižek, *The Metastases of Enjoyment: Six Essays on Woman and Causality*, p.90.
33 Žižek, *The Metastases of Enjoyment*, p.91.

또는 실재계라고 지칭하는 그 외상적인 타자성이다.

이것이 현대 관객들에게도 지속적으로 호소력이 있는 궁정풍 연애의 구조인데 지젝은 이에 대한 예로 닐 조던(Neil Jordan)이 1993년에 만든 영화「크라잉 게임」(The Crying Game)을 제시한다.「크라잉 게임」은 런던에 도피중인 IRA 단원 퍼거스와 아름다운 미용사 딜 사이의 '연애' 사건을 중심으로 한다. 퍼거스가 딜과 사랑에 빠졌을 때 딜은 "그에 대해 모호하고 빈정대는 듯한 태도로 독립적인 거리를 유지한다".[34] 결국 딜은 퍼거스의 구애에 승복하는데, 그들이 사랑을 나누기 전, 딜은 다른 방에서 반투명 잠옷으로 갈아입는다. 카메라가 천천히 퍼거스의 응시와 함께 열망하는 눈길로 딜의 육체를 따라 내려가면, 근래의 영화에서 가장 놀라운 순간 중 하나가 된 이 장면에서, 우리는 갑자기 '그녀의' 음경을 본다. 딜은 복장 도착자(transvestite)이다. 퍼거스는 역겨움에 그녀를 밀어내고 구토한다. 이 실패한 성적 조우 이후 그들의 관계는 역전되어 이제는 그가 그녀에 대해 거리를 유지하는 반면 딜이 퍼거스와 강박적인 사랑에 빠지게 된다. 그러므로 우리는 여기서 '연인이 사랑하는 이에게서 보는 것과 사랑받는 자가 그와의 관계에서 자신이 무엇인가에 대해 아는 것' 사이의 비대칭성을 관찰할 수 있으며 바로 이것이 라캉에 의해 모든 성관계에 적용되는 것으로 묘사된 특성이다.[35] 라캉에 따르면 이것은 어떠한 성관계에도 나타나는 불가피한 교착상태이다. 퍼거스에 대한 딜의 사랑은 너무나 절대적이고 무조건적이어서 퍼거스는 점차 그

---

[34] ibid., p.103.
[35] Žižek, *The Metastases of Enjoyment*, p.103.

녀에 대한 그의 혐오감을 극복한다. IRA가 퍼거스를 다시 조직에 끌어들이고자 함에 따라 딜은 퍼거스의 옛 애인이자 IRA 요원인 주드를 쏘아 죽인다. 퍼거스는 살인에 대한 책임을 지고 구속된다. 영화는 다시 자극적이고 매혹적인 여자로 차려입은 딜이 감옥에 있는 퍼거스를 방문하며 끝난다. 이제 그들은 모든 육체적 접촉을 금지하는 유리 구획으로 인해 분리된다. 지젝에게 이 시나리오는 성관계의 불가능성을 요약해 주는 것이다.

✖

성차의 문제는 아마도 라캉의 이론에서 가장 복잡하고 많은 논쟁을 불러일으킨 분야일 것이다. 성차에 관한 라캉의 사고는 두 가지 주요 단계로 나뉠 수 있다. 첫 번째에서 성차는 팔루스에 관련하여 정의된다. 남성성은 팔루스를 가진 것에 의해 정의되는 반면 여성성은 팔루스가 되는 것으로 정의된다. 이 입장에서 중요한 것은 팔루스가 '사기'(fraud)라는 것이다. 여자가 팔루스가 될 수 없는 것처럼 남자도 팔루스를 가질 수 없다. 두 번째 단계에서 라캉은 남녀 모두에게 열려 있는 구조로서의 남성성과 여성성을 더욱 강조한다. 이러한 의미에서 그는 초기 이론의 '남근중심주의'로부터 거리를 두고 있으며 명백히 여성의 욕망에 대해 설명하고자 노력한다. 후기 라캉에서 남성성과 여성성은 개인이 획득할 수 있는 주이상스의 유형에 관련하여 정의된다. 남성성은 항상 실패하는 팔루스적 주이상스에 의해 정의되는 반면 여성성은 팔루스적 주이상스 너머에 있는, 말로는 표현할 수 없는 타자적(Other) 주이상스와의 관계에 의해 정의된다. 「라캉 이후」에서 어떻게 이 개념들이 페미니즘과 여성학 분야에서 수용되었는가를 살펴보고 더불어 그들에 대한 다방면에 걸친 비판에 대해 논해 보도록 하자.

라캉 이후

라캉 이후

1970년대 말까지 정신분석 이론은 대학 내에서 평판이 좋지 않았다. 특히 그 환원주의가 비판을 받았는데 정신분석이 모든 사회문화적 현상들을 성심리적(psycho-sexual) 설명으로 환원한다는 것이었다. 라캉과 그의 영향에 대해 다양한 평가를 할 수 있겠지만 그의 '프로이트로의 복귀'는 우리로 하여금 철저히 새롭고 혁신적인 방식으로 무의식과 문화, 정신적인 것과 사회적인 것 간의 관계를 재고하게 만들었다. 이제 우리는 라캉으로부터 영감을 받은 연구들 중, 우선 사회 이론과 페미니즘 분야로부터 시작하여 이후 문학 및 영화학에 이르기까지 가장 중요한 업적들을 간단하게나마 살펴볼 것이다.

사회이론

1964년 알튀세르는 「프로이트와 라캉」이라는 제목의 혁신적인 논문을 내놓았다. 이 논문은 '교조적' 마르크스주의 연대 내부의 정신분석에 관한 수십 년의 정적을 끝냈으며, 현대 정신분석 개념들이 정치, 이데올로기 및 주체성을 설명하는 데 기여할 수 있다는 인식을 표명했다. 알튀세르에 의하면 마르크스주의와 정신분석은 특별히 하나의 논점에서 만나게 되는데 그것은 특정한 오인(mis-recognition) 구조라고 할 수 있다. 다시 말해 마르크스주의에서는 개인이 역사를 만든다는 오인이며, 정신분석에서는 자신을 통합되고 자율적인 자아로 간주하는 주체의 오인이다. 알튀세르에게 두 순간의 오인들의 결정적인 접점은 이데올로기이다.[1]

마르크스주의 내에서 이전에 구축된 이데올로기에 관한 개념화에에 따르면 이데올로기는 '허위의식'(false consciousness)이나 '계급 제휴'(class affiliation)로 간주된다. 그러나 알튀세르에 의하면 이데올로기는 의식의 문제와 무관한 것이다. 사실 이데올로기는 우리가 그것을 이데올로기적이라고 인식하는 순간 작동이 정지된다는 의미에서 전적으로 무의식적이다. 이데올로기는 관념의 집합이나 신념의 체계가 아니다. 그것은 주체들이 교육받는 정치 프로그램이 아니다. 그보다 이데올로기는 표상들의 체계이며 이미지들과 개념들과 무엇보다도 사람들이 생활해 온 '구조들'의 체계이다. 요컨대 이데올로기는 주체가 그들의 삶의 현실적 조건들과 갖게 되는 상상적 관계를 대표한다. 알튀세르의 연구가 중요한 이유는 이데올로기의 문제를 표상과 **표상의 체계 안에서 주체가 이데올로기적 주체로 구성**되는 과정에 초점을 맞추었기 때문이다. 이 부분은 문학, 영화 및 문화 연구 분야 전반에서도 중요성을 부여받게 되

---

[1] Louis Althusser, "Ideology and Ideological State Apparatuses(Notes Towards an Investigation)", *Essays on Ideology*, London: Verso, 1984[1971].

는데, 그 이유는 이 분야들이 무엇보다 우선 표상체계를 다루는 분야들이며 이를 통하여 이데올로기의 문제에 관심을 가지게 되기 때문이다.

이데올로기가 존재의 '실제' 조건들과의 '상상적' 관계라는 알튀세르의 개념화는 명백히 라캉주의 이론의 반향이다. 그러나 마르크스주의의 일차적 관심은 사회적 현실의 재현에 있는 반면 정신분석은 정신적 현실의 재현에 관심을 갖는다. 더욱이 정신분석의 재현에 관한 이론은 이데올로기에 관한 마르크스주의 이론이 전개되기 위한 전제, 즉 재현된 것(대상)은 항상 재현되기 이전부터 존재해 왔다는 사실을 직접적으로 훼손시킨다. 그러므로 비평가들은 알튀세르가 제안한 방식으로 정신분석이 마르크스주의와 결합될 수는 없다고 지적한다.

사회·이데올로기적 환상

1970년대 중반경 알튀세르주의는 자체의 이론적 모순들과 한계들에 의해 약화되었다. 그러나 슬라보예 지젝은 알튀세르주의가 이데올로기의 주체에 대한 오판된 최종진술이 아니라, 오히려 그 첫 단계에 불과하다고 주장해 왔다. 지젝에 의하면 모든 본격적인 정신분석 이론에서 이데올로기의 연구는 반드시 환상의 구성적 역할, 또는 그가 사회·이데올로기적 환상이라고 부른 것을 고려해야만 한다. 『이데올로기의 숭고한 대상』에서 지젝은 이데올로기가 단순히 현실의 허구적이고 환영적인 재현이 아니라, 그보다는 현실 자체가 '이데올로기적'이라고 주장했다. '허위'의식으로서의 이데올로기라는 개념 자체가 전제하는 것은 우리가 현실의 '진정한' 의식을 획득할 수 있다는 것이며, 그렇다면 현실에 대한 우리의 재현이 그것이 대표하는 것과 완전히 동일할(self-identical) ― 또는 비이데올로기적

일—수 있다는 뜻이다. 무의식적 욕망과 환상이라는 개념들을 통해 정신분석이 우리에게 가르치는 것은 이것이 근본적으로 불가능하다는 점이다. 항상 탈출하는 어떤 것—실재계의 잔여분으로서의 대상 a—이 있기 때문이다. 사회·이데올로기적 환상의 기능은 사회 자체가 이러한 본질적인 결여에 의해 구성된다는 외상적 사실을 덮어 가리는 것이다.

우리가 앞서 '무의식의 주체'를 다루면서 보았듯 단지 주체만이 결여를 통해 구성되는 것이 아니라 타자—상징계—또한 마찬가지 방식으로 구성되었다. 타자가 결여되어 있다는 인식은 주체에게는 외상적 순간이며 환상의 기능은 이 외상을 가리고 어떤 방식으로든 주체가 그것을 견딜 수 있게 만든다. 라캉은 이 외상적 순간을 실재계와의 불가능한 조우로 묘사한다. 사회적인 것(the social)이라는 용어를 사용해 지젝은 이 외상적 순간을 모든 사회적인 것들의 근저에 존재하는 근본적인 적대관계(antagonism)와 동일시한다.

우리는 우리 사회를 오랜 시간에 걸쳐 사람들의 민주적 여론을 통해 자연적으로 조화롭게 발전한 것으로 간주하고 싶어 하지만 지젝에게 이것은 사실이라고 할 수 없다. 모든 사회는 사회 갈등의 외상적 순간을 바탕으로 성립되며 사회·이데올로기적 환상은 이 구성적 적대관계를 덮어 은폐한다. 지젝에 의하면 '이데올로기적'인 것은 바로 "사회현실을 의미하며 그것이 존재한다는 것은 참여자들이 그 본질에 대한 지식을 가지고 있지 않다는 것을 암시한다".[2] 그 '본질'은 야만, 갈등 그리고 적

---

2 Slavoj Žižek, *The Sublime Object of Ideology*, London: Verso, 1989, p.21 [『이데올로기의 숭고한 대상』, 이수련 옮김, 새물결, 2013].

대의 순간으로 이것은 사회가 '자연스럽고' 평화로우며 민주적으로 발전하는 국가로서의 합법성을 주장하기 위해서는 반드시 억압되어야 한다. 지젝은 이것을 1990년대 전반에 걸친 발칸반도에서의 분쟁에 대한 해석을 통하여 설명한다. 많은 '서양'의 주석가들이 발칸반도에서 일어나는 소위 인종 폭력의 폭발을 50년간의 공산주의에 의해 억압되었던 고대의 '부족' 갈등과 증오의 회귀로 설명했다. 반면 지젝은 발칸반도에서 전개되는 사건은 다름 아닌 실재계가 상징계 안으로 분출된 상태로 이해할 수 있다고 제안한다. 구 공산주의 이데올로기와 유고슬라비아 연방의 상징적 조직이 붕괴함에 따라 우리는 새로운 '민주'사회를 구성하는 적대관계에 대면했다.³ 더욱이 신생 소형국가(micro-states)들이 독립하게 됨에 따라 그들은 국가 정체성의 새로운 신화들을 고안해 내기 시작하는데 이를 위해서 그들은 우선 유혈충돌과 인종청소로 시작된 기원의 순간에 대한 지식부터 억압해야만 했다. 그러므로 지젝에 의하면 이데올로기의 기능은 '우리에게 현실로부터의 탈출구를 열어 주는 것이 아니라 일종의 외상적·실재적 중핵으로부터의 탈출구로서 사회적 현실 자체를 우리에게 제공하는 것'이다.⁴

사회·이데올로기적 환상이라는 지젝의 개념은 에르네스토 라클라우와 샹탈 무페의 저작인 『헤게모니와 사회주의 전략』⁵에 빚지고 있다.

---

3 Slavoj Žižek, *Tarrying With the Negative: Kant, Hegel, and the Critique of Ideology*, Durham: Duke University Press, 1993, pp.200~237[『부정적인 것과 함께 머물기』, 이성민 옮김, 도서출판b, 2007].
4 Žižek, *The Sublime Object of Ideology*, p.45.
5 Ernesto Laclau & Chantal Mouffe, *Hegemony and socialist strategy: Towards a radical democratic politics*, London: Verso, 1985[『헤게모니와 사회주의 전략』, 이승원 옮김, 후마

1960년대 이래 부상한 새로운 사회운동들—여성운동, 생태운동, 흑인 의식운동, 동성애자인권운동 등—에 대한 경험을 참조하며 라클라우와 무페는 정당정치라는 전통적 의미에서의 정치는 끝났으며 우리는 정치적인 것을 사회와 우리의 삶의 모든 측면에 침투하는 어떤 것으로서 재고해야 한다고 주장했다. 무페에 의하면 정치적인 것은 "특정 유형의 기관에 제한될 수 없으며 사회의 특정 영역이나 특정 수준을 구성하는 것으로 그려질 수도 없다. 그것은 모든 인간 사회에 본질적이며 우리의 존재론적 조건을 결정하는 차원으로 파악되어야만 한다".[6] 라클라우와 무페가 다른 1990년대의 사회이론가들과 다른 점은 그들의 주장이 주체와 사회 모두 결여를 통해 구성된다는 라캉의 이론을 차용하고 있다는 점이다. 새로운 사회운동들의 투쟁에 나타나는 특징은 "단일 작인(agent)을 구성하는 주체 위치의 다양성"이다.[7] 다른 말로 바꾸면, 우리는 단순히 특정 사회계급, 종족 또는 젠더의 일원이 아니며 우리의 주체성은 다수의 상이한 정체성들로 구성된다. 어떠한 특정 순간에도 우리는 젠더, 인종, 성적 취향, 직업적 위상 그리고 가족 내에서의 위치를 통해 각인된 서로 교차하는 다양한 주체 위치들을 점유하고 있다. 그러므로 급진적 민주주의 정치학의 쇄신을 위하여 우리는 사회와 독립적으로 존재하는 자기 충족적인 통합된 전체로서의 개인이라는 개념을 거부하고 대신 그것을 "다양한 사회관계들 안에 각인된 **주체 위치**

니타스, 2012].
[6] Chantal Mouffe, *The Return of the Political*, London: Verso, 1993, p.3[『정치적인 것의 귀환』, 이보경 옮김, 후마니타스, 2007].
[7] ibid., p.12.

들의 총체에 의해 구성된 자리[로서 이해해야 한다. 개인은] 다수 공동체들을 구성하며 집단적 형태로 일어나는 복합적인 동일시의 과정에 참여"하기도 한다.[8]

"성관계와 같은 것은 없다"라는 라캉의 말을 사회의 장으로 옮겨 놓으며 라클라우와 무페는 "사회와 같은 것은 있을 수 없다"라고 주장한다. 라캉주의적인 관점에서 담론적 구성에 선행하는 정체성은 없다. 어떠한 정체성이건 "관계들로 이루어진 체계 내의 차별적 위치"에 상응하는 것이며 다르게 표현하자면 "모든 정체성은 담론적"이며 차이에 근거한다.[9] 사회적 정체성은 개인적 정체성과 마찬가지로 목표를 가진 어떤 궁극적 자기 정체성에 근거한다고 말할 수 없다. 또한 객관적으로 주어졌으며 확실히 알 수 있는 것으로서 그 자체를 완벽하게 구성해 낼 수 있는 사회의 능력에 근거한다고 볼 수도 없다. 항상 과잉적인 어떤 것—이데올로기적으로 그것을 고정시키고자 하는 시도로부터 벗어나는 어떤 것—이 있다. 다른 말로 바꾸면 사회적인 것은 '불가능한 대상'이다.

라캉주의 정신분석학이 사회이론과 우리의 민주주의에 대한 이해에 기여한 바는 야니스 스타브라카키스의 『라캉과 정치』[10]에서 더욱 본격적으로 논의되었다. 이 이론들은 특히 호미 바바의 저작을 통하여 탈식

---

8 Mouffe, *The Return of the Political*, p.97.
9 Ernesto Laclau, *New Reflections on the Revolution of Our Time*, London: Verso, 1990, p.217.
10 Yannis Stavrakakis, *Lacan and the political*, London; NY: Routledge, 1999[『라캉과 정치』, 이병주 옮김, 은행나무, 2006].

민주의 이론에도 영향을 주었다(『문화의 위치』[11]를 보라). 다음에서 논의되겠지만 '주체의 위치'(subject positioning)라는 개념은 『스크린』이라는 잡지와 연대되어 있는 정신분석 영화이론에 중요한 영향을 미치게 된다. 최근 라캉주의 정신분석학은 사회 및 문화 이론에서 윤리학으로의, 특히 차이 또는 타자성의 윤리학으로의 전환에 대응하기 위하여 이용되어 왔다.[12]

페미니즘

성차에 대한 라캉주의적 설명은 영미의 페미니즘에 광범위한 영향을 미쳤으나 이는 다소 양가적인 것이었다. 정치이론의 관심이 어떻게 사회적 규범들이 주체들에 의해 성공적으로 내재화되는가를 설명하는 것이라면 무의식에 대한 정신분석적 설명은 우리로 하여금 어떻게 이 내재화가 필연적으로 실패하는가를 인식하도록 만든다. 재클린 로즈에 의하면 정신생활의 중심에 있는 모든 안정적인 정체성에 대한 이러한 저항이 정신분석과 페미니즘의 관계에 특별한 친화력을 생성한다.[13] 정체성의 본질적인 불안정성은 정치적 정체성과 연대의식이라는 전통적 개념들을 훼손시키지만 동시에 주체성에 관한 비규범적 이론들을 위한 가능성을 열어준다. 라캉주의 정신분석과의 만남이 페미니스트 정치학에 암

---

11 Homi Bhabha, *The Location of Culture*, London: Routledge, 1994[『문화의 위치』, 나병철 옮김, 소명출판, 2012].
12 Alain Badiou, *Ethics: An Essay on the Understanding of Evil*, trans. Peter Hallward, London: Verso, 2002[『윤리학: 악에 대한 의식에 관한 에세이』, 이종영 옮김, 동문선, 2001].
13 Jacqueline Rose, "Femininity and its Discontents", *Sexuality in the Field of Vision*, London: Verso, 1996.

시하는 바는 『m/f』라는 저널의 지면에서 가장 본격적으로 다루어지게 된다.[14]

창간호의 서문에서 『m/f』는 '여성운동'에 전념하는 동시에 이 운동의 많은 부분들이 수긍하는 본질주의에 저항하는 저널로서 입장을 표명했다. 그러므로 이 저널은 젠더와 성차의 범주들에 대해 조직적으로 조사하고 그러한 정체성들은 이미 주어진 것이 아님을 주장하며 그것들이 어떻게 복합적인 사회적 및 정신적 내용물(investments)들을 통해 생산되었는가를 보여 주기 시작했다. 예를 들어 '여성'(feminine)이라는 범주는 개인의 해부학적 성에 의해 결정되는 어떤 것이 아니라 라캉이 보여주었듯이 생물학이나 사회과정으로 설명될 수 없는 정신과정에 의한 결과이다. 사회 안에서의 여성의 불평등한 위치가 단순히 성차 또는 젠더를 통해 설명될 수 있다고 제안하는 것은 여성이라는 개념이 고정되고 변하지 않는 본질을 가진다고 주장하는 것인데 정신분석은 이것이 사실이 아님을 밝혔다. 여성이라는 개념이 적용될 수 있는 본질적인 여성적 속성이나 고정된 정체성이라는 것은 존재하지 않으므로 '여성'이라는 범주 또한 존재한다고 말할 수 없다. 그러므로 라캉주의 페미니즘이 초래한 결과의 하나는 여성운동이 근거로 삼는 남녀를 구분하는 경계를 용해시킨 것이다.

만약 하나의 주체 위치만 있는 것이 아니라면 여성 주체와 남성 주체 간에

---

14 Parveen Adams & Elizabeth Cowie, *The Woman in Question*, London: Verso, 1990.

는 성구분(sexual division)도 있을 수 없는데 그 이유는 성적 구분이 항상 이미 성적으로 차별화된—즉 두개의 단일한 집단들로 조직된—완전한 주체들을 전제하기 때문이다.[15]

남성과 여성 사이에는 고정된 정체성에 근거한 어떠한 타고난 성적 구분도 존재하지 않으므로 페미니즘이 대면하는 난제는 사회적 실천을 통하여 그리고 사회적 관계 안에서 성차를 조직해 내는 것이다. 샹탈 무페가 요약하듯 『m/f』의 유산은 '여성의 억압에 관한 일반적 이론을 과거의 유물'로 만든 것이다.[16] 다른 페미니스트들에게도 이것은 라캉주의에 의해 그리고 집합적 의미로서의 여자를 해체시킴에 따라 초래된 난제였다. 만약 여성이라는 개념이 더 이상 존재하지 않는다면 어떤 근거에서 페미니스트 정치학이 설명될 수 있단 말인가? 뤼스 이리가레와 줄리아 크리스테바는 그들의 저작들을 통해 라캉을 더욱 비판적으로 차용하였다.

이리가레와 여성적 상상계

뤼스 이리가레는 라캉의 파리프로이트학파에서 교육분석을 받아 정신분석가가 되었지만 1974년에 그녀의 박사학위논문인 『다른 여성의 질경(膣鏡)』[17]의 출판과 함께 이 학파로부터 파문당했다. 마가렛 위트포드

---

15 Adams & Cowie, *The Woman in Question*, p.29.
16 *The Woman in Question*, p.4.
17 Luce Irigaray, *Speculum of the Other Woman*, trans. C. Porter, Ithaca, NY: Cornell University Press, 1985.

는 이리가레가 여성적 상상계를 조직화함으로써 상징계를 변화시켜야 한다고 제안한다는 의미에서 그녀는 라캉주의 페미니스트라기보다는 포스트라캉주의자라고 지적한다.

이리가레는 라캉주의 정신분석에 빚을 지고 있지만 동시에 그것을 혹독하게 비판한다. 「정신분석의 빈곤」(The Poverty of Psychoanalysis)에서 그녀는 세 가닥의 주요 비판적 흐름을 전개한다. 첫 번째로 정신분석과 여성에 대한 정신분석의 입장은 모두 역사적으로 결정되는데 그 학문 분야는 이를 인식하지 못하므로 그것은 본질적으로 남근중심적이다. 둘째로 상징계는 그것이 포함하는 어머니라는 개념에 의존하는데 이는 그녀로부터 승인된 것이 아니다. 그리고 마지막으로 정신분석은, 여성에 관해서는 더욱더, 지배적인 문화적 환상에 의해 지배되고 이를 영속시키지만 정신분석은 이 환상들을 인정하지 않으므로 우리는 이론 자체에 내재된 억압과 방어의 기제를 볼 수 있다.[18] 요약하면 이리가레는 여성은 정신분석과 서구 문화 일반에서 승인되지 않은 무의식이라고 주장한다.

이리가레의 문제는 어떻게 가부장적 격자 안에 갇히지 않고 여성을 정의하는가에 있다. 정신분석은 차이의 가시성(visibility)에 근거하여 성차를 이해하므로 여성은 항상 남성적 기준의 부재 또는 부정으로서 지각된다. 결과적으로 여성은 재현으로부터 배제된다. 라캉을 비판한 사

---

[18] Margaret Whitford, *Luce Irigaray: Philosophy in the Feminine*, London: Routledge, 1991, p.31.

회 이론가 코르넬리우스 카스토리아디스의 저작[19]을 이용하여 이리가레는 상상계를 더욱 긍정적이고 창조적인 개념으로서 발전시킨다. 상상계를 착각과 오인의 영역으로 간주하는 라캉적 정의와 달리 카스토리아디스와 이리가레에게 상상계는 무의식적 환상이다. 또한 이리가레에게 그것은 성별화되어 있으며, 그러므로 그녀는 정체성, 합리성 그리고 남근중심주의로 구성된 남성 상상계와 다양성, 유동성 그리고 변화의 가능성(flux)으로 구성된 여성적 상상계를 구분한다. 이리가레는 여성들이 불합리하다는 뜻이 아니라 이보다는 합리성 자체가 필연적으로 여성다움을 억압하게 되는 방식으로 역사적으로 구성되었다고 제안하는 것이다. 그러므로 이리가레에게 여성은 창조되어야 하며 상징적 형태가 주어져야만 하는 어떤 것인데 그녀가 제안하는 전략은 이것을 '말하는 여성/여성(으로서) 말하기'(speaking [as] woman)를 통해 대체하는 것이다. 위트포드에 의하면 우리는 이 전략을 적어도 세 가지 의미로 이해할 수 있다.[20] 첫째, 여성은 신체와 어머니에 대한 전오이디푸스적 관계로의 퇴행을 수반하는 일종의 자연적이고 중개되지 않은 표현이 된다. 둘째 그것은 무의식을 조직화하는 것이다. 그리고 셋째 그것은 특정 정신구조이다. 여기서 염두에 두어야 할 점은 이리가레가 상상 불가능한 것을 상상하고자 하며, 성차 너머에 있는 것을 생각하려 한다는 것이다. 어떤 점에서 여성적 상상계는 라캉의 실재계에 매우 근접한다. 그러나 이리

---

[19] Cornelius Castoriadis, *The Imaginary Institution of Society*, trans. Kathleen Blamey, Cambridge, Mass.: MIT Press, 1998[초판 1987년; 『사회의 상상적 제도』, 양운덕 옮김, 문예출판사, 1994].
[20] Whitford, *Luce Irigaray: Philosophy in the Feminine*.

가레이는 그것을 긍정적인 내용물로 구성하고 이것이 그러한 방식으로 조직될 수 있는 것이라고 주장한다.

『하나가 아닌 여성의 성』[21]에서 이리가레는 성차의 기표로서의 팔루스의 단일성을 거부하고 이를 여성의 섹슈얼리티의 다양성 — 질, 입술, 음핵, 유방 그리고 자궁 — 에 대비시킨다. 입술의 이중성은 — 성기와 입술이라는 하나가 아닌 둘은 — 여성의 섹슈얼리티를 상징하게 된다. 이리가레의 연구에 대해 라캉주의자들은 여성이 일종의 이미 주어진 리비도를 대표하는 것으로 간주된다는 의미에서, 그리고 또한 그녀가 상징적 거세를 거부한다는 의미에서, 그녀를 본질주의자로 보았다. 그러나 위트포드는 이리가레가 충동이 아닌 상징계와 재현에 일차적으로 관심을 가지기 때문에 라캉주의자들의 비판은 요점을 간과하는 것이라고 변론한다.[22] 이리가레는 라캉을 상징적 결정론자로 보는데, 중요한 것은 현 상태 그대로의 상징계 안에서 조작되지 않고 그 구조 자체를 바꾸는 것이며 여성이 결여 또는 '구멍'(hole)으로서가 아닌 다른 것으로서 재현될 수 있는 방법들을 찾는 것이다. 그녀의 이론의 바로 이러한 측면이 페미니스트 문화 연구 분야에서 특정 반향을 불러일으켰다.

크리스테바와 기호계

프랑스 페미니즘에 의한 또 하나의 중대한 영향으로 줄리아 크리스테바를, 특히 기호학에 대한 그녀의 초기 연구를 들 수 있다. 이리가레가 『다

---

[21] Luce Irigaray, *This Sex Which is Not One*, Ithaca, NY: Cornell University Press, 1985.
[22] Whitford, *Luce Irigaray: Philosophy in the Feminine*.

른 여성의 질경』을 출간한 해에 크리스테바는 『시적 언어의 혁명』[23]을 출간했다. 크리스테바는 '의미화 과정'을 '기호계'와 '상징계' 사이의 변증법적 상호작용으로 정의한다. 기호계와 상징계는 종종 상상계와 상징계에 대한 라캉의 구분을 재가공한 것으로 인식되지만 사실 기호계는 실재계의 속성들을 지니고 있다. 크리스테바에게 상징계는 언어의 형식적 구조인 반면 기호계는 전오이디푸스적 일차 과정(primary process)들에 연결되어있다. 그러므로 기호계는 크리스테바가 코라—그리스어로 보통 닫힌 공간 또는 자궁으로 번역된다—안에 배치하는 신체와 충동에 연결된다. 그러나 코라는 고정된 장소가 아니라 상징계 이면의 끝없는 움직임이자 맥박이다. 기호계는 상징계에 대해 파열적인 압력을 행사하며, 언어 안의 간극들과 무의미한 것에 근접한 성향과 웃음소리를 통해 추적될 수 있다. 『시적 언어의 혁명』에서 크리스테바는 이런 종류의 언어를 아방가르드 시문학을 통해 확인한다.

페미니즘과 여성에 대한 크리스테바의 시각은 거의 라캉만큼이나 도발적이다. 크리스테바에 의하면 "한 사람이 **여자라고** 믿는 것은 한 사람이 **남자라고** 믿는 것만큼이나 터무니없고 애매모호한 것"이다.[24] 크리스테바에게 개인은 여자가 될 수 없는데 그 이유는 '여성'이란 사회적 구축물이기 때문이다. 크리스테바는 '여성'을 재현 밖에 있는 것—말해질 수 없는 것—으로 정의한다. 그러나 그녀는 이리가레와 달리 여성의

---

[23] Julia Kristeva, *Revolution in Poetic Language*, trans. Margaret Waller, NY: Columbia University Press, 1984[초판 1974년: 『시적 언어의 혁명』, 김인환 옮김, 동문선, 2000].
[24] Toril Moi, *Sexual/Textual Politics: Feminist Literary Theory*, London: Routledge, 1985, p.163에서 재인용.

긍정적 재현들을 표현해 내려고 노력하기보다는 남근중심주의적 질서와의 관계에서 여성의 위치가 의미하는 부정성을 강조한다. 여성이 사회 안의 다른 억압받는 집단들과 공유하는 것은 지배 이데올로기와 언어에 대한 주변적 위치이다. 이러한 측면에서 여성과 다른 주변적 집단들은 지배담론의 밖에 있으며 이에 대해 주변적인 것으로서 기호계에 연계된다.

팔루스와 퀴어이론

성차에 대한 라캉주의적 설명은 퀴어이론[25]의 관점에서도 비판되었다. 주디스 버틀러는 『의미를 체현하는 육체』[26]에서 정신분석은 이성애자들의 결합을 정상화시키는 것에 근거하며 다른 유형의 성적관계들은 고려하지 않는다고 비판하며 성차에 대한 정신분석적 설명에 도전한다. 미셸 푸코의 담론 개념을 차용하여 버틀러는 정신적인 것과 사회적인 것은 반드시 연속체로 간주되어야 하며 성차 자체가 담론에 의하여(discursively) 구성된다고 주장한다. 버틀러는 팔루스에 대한 정신분석적 개념화의 본질적인 불안정성과 우연성을 강조하기 위하여 라캉의 「거울단계」와 「팔루스의 의미」를 프로이트의 논문 「나르시시즘에 관하여」에 배치(背馳)시켜 읽으며 인상적인 텍스트 분석을 제시한다. 이때 중요한 것은 버틀러가 팔루스의 개념 자체가 아니라 정신분석 내에서 그것

---

[25] 1990년대 초기부터 문화이론 내의 하나의 영역으로 자리 잡기 시작한 동성애담론을 뜻한다. — 옮긴이
[26] Judith Butler, *Bodies That Matter: On the Discursive Limits of Sex*, London: Routledge, 1993[『의미를 체현하는 육체』, 김윤상 옮김, 인간사랑, 2003].

이 차지하는 우월한 지위를 거부한다는 것이다. 버틀러에 의하면 우리는 프로이트의 텍스트에서 그의 이론의 심부에 있는 일종의 양가감정을 관찰할 수 있는데, 다시 말하면 "팔루스는 신체의 일부에 속하지 않지만 근본적으로 이동될 수 있는 것이며 적어도 이 텍스트 안에서는 바로 성감대 이전성(transferability)의 원칙 자체이다".[27] 그러므로 역설적이게도 프로이트의 정신분석의 가르침은 단일한 우월적 기표가 있다는 것이 아니라, 그보다는 해부학이 의미화 연쇄를 정지시킬 수 있는 안정적인 지시대상을 제공할 수 없다는 것이다. 버틀러에 따르면 우리의 신체는 당연히 여길 수 있는 것이라기보다는 항상 획득되어야 하는 것이다. 여기서 버틀러는 우리의 신체가 단순히 언어학적인 구축물이라는 것이 아니라 그것이 언어에 관계되어 있는 한 신체는 의미화되는 과정으로부터 결코 완전히 자유로울 수 없다는 점을 지적하는 것이다.

이러한 관점에서 버틀러는 거울단계에서의 신체에 대한 라캉의 개념화를 비난한다. 상상계적 기능으로서의 신체에 대한 라캉의 설명에는 두 가지 근본적 문제들이 있다. 첫째, 라캉의 도식은 본질적으로 남성적이며 라캉주의 담론 안에서 더욱 폭넓게 남성적 인식론을 위한 근거로 사용된다. 둘째, 「거울단계」에서 통제의 중심으로서 이상화되는 신체는 「팔루스의 의미」에서 의미화를 통제하는 부분으로서의 팔루스의 형태로 재구성된다.[28] 그러나 버틀러의 견해로는 팔루스가 다른 기표들과의 관계에서 우월적 위치를 가진다고 주장하는 것이 수행적으로 그 우월성

---

[27] ibid., p.62.
[28] Butler, *Bodies That Matter*, p.73.

의 효과를 산출한다. 다시 말하여 단순히 우리가 그것을 그러한 방식으로 받아들이기 때문에 팔루스가 그 우월적 위치를 획득한다는 것이다. 이리가레의 이론을 받아들이며 버틀러는 하나의 상상적 도식이 아니라 대안적 도식들—여성, 남성, 이성애, 양성애, 동성애 등—을 생각할 수 있으며 이들 각각의 도식들에서 팔루스는 다른 기능을 수행한다고 주장한다. 좀더 구체적으로 버틀러는 레즈비언 팔루스에 대해 논의하는데 이것은 음경으로부터 다른 신체 부분들로 치환되어야 하는 기표이며, 그렇기 때문에 거세 공포와 음경 선망에 관한 정신분석의 남근중심적 시각을 훼손한다. 레즈비언 팔루스에 의해 "구성되는 동일시와 욕망의 양가적 자리"는 규범적 이성애가 연출하는 장면과는 결정적으로 다른 것이다.[29] 이러한 의미에서 레즈비언 팔루스는 양도될 수 있는 환상이고, 단일한 신체 부위에 관계되어 있지 않으며, 그러므로 그것은 '실재적' 사물이 아니다. 그렇다면 팔루스는 우월적 기표로서의 의미를 상실하고 단순히 다수의 기표 가운데 하나가 된다. 이제 그것은 원초적 기표로서의 위치나 표현될 수 없는 담론의 외부로서의 위치를 점유하지 못하게 된다. 레즈비언 팔루스에 대해 이야기하는 것은 대안적 상상계를 제안하고 성차에 대한 '이성애적이고 규범적인' 설명과 결별하기 위함이다. 버틀러에 의하면 중요한 것은 팔루스를 새로운 신체 부분으로 대체하는 것이 아니라 이성애적 차이라는 지배적 상징을 추방하고 성감적 쾌락의 장을 구성하는 대안적인 상상계적 도식을 고안해 내는 것이다.

---

29 Butler, *Bodies That Matter*, p.85.

버틀러의 연구는 정신분석의 남근중심적이며 '이성애적이고 규범적인' 편향에 대한 비판을 제시하는 데 탁월한 효과가 있었지만 성이 담론에 의해 구축된다는 그녀의 시각 또한 라캉주의 집단들로부터 도전받아 왔다.[30] 더욱이 라캉학파의 정신분석에서 논의되는 신체에 대한 그녀의 비판은 단지 신체의 한 측면—거울단계의 상상계적 신체—에만 초점을 맞추고 있는 반면, 라캉의 세 개의 범주들 각각에서 신체는 다른 기능을 수행한다. 라캉에게 "신체는 현실"이지만[31] 그는 신체를 이미 주어진 것으로 간주하지는 않는다. 라캉에 의하면 우리는 현재의 신체를 타고 나지 않으며 그보다는 버틀러가 제안한 바와 같이 우리의 신체를 획득한다. 라캉은 우선 거울단계의 파편화된 신체—거울의 통합된 이미지를 쳐다볼 때 아이가 겪게 되는 신체적 경험—라는 개념을 통해 신체에 접근한다. 1950년대에 그는 신체에 대한 개념화를 급진적으로 변형하여 신체와 그 이미지 사이에 근본적인 간극이 있다고 제안했다. 그러므로 기표에 의해 상징계에서 재현되는 신체 또는 기의화된 신체에 초점이 맞추어 진다. 그의 생애 후기에 라캉은 실재계로서의 신체라는 개념, 즉 상징화될 수 없는 것으로서의 신체에 더욱 주의를 기울였다. 라캉에게 신체는 전상징계적이기 때문이 아니라 그보다는 "기표를 수단으로는 이해하는 것이 불가능"하다는 전제하에서 실재적이다.[32] 신체에 관한 라캉의 개념화가 미친 총체적 효과에 대해서는 앞으로 문화학 분

---

30 Copjec, *Read My Desire: Lacan Against the Historicists*.
31 Colette Soler, "The Body in the Teaching of Jacques Lacan", *Journal of the Centre for Freudian Analysis and Research*, 1995, p.7.
32 Soler, ibid., p.30.

야에서 더욱 심도있게 연구되어야 할 것이다.

문학 이론

고전적 정신분석 비평 또는 응용정신분석은 문학 작품들의 '내용', 작가 또는 인물들의 심리에 초점을 맞추어 온 반면, 라캉의 독해는 텍스트의 '형식'과 구조에 초점을 맞춘다. 라캉에게 문학은 어떠한 개인적 무의식의 내용이라기보다는 정신적 구조들의 실례이다. 『문학과 정신분석』─『예일 불문학 연구』(Yale French Studies) 중 한 권으로 1977년에 처음 출판되었고 1982년에 단행본으로 재출판 됨─에서 쇼샤나 펠만은 라캉적인 정신분석적 독해의 특별한 모형을 제시한다. 전통적으로 정신분석학은 주인담론의 지위를 주장해 온 반면, 문학은 정신분석학으로 해석되어야 할 텍스트라는 종속적 위치를 부여받는다. 그러나 펠만에 의하면 문학은 정신분석 외부에 있는 분리된 담론이 아니며 처음부터─즉, 프로이트가 소포클레스의 『오이디푸스 왕』과 대면한 순간부터─정신분석이 자신의 개념들과 진실들을 말할 수 있는 언어를 제공해 왔다. 그러므로 펠만은 **적용**(application)이라는 개념을 **함축**(implication)이라는 개념으로 대체할 것을 제안한다.

실제로 이것이 작품분석에 어떻게 적용되는가를 보여주는 예로서 우리는 헨리 제임스의 획기적인 귀신 이야기인 『나사의 회전』에 대한 펠만 자신의 치밀한 독해를 들 수 있다. 제임스가 '급전을 변통하기 위해 쓴 날림 글(potboiler)'이라고 부른 이 단편은 외딴 시골저택에서 마일즈와 플로라는 두 아이들을 돌보는 책임을 맡은 가정교사의 이야기를 들려준다. 항상 집을 비우는 아이들의 보호자는 그들의 안전에 대해 관심을 가지지 않으며 가정교사는 가정부 그로즈 부인의 도움을 받는다. 그 집에 도착하자마자 곧 가정교사는 남자귀신과 여자귀신을 보기 시작하는데 그녀는 그로즈 부인으로부터 그들이 이전 가정교사와 그녀의 애인인 마부이며 둘 모두 의문사했다는 것을 듣게 된다. 가정교사는 아이들이 귀신들과 비밀리에 의사소통을 하고 있다고 믿지만 그녀 이외의 누구도 귀신을 보는 사람은 없는 듯하다. 마침내 가정교사는 플로라를 그로즈 부인과 함께 떠나 보내고 마일즈로 하여금 귀신을 대면하도록 강요하며 비극적 결과를 초래한다.

제임스의 이야기가 처음 출판되었을 때 분노의 폭풍이 몰아쳤는데 비평가들은 그것을 '악마적'이고 '역겨운' 것으로 묘사했다.[33] 이 악평은 30년 후 에드먼드 윌슨이 이 작품에 대한 프로이트적 독해를 출판했을 때[34] 다시 반복된다. 윌슨은 『나사의 회전』이 사실은 귀신이야기가 아니라 신경증에 관한 사례연구라고 주장했다. 윌슨의 논문은 프로이트적 환원주의라는 혹독한 비판을 받았으며 윌슨은 수회에 걸쳐 수정을 하게 되는데 그는 매번 자신의 심리학적 해명을 덧붙였다. 이 단편에 관한 비판적 논쟁들은 귀신이 실제로 존재하는가에 대한 문제와 그러므로 가정교사가 아이들을 악마로부터 구하려고 하는 것인가 아니면 단순히 그녀가 미친 것인가에 대한 문제를 둘러싸고 선회한다.

펠만이 흥미롭게 본 것은 다양한 해석 중 어떤 것이 정확한 것인가의

---

[33] Shoshana Felman, *Literature and Psychoanalysis: The Question of Reading, Otherwise*, Cambridge, MA: Harvard University Press, 1982, pp.96~97.
[34] Edmund Wilson, "The Ambiguity of Henry James", *The Triple Thinkers*, Harmondsworth: Penguin, 1965.

문제가 아니라 논쟁 자체의 구조, 즉 헨리 제임스의 이야기가 출판되었을 때 그러한 소동이 초래된 방식과 이후 비평의 역사 내에서 나타난 동일한 반복이었다. 만약 텍스트에 대한 윌슨의 프로이트적 독해가 명백히 수준 이하였다면 왜 그렇게 많은 후대의 비평가들이 그에 대해 논박할 필요를 느꼈으며, 그리고 이에 대해 왜 윌슨은 계속하여 그들의 비판들에 응수하였는가? 여기서 정신분석적이라고 이야기할 수 있는 것은 이야기의 내용——아이들이 이전의 가정교사와 그녀의 애인에 의해 금지된 성에 관한 지식을 가지게 되었는가 또는 그들에 의해 실제로 성적 학대를 당했는가——이 아니라 텍스트가 만들어 내는 반복의 구조이다. 텍스트는 표현되고자 하는 기표인 동시에, 모든 안정적이거나 고정된 의미를 끊임없이 무효화시키는 것이다. 독자는 이 텍스트에 대한 최종적이고 결정적인 해석에 안착할 수 없는데 그 이유는 그 구조 자체가 그러한 가능성에 저항하기 때문이다. 독자는 가정교사의 이야기를 듣고 가정부와 같이 단순히 귀신의 존재를 믿거나 또는 이에 대해 회의를 가지고 가정교사처럼 신경증 환자가 되는 것 중 하나를 선택할 수 있다. 이들은 텍스트가 우리에게 제공하는 두 개의 가능한 독서 위치들인데 비평의 역사는 특별히 만족스럽지 못한 이 두 가지 방식을 끊임없이 반복해 왔다.

펠만이 위의 뛰어난 독해에서 보여 주는 것은 그러한 두 위치들이 텍스트 자체에 각인되어 있으며 비평가와 독자들은 이야기 안의 인물들과 마찬가지로 그 안에 포획된다는 것이다. 그러므로 그녀는 텍스트가 '무엇을' 의미하는가보다는 그것이 '어떻게' 특정 효과를 성취하는가와 어떻게 독자의 욕망이 의미화의 연쇄 안에 포획되는가에 관심을 가진다.

엘리자베스 라이트는 전이(transference)의 문제—저자의 전이와 비평가/독자의 전이—를 중심으로 펠만의 독해에 관련하여 몇 가지 해결되지 않은 문제들을 살펴본다.[35]

전이와 텍스트

현대 정신분석 비평의 가장 괄목할 만한 발전은 독자들과 텍스트들 간의 관계를 설명하기 위해 '전이'라는 개념을 이용하게 되었다는 것이다. 정신분석이 '전이'라고 부르는 것은 저항의 한 유형이며 이것은 시간과 공간을 통해 과거의 관계를 현재로 불러오는 무의식적 치환을 수반한다. 다시 말하면 유아기의 관계들 또는 이전의 관계들은 치환되고 어떤 의미에서는 분석 상황에서 분석가와 분석수행자의 관계를 통해 재상연된다고 할 수 있다. 전이는 항상 양가적이다. 그것은 사랑(긍정적 전이)과 미움(부정적 전이)의 관계 모두를 뜻하며 이 때문에 본질적으로 불안정하다. 전이는 분석가와 분석수행자 사이의 관계에서 현실의 상황으로는 설명되지 않는 강한 감정들을 불러일으킨다.

세미나 XI에서 라캉은 전이라는 프로이트의 개념을 재구성하여 여기에 자신이 '안다고 상정된 주체'(the subject supposed to know)라고 부르는 것을 포함시킨다. 분석수행자는 분석가를 정답을 가졌으며 모든 것을 아는 전문가의 위치에 놓고 그를 이상화한다. 그러나 라캉의 설명에서 초점은 '안다'가 아닌 '상정된'이다. 분석가는 알지 못하며 정답을 가

---

[35] Elizabeth Wright, *Psychoanalytic Criticism: A Reappraisal*, Cambridge: Polity Press, 1998.

지고 있지도 않다. 전이에 대한 이러한 설명은 독자와 텍스트 사이의 관계에 대해 중요한 함축적 의미를 갖는데 그 이유는 우리는 텍스트가 '알고 있다'고 가정하고 텍스트가 모든 답들을 가지고 있다고 상정하기 때문이다. 라캉의 전이에 대한 이해가 우리에게 가르쳐주는 것은 어떠한 텍스트에 대해서도 그 의미는 텍스트 자체에 내재하는 것이 아니라 독자와 텍스트 사이에서 일어나는 재구축으로 간주되어야 한다는 사실이다.

「정신분석적 문학비평에 관하여」에서 피터 브룩스는 정신에 대한 정신분석적 개념화와 문학 사이에는 직접적인 상응관계가 성립되기 때문에 문학이론을 위한 모형으로 정신분석을 사용하는 것은 자의적인 과정이 아니라고 주장한다. 정신분석과 문학은 주체와 재현의 문제에서 수렴한다. 이는 또한 전이가 일어나는 곳이기도 하다. 전이는 "과거로부터의 정동이 현재에 투입되므로 마치 다른 어떤 것과 같이(as-if) 생각되는 영역이다". 다시 말하면 전이는 "과거의 재현이다".[36] 전이는 과거도 현재도 아니며, 안도 밖도 아니고, 허구도 현실도 아닌 중간지대를 형성한다. 간단히 말하여 전이는 본질적으로 텍스트적이다. 모든 텍스트들이 ─독자라는─ 내재적이거나 또는 함축적인 수신인을 가진다. 그러므로 텍스트는 그 구조가 본질적으로 대화적(dialogic)이다.

텍스트가 우리 독자들의 욕망을 움직이게 하고 조정하는 것과 마찬가지로 우리는 독서라는 행위 자체를 통하여 텍스트에 개입한다. 그렇다면 독서의 과정은 전이적인 동시에 역전이적이라고도 할 수 있다. 독서

---

[36] Peter Brooks, "The Idea of a Psychoanalytic Literary Criticism", ed. S. Rimmon-Kenan, *Discourse in Psychoanalysis and Literature*, London: Methuen, 1987, p.9.

와 전이의 관계에 대한 이러한 비교가 유용한 이유는 그것이 인공적인 공간—상징적 공간—인 동시에 욕망이 실제로 투입되는 공간에서 일어나는 독자와 텍스트의 복잡한 대면을 조명하기 때문이다. 우리가 텍스트를 읽고 그것에 대해 연구하게 되는 원동력은 사실 독자와 텍스트 사이의 역동적인 관계에서 일어나는 매우 강렬한 욕망—문학에 대한 사랑—이다.

영화이론

1장에서 우리는 영화이론 분야에 파급된 라캉의 영향을 보았다. 스크린 이론으로도 알려진 장치(apparatus)이론에서 영화는 본질적으로 이데올로기적으로 관객들을 구축하는 기계이다. 그것은 또한 콘스탄스 펜리가 간단히 총각기계(bachelor machine)라고 부른,[37] 여성적 정체성을 배제하는 자족적(self-enclosed) 의미화 체계의 좋은 예이기도 하다. 장치이론가들은 영화의 관음적이고 물신적인 구조에 대해 연구했다. 관음증과 물신주의에 관한 프로이트의 설명은 성차의 문제와 연관되어 의미를 가지지만 장치 이론가들은 이를 영화 관객 전반에 대하여 적용하였다. 그러므로 우리는 여기서—현대 영화이론에서 성차의 부인과 여성의 정체성의 배제라는—'부인'(disavowal) 그 자체의 가장 좋은 사례를 볼 수 있다. 이때 요구되는 것은 시각(vision)과 주체성, 특히 응시라는 개념에

---

[37] Constance Penley, "Feminism, Film Theory, and Bachelor Machines", *The Future of an Illusion: Film, Feminism and Psychoanalysis*, London: Routledge, 1989.

대해 정신분석이 통찰해낸 더욱 섬세하고 복잡한 독해이다.[38]

눈과 응시

세미나 XI에서 라캉은 외부로부터 우리를 쳐다보는 이미 존재하는 응시라는 메를로-퐁티의 개념을 발전시켰다. 메를로-퐁티에게 응시는 모든 것을 보는 선험적 주체로부터 비롯되는 것이지만 라캉에게 그러한 주체는 존재하지 않는다. 라캉에 의하면 우리는 일차적으로 세계를 바라보는 의식적인 주체들이라고 할 수 없으며 이보다는, 항상-이미 "보여 지는 존재들"이다.[39] 눈과 응시는 근본적으로 분리되어 있다. '나'는 단지 한 지점으로부터만 보게 되는 반면 나는 모든 면들에서 보여진다. 내 주관적인 시점에 선행하여 존재하는 응시가 있다. 그것은 모든 것을 보고 있고 나는 그것에 종속되어 있다. 지젝은 이 개념들을 적절히 요약한다.

대상을 보는 눈은 주체의 편에 있는 반면 응시는 대상의 편에 있다. 내가 대상을 볼 때 대상은 내가 그것을 볼 수 없는 지점으로부터 항상 이미 나를 응시하고 있다.[40]

지젝은 어떻게 응시가 영화에 적용되었는가를 보여 주는 좋은 예를 히치콕의 「싸이코」(Psycho, 1960) 분석으로 제시한다. 영화의 결말부분

---

[38] Copjec, "The Orthopsychic Subject: Film Theory and the Reception of Lacan", *Read My Desire: Lacan Against the Historicists*.
[39] Lacan, *The Four Fundamental Concepts of Psychoanalysis 1964-1965*, pp.74~75.
[40] Žižek, *Looking Awry*, p.109.

에서 릴라는 노만과 그의 '어머니'가 사는 낡은 집으로 가기 위해 언덕을 오른다. 여기서 히치콕의 영화 기법은 릴라가 언덕을 오르는 객관적 쇼트와 집을 쳐다보는 그녀의 주관적 시점 사이에서 교차된다. 지젝은 히치콕의 편집스타일이 두 가지 종류의 쇼트들을 허락하는 반면 다른 두 가지 종류는 금지하고 있음을 지적한다. 히치콕이 연출하는 장면에서 우리는 '사물(Thing)에 접근하는 개인의 객관적 쇼트' 또는 '개인이 그것을 보는 것처럼 사물을 제시하는 주관적 쇼트'는 볼 수 있지만,[41] 사물에 대한 객관적 쇼트나 또는 사물이 있는 위치로부터의 개인의 주관적 쇼트는 결코 제시되지 않는다. 「싸이코」의 이 시퀀스에서 우리는 단지 릴라의 시점으로만 그 집을 보게 될 뿐이다. 집 자체에 대한 중립적인 '객관적' 쇼트가 없는 이유는 그것이 미지의 사물을 둘러싼 신비감과 예기(豫期)를 없애 버릴 것이기 때문이다. 또한 만약 히치콕이 집 안에서의 주관적 쇼트를—예를 들어 떨리는 손이 커튼을 젖히고, 언덕을 올라오는 형상이 보이는 일반적 쇼트를—제시하여 사물을 '주관화'하였다면 기괴한 느낌(uncanniness)은 상실될 것이다. 우리는 단지 릴라의 시점으로 그 집을 보게 되며 릴라에게 응시를 되돌려주는 것은 그 집 자체이다. 릴라는 그 집을 향해 접근하지만 그녀는 그것이 자신을 응시하는 지점으로부터는 그 집을 볼 수 없다.

라캉의 응시라는 개념은 영화이론에 그 이상의 영향을 미친다. 눈과 응시 사이의 균열 속에서 충동이 시각의 장에 나타난다.[42] 다른 말로 바

---

[41] Žižek, *Looking Awry*, p.117.
[42] Lacan, *The Four Fundamental Concepts of Psychoanalysis 1964-1965*, p.73.

꾸면 응시는 본질적으로 시각의 장을 벗어나는 것이므로 보일 수 있는 것이 아니라 대상 a의 형태로 밖에 나타날 수 없는 어떤 것이다. 그러므로 응시에 대한 라캉의 이론은 영화에 나타나는 대상 a와 환상의 기능으로 우리를 안내한다.

환상으로서의 영화

환상은 결코 순수하게 개인적인 사건이 아니다. 환상은 영화, 문학 그리고 텔레비전과 같은 매체들을 통하여 공공의 영역에서 순환한다. 환상은 "사회적 현실과 무의식이 한데 얽혀 나타나는 특권적 지대라고 할 수 있다".[43] 환상은 욕망의 미장센이다. 미장센은 영화 프레임 안에 있는 모든 것의 구성이나 배열을 가리킨다. 즉 조명, 의상, 소도구뿐만 아니라 프레임 안에서의 인물과 소도구의 배치도 포함한다. 이 개념은 욕망을 무대화하는 환상과 관객의 욕망을 위한 구성으로서의 영화 사이에 연결고리를 제공한다. 영화는 관객들이 그들의 욕망을 표현할 수 있는 일련의 복잡한 위치들과 잠재적 관계들을 제공한다. 이때 서사의 역할은 그것이 환상과 영화 양자의 수준에서 인식할만한 구조와 일관성을 제공한다는 점에서 중심적인 것이다. 우리가 환상에서 도출하는 쾌락은 목적의 달성과 대상의 성취에 기인하는 것이 아니라, 어떻게 욕망이 서사 구조를 통하여 스스로 드러날 수 있는가에 달려있다.

코위는 「나우 보이저」(Now, Voyager, 1943)에서 전개되고 있는 다양한

---

[43] Elizabeth Cowie, "Fantasia", *The Woman in Question*, p.164.

차원의 환상들에 대한 정밀한 분석을 제시한다.[44] 영화는 권력적인 어머니 밑에서 신경쇠약에 걸린 부잣집의 노처녀 샬롯 베일(베티 데이비스)의 이야기를 들려준다. 어머니의 반대에도 불구하고 샬롯은 요양소로 보내지는데 그녀는 그곳에서 회복하여 이에 대한 보상으로 유람선을 타게 된다. 항해기간 동안 샬롯은 유부남인 제리 듀란스(폴 헌레이드)와 사랑에 빠진다. 그들은 사흘 후 헤어지고 샬롯은 그녀의 어머니가 있는 집으로 돌아온다. 집에서는 샬롯의 어머니가 예전의 권력적인 행동을 다시 시작하고, 샬롯은 처음에는 이에 굴복하지만 결국 변화된 새로운 모습으로 어머니의 권위에 저항하게 된다. 샬롯은 유복한 보스턴 남자와 약혼을 하게 되지만 이전 애인으로부터 선물을 받았을 때 파혼을 선언하고, 이로 인해 초래된 말다툼에서 그녀의 어머니는 치명적인 심장마비를 일으킨다. 죄책감을 느끼며 샬롯은 요양소로 돌아가고 거기서 그녀는 역시 인정 없는 어머니 밑에서 자란 제리의 딸 티나를 만난다. 영화는 샬롯과 티나가 어머니와 딸로서 함께 행복하게 사는 것으로 끝난다. 제리는 그들의 집을 방문하여 샬롯이 그를 위하여 그녀의 인생을 희생하는 것을 방관할 수 없다고 말하지만 샬롯은 그들이 직접적으로는 아니지만 아이를 통해서 함께할 수 있다고 응답한다.

코위는 이때 다양한 수준들의 환상이 어떻게 전개되고 있는가를, 특히 어떻게 막연한 백일몽 또는 원망성취의 환상들이 더욱 원초적이고 근원적인 환상에 연결되는가를 보여 준다. 첫째로 우리가 표면적인 텍

---

[44] Cowie, *Representing the Woman: Cinema and Psychoanalysis*, London: Macmillan, 1997.

스트적 수준이라고 부를 수 있는 환상에서는 인식에 대한 욕망이 있다. 여기에는 자신의 의사로부터 가치 있는 사람으로 인식되고자 하는 샬롯의 욕망, 유람항해의 대성공, 그리고 어머니로부터의 독립이 포함된다. 더욱 중요한 것은 그녀가 항해에서 경험한 한 남자의 사랑에 대한 욕망이 있다. 반면 샬롯의 약혼은 다른 종류의 원망성취 환상을 제공하는데 예전에는 그녀의 약혼자가 그녀를 거절했지만 이제는 요양소에서 귀환한 후 그녀가 그를 거절하고 영원히 손이 닿지 않는 곳에 있는 그녀의 '절대적' 사랑을 지키는 것이다. 그러므로 영화의 마지막 장면들은 "**현실**에서는 결코 가능하지 않은 정열적이고 충족된 비밀의 사랑"이라는 내용이 표현된 것으로 간주할 수 있다.[45]

그러나 이때 더욱 심층적 차원에서는 한층 근본적인 환상이 어머니의 역할 주위를 선회하며 전개되고 있다. 샬롯은 그녀의 어머니를 대신하지만 그렇게 함으로써 그녀는 어머니라는 존재가 그녀에게 또는 티나에게 결코 허락하지 않았던 모든 것을 대표한다. 이상하게도 샬롯의 아이와 모성에 대한 욕망은 섹스가 없이도 충족된다. 코위에 의하면 영화에는 명백히 오이디푸스의 궤적이 그려지기는 하지만 여기에는 중요한 반전이 수반된다. 샬롯은 그녀의 욕망을 최초의 사랑의 대상으로서의 어머니로부터 아버지에게로 옮기지 않는다. 샬롯은 아이를 얻어내는 동시에 아버지를 쫓아내는 데 성공하는 것이다. 그러므로 영화는 샬롯과 제리의 행복한 결합이라는 일상적 할리우드의 결말을 따르지 않고 대신

---

[45] Cowie, *Representing the Woman: Cinema and Psychoanalysis*, p.146.

샬롯과 티나라는 대안적 결합으로 끝난다. 영화는 어머니/아이 관계와 '좋은' 어머니에 대한 욕망에 초점을 맞춤으로써 오이디푸스적 경로를 거부하며 영화의 전형을 깨뜨린다. 이 때 염두에 두어야 하는 것은 분석되는 것이 영화의 인물들이 아니라 서사 구조 자체의 한 부분이라는 점이다. 영화는 일련의 원망성취 환상들을 제시하지만 깊은 수위에서 우리는 기원에 관한—어떻게 아이들이 섹스 없이 태어날 수 있는가에 대한—오이디푸스적인 원초적 환상을 보게 된다. 이 환상의 주체는 샬롯이 아니라 영화의 이야기에 사로잡혀 이를 통하여 자신들의 욕망을 표현하는 관객들이다.

오늘날의 라캉주의 정신분석적 영화이론의 초점은 거울단계와 주체의 위치에 관한 초기의 관심으로부터 실재계, 환상 그리고 응시에 관한 라캉 후기 연구에 대한 수용으로 이동되었다. 초기의 정신분석적 영화이론들과는 대비되지만 이 새로운 연구 또한 개별 영화들에 관한 뛰어난 독해들을 제시한다. 이에 대하여 살레클과 지젝이 편집한 『사랑의 대상들로서의 응시와 목소리』(*Gaze and Voice as Love Objects*, 1996)와 더욱 최근의 것으로는 맥고완과 쿤클의 『라캉과 현대 영화』(*Lacan and Contemporary Film*, 2004)를 참조하라.

✷

무의식과 인간 욕망은 우리가 재현하는 것들 내부로 스며들어 우리의 문화 심부에 영속적으로 불안정하고 분열된 상태를 생성한다. 이 공간을 열어 두고, 이데올로기에 의해 통합된 조화롭고 갈등이 없는 주체 또는 사회로 폐쇄되는 것에 저항하기 위하여 그리고 욕망이 문화적 텍스트들을 통하여 스스로를 드러내는 방식들을 분석하기 위하여 라캉의 정신분석학은 지속적으로 이론적인 적절성과 가치를 부여받게 될 것이다.

더 읽을거리

더 읽을거리

자크 라캉의 저작들

라캉은 그의 생애 동안 단 한 권의 책을 출판했다(*Écrits*, Paris: Seuil, 1966). 그리고 그의 세미나 중 첫 세미나(*Le Séminaire de Jacques Lacan, Livre XI: Les quatre concepts fondamentaux de la psychanalyse*, Paris: Seuil, 1973)의 편집을 감수했다. 앨런 셰리던의 영역본(1977)에는 우리가 앞에서 논의했던 많은 중심 논문들―「거울단계」, 「로마 강연」, 「무의식에서의 문자의 심급」, 「팔루스의 의미」, 「주체의 전복과 욕망의 변증법」―이 실려 있지만 이것은 프랑스어 원본의 3분의 1 분량에 해당될 뿐이다. 브루스 핑크에 의해 선집이 새로 번역되어 출판됐지만(2002년) 『에크리』완역은 여전히 준비 중이다[브루스 핑크에 의한『에크리』첫 완역본이 2006년 1월 출간되었다―옮긴이]. 핑크의 세밀한 역주본이 완간되면 앞으로 라캉에 관한 표준 텍스트가 될 것임에 의심의 여지가 없지만 아직 이러한 상황이 실현되지 않았으므로 이 개론서에서는 셰리던의 번역본을 이용했다.

라캉은 그가 『에크리』를 출판했을 때 65세였는데 이 책은 개론서가 아니라 그의 전 생애에 걸친 가르침과 임상분석의 총체였다. 라캉의 개념들을 이해하기 위하여 우리는 각 논문에 담긴 복합적인 암시들과 참고된 문헌들을 해독해 내야만 한다. 예를 들어 「거울단계」는 일곱 페이지에 불과하고 「팔루스의 의미」는 아홉 페이지밖에 안 되지만 이 논문들 각각은 해설과 비평으로 이어지며 수많은 저서들을 산출했다. 내가 제안하고 싶은 라캉의 독해방식은 세미나들을 SUNY 출판사에서 출판된 이 세미나들에 대한 '읽기'(Readings) 시리즈들(이어지는 '자크 라캉에 대한 저서들'을 보라)과 함께 보는 것이다. 세미나를 읽는 것은 상당히 독특한 독서 경험이라고 할 수 있다. 각 세미나는 격주 세미나의 약 25회분 강연을 담고 있다(강연들은 라캉이 말년에 자신의 이론을 일련의 수학 공식들로 축소함에 따라 길이가 짧아지는 경향이 있다). 각 강연은 두 주 전 세미나의 내용을 이어 받는 것이 원칙이지만 그 연결부가 미미한 경우도 종종 눈에 띈다. 『에크리』와 달리 세미나들을 읽는 것은 그렇게 까다롭지는 않지만 여전히 라캉이 제시하는 연상과 연결들의 흐름을 따라가는 것이 어려울 수 있다. 그러나 일반적으로 라캉은 청중을 위한 열강에서 마지막 순간에는 강연 전체를 요약하여 그가 말한 것에 대한 놀랍게 명확하고 이해할 수 있을 만한 설명을 제공한다. 그러므로 세미나가 아무리 혼란스럽게 보인다 하더라도 항상 끝까지 따라가 볼 만한 가치가 있는 것이다. 최근 출판된 세미나들 중에서 시작하기 좋은 곳은 세미나 II, VII 그리고 XI이다.

Le Séminaire, Livre I: Les Écrits techniques de Freud, Paris: Editions du Seuil, 1975.
영어판 The Seminar of Jacques Lacan, Book I: Freud's papers on Technique, 1953-1954, ed. J.-A. Miller, trans. J. Forrester, Cambridge: Cambridge University Press, 1988.

이 세미나는 정신분석 테크닉의 문제에 대한 것이므로 아마도 인문·사회과학 분야의 학생들에게 그 중 관심이 적은 세미나일 수도 있다. 테크닉에 관한 프로이트의 논문들은(표준전집 12권) 명백히 분석가들을 대상으로 하고 있으므로 펭귄 프로이트 선집에서도 제외되었다. 이 세미나는 저항과 방어기제들, 억압과 욕망, 그리고 이와 더불어 전이의 문제들을 살펴본다. Book I은 또한 상상계에 대한 초기의 설명과 정신분석의 대상관계 학파에 대한 비판을 담고 있다.

Le Séminaire, Livre II: Le moi dans la théorie de Freud et dans la technique de la psychanalyse, 1954-1955, Paris: Editions du Seuil, 1978.
영어판 The Seminar of Jacques Lacan, Book II: The Ego in Freud's Theory and in the Technique of Psychoanalysis, 1954-1955, ed. J.-A. Miller, trans. S. Tomaselli, Cambridge: Cambridge University Press, 1988.

두 번째 세미나는 ― 라캉의 사상에 중심적인 텍스트인 ― 프로이트의 「쾌락원칙을 넘어서」에 대한 고찰이다. 이 세미나는 라캉이 초기에 전개한 상징계와 담론의 회로에 대한 논의를 담고 있다. 라캉은 프로이트가 말하는 반복이라는 개념과 어떻게 주체가 의미화 연쇄 안에서 구성되는가에 대해 논의한다. 이 세미나에는 또한 『도둑맞은 편지』에 대한 짧은 초기논문이 수록되어 있고 언어와 인공두뇌학에 대한 조금은 낯선 성찰들이 실려 있다.

Le Séminaire, Livre III: Les psychoses, Paris: Editions du Seuil, 1981.
영어판 The Seminar of Jacques Lacan, Book III: The Psychoses, 1955-1956, ed. J.-A. Miller, trans. R.Grigg, London: Routledge, 1993.

이 세미나는 처음 절반만이 직접적으로 정신병과 그 현상에 관한 것이다. 나머지 절반은 신경증, 기표와 기의의 관계 그리고 마지막으로 은유와 환유의 문제들을 살펴보고 있다. 세미나에는 아버지의 이름과 팔루스에 관한 초기의 설명도 수록되어 있다.

Le Séminaire, Livre VII: L'éthique de la psychanalyse, 1959-1960, Paris: Editions du Seuil, 1986.
영어판 The Seminar of Jacques Lacan, Book VII: The Ethics of Psychoanalysis 1959-1960, ed. J.-A. Miller, trans. D. Porter, London: Routledge, 1992.

이 세미나는 인문·사회과학 분야로 라캉의 사상을 전파하는 데 중요한 역할을 하였으며 지젝과 페미니스트 비평가들에 의해서도 지속적으로 인용되고 있다. 이 세미나에는 라캉의 *das Ding*(사물)에 대한 유일한 논의가 수록되어 있으며 승화와 주이상스에 대한 그의 생각들도 실려 있다. 아마도 이 세미나는 소포클레스의 고대 그리스 비극『안티고네』에 대한 라캉의 논의—윤리적 행위에 대한 가장 영향력 있는 라캉의 정의들 중 하나인 '자신의 욕망을 포기하지 말라'는 말—에 의해 가장 잘 알려져 있을 것이다. 또한 여기에서 그는 궁정풍 연애시와 관련하여 여성의 섹슈얼리티에 대해 설명했다. 이 세미나는 비교적 수월하게 읽히며 라캉의 이론에서 필수문헌이라고 할 수 있다.

Le Séminaire de Jacques Lacan, Livre XI: Les quatre concepts fondamentaux de la psychanalyse, Paris: Editions du Seuil, 1973.
영어판 The Four Fundamental Concepts of Psycho-Analysis, ed. J.-A. Miller, trans. A. Sheridan, London: Hogarth Press, 1977(재판은 1979년에 Harmondsworth: Penguin Books에서 출판되었으며 1994년에 D. Macey의 새로운 서론이 첨가되었다).

이것은 밀도 있고 읽기에 어려운 텍스트지만 의심할 여지없이 라캉의 업적에서 중추적인 세미나이며 독자들이 다독해야 할 저서이다. 이 책은 무한히 풍부한 내용을 담고 있는 텍스트로서 라캉이 인생의 후반부에 끊임없이 다시 돌아오는 관념들과 설명들로 가득 채워져 있다. 라캉은 무의식, 전이, 충동, 그리고 주체라는 정신분석의 몇 가지 근본 개념들에 관하여 교조적 프로이트주의로부터 그의 연구를 차별화한다. 그는 또한 많은 그의 초기 개념들을 재구성하고 우리가 오늘날 특별히 라캉주의 정신분석 이론으로 인식하는 것들을 고안해 내기 시작한다. 무엇보다 중요한 것은 라캉이 정신분석과 구별되는 특징으로서 '충동'이 차지하는 중심적 위치를 강조한다는 점이다. 그는 주체에 대한 설명을 재구성하며 기표의 주체로부터 충동의 주체로 중심을 옮기고, 은유·환유와 같은 언어학적 용어들을 소외와 분리라는 개념으로 대체한다. 또한 라캉은 ─ 욕망의 원인/대상이며 실재계의 잔여분으로서의 ─ 대상 a를 눈과 응시 사이의 균열과 연관하여 발전시킨다. 마지막으로 세미나는 전이의 개념을 '안다고 상정된 주체'와 관련짓는다.

Le Séminaire, Livre XX: Encore, 1972-1973, Paris: Editions du Seuil, 1975.

영어판 *The Seminar of Jacques Lacan, Book XX: Encore, On Feminine Sexuality, The Limits of Love and Knowledge 1972-1973*, ed. J.-A. Miller, trans. B. Fink, New York: Norton, 1998.

세미나 XX은 여성의 섹슈얼리티에 관한 라캉의 중심적인 연구이다. 특히 팔루스에 관한 그의 초기 이론에는 부재했던 여성의 욕망에 대해 논의한다. 이것은 단 열한 번의 강연들만으로 구성된 짧은 세미나이며 다소 수수께끼와 같은 격언체로 씌어있기 때문에 세미나 VII의 궁정풍 사랑에 대한 논의와 세미나 XI의 주이상스와 충동에 대한 설명과의 관계 속에서 이해되어야만 한다. 세미나 XX은 "여자는 존재하지 않는다" 그리고 "그녀는 **비전체**(not-whole)이다"라는 개념들을 발전시키며, 또한 여성의 섹슈얼리티에 대한 고찰을 넘어서서 주이상스와 사랑의 관계를 살펴보고 인간 지식의 궁극적 한계로서의 주이상스라는 개념에 대해 논의한다.

자크 라캉에 대한 저작들

내가 앞서 제시한 대로 현재 라캉에 입문하는 가장 좋은 방법은 지난 몇 년에 걸쳐 출판된 중심 세미나들에 대한 일련의 '읽기'시리즈를 통해서이다. 이 책들은 세미나의 자리를 대신하기보다는 세미나들과 병행해 읽혀야 하는데 그 이유는 '읽기'는 '독본'이라기보다는 세미나에 대한 체계적인 설명과 세미나의 핵심 주제에 관한 논의로 구성된 일련의 논문들이기 때문이다. 이 시리즈는 파리의 분석가들이 영미 학회에서 볼 수 있는 라캉에 대한 오독을 지적하기 위한 것이었다고 볼 수 있는데 이것은 저명한 라캉학파 분석가들에 의해 파리에서 진행된 영어 세미나들의 출판으로 시작되었다. 그러므로 우리는 이 저서들이 라캉의 '교조적' 독서를 확립하고자 노력하며 자주 라캉의 후기 사상의 시각으로 사후적인 설명을 수반하고 있다는 사실을 염두에 두어야 한다. 이것을 전제로 한다면 이 책들은 현재 구할 수 있는 영어로 된 가장 간결하고 이해하기 쉬운—다소 모호한 개념들이 발견되기도 하지만—라캉의 개념들에 대한 입문서이다.

Reading Seminar XI: Lacan's Four Fundamental Concepts of Psychoanalysis, NY: SUNY Press, 1995.

이 책은 전후관계를 설정하는 밀레의 서문으로 시작되고 라캉의 논문 「무의식의 위치」(1995[1964])로 끝난다. '소외와 분리'에 관한 에릭 로랑(Eric Laurent)의 논문들은 독자가 라캉의 특정 개념들에 친숙하지 않다면 부분적으로 조금 혼동스러울 수 있으나 매우 유용한 논문들이다. '주체와 타자'에 관한 솔레의 두 논문들은 그녀의 다른 모든 글들과 마찬가지로 간명하고 쉽게 쓰여졌다. 충동에 대한 마리 엘렌 브루스의 논문 또한 이 어려운 개념을 분명하게 만들도록 도와줄 것이다. 『세미나 XI 읽기』 역시 문화적인 차원에 강세를 싣는다. '응시와 대상 a'에서 안토니오 퀴네는 이 개념들에 대해 친절하게 소개하고 있고, 이후 리처드 펠드스타인(문학), 한조 베레셈과 로버트 사무엘스(예술) 그리고 지젝(영화)은 이 개념들의 적용사례를 제시한다. 임상에 대한 논의는 매우 논쟁적인 주제인 분석의 '종결'에 대한 안느 뒤낭의 두 논문들로 제한된다.

Reading Seminar I and II: Lacan's Return to Freud, NY: SUNY Press, 1996.

이 책은 첫 편의 형식을 그대로 따르고 있다. 또한 여기에는 밀레가 쓴 라캉의 초기 세미나와 그의 철학적 성향을 하나로 아우르는 세 편의 뛰어난 짧은 서론들이 수록되어 있다. 이후에는 상징계, 전이 그리고 해석에 관한 콜레트 솔레의 명확하고 간결한 논문들이 제시된다. 이 책에는 상상계, 실재계와 더불어 오이디푸스 콤플렉스, 주체와 타자, 그리고 라캉이 레비-스트로스에게 진 빚에 대해 살펴보는 논문들과 히스테리, 강박신경증, 성전환증, 물신주의 그리고 도착증과 같은 주제들을 임상적 관점에서 논의하는 논문들도 수록되어 있다. 라캉주의 개념들의 문화적인 암시에 대해서는 마리 야너스의 「증오로 구성된 문명」과 논리적 시간에 관한 핑크의 논문, 빈센트 팔로메라의 윤리학에 관한 논문, 그리고 헤겔과 라캉에 관한 지젝의 논의에서 지엽적으로만 언급된다. 『세미나 I 과 II 읽기』는 마지막 부분에 프로이트의 충동과 분석가의 욕망에 관한 라캉의 논문의 첫 영역본과 이에 대한 밀레의 주석을 싣고 있다.

Reading Seminar XX: Lacan's Major Work on Love, Knowledge, and Feminine Sexuality, Albany, NY: SUNY Press, 2002.

이 책은 시리즈들 중 가장 최근의 것으로 이전의 두 권과는 다소 차이가 나는데, 밀레의 서문이 사라졌고 라캉의 논문에 대한 새로운 번역이 첨부되어 있지 않다. 그러나 우리는 「과학적 담론의 히스테리」와 성차의 솔레, 「지식과 주이상스」의 핑크, 그리고 「성차의 실재계」의 지젝, 더불어 레나타 살레클의 「사랑의 불안」, 그리고 「전형적인 정신/육체의 교착 상태에 대한 라캉의 응답」이라는 논문을 쓴 파울 페르하에허라는 친숙한 이름들을 만나게 된다. 라캉의 세미나 『앙코르』의 간결함을 반영하듯 이 책은 아홉 개의 논문만을 싣고 있으며 이 중 몇 편은 아주 짧지만 수잔 버나드의 뛰어난 서문과 함께 이 책은 분명히 난해한 수수께끼와 같은 라캉의 후기 세미나를 이해하려고 노력하는 사람에게는 필독서가 될 것이다.

라캉에 대한 개론서들

지난 이십 년 동안 서로 다른 학문분야에서 상이한 측면들과 다양한 공감대에 초점을 맞춘 라캉에 대한 많은 개론서가 집필되었다. 나는 이 부분에서 라캉을 이해하는 데 가장 유용하다고 생각되는 비임상적 입문서들만을 소개할 것이다. 라캉에 대한 저작들의 더욱 상세한 참고문헌에 관하여 마이클 클라크(Michael Clark, *Jacques Lacan: An Annotated Bibliography*, NY: Garland, 2 vols., 1998)를 참조하라.

Bice Benvenuto & Roger Kennedy, *The Works of Jacques Lacan: An Introduction*, New York: St Martin's Press, 1986.

이것은 이제는 상당히 오래된 입문서이지만 영어판 선집 『에크리』의 각 논문에 대한 개론서로서 여전히 유용하며 1980년대에 나온 여느 개론서들보다 건재하다. 이것은 매우 간명하고 읽기 쉬운 책이며, 분석가들인 저자들은 결코 라캉에 대한 모든 것을 언어로 환원시키고자 하지 않는다. 또한 이 책에는 『앙코르』의 마지막 장이 수록되어 있다. 만약 독자가 이전에 라캉에 대한 어떤 책도 읽은 적이 없다면 이 책은 다른 입문서들보다 좋은 출발점이 될 것이다.

Dylan Evans, *An Introductory Dictionary of Lacanian Psychoanalysis*, London: Routledge, 1996.

에반스는 여기서 라캉의 주요 개념들에 나타나는 다양한 반전과 변화들의 전후관계를 추적하여, 단순한 사전 이상의 것을 우리에게 제공한다. 이 사전은 라캉을 공부하는 사람이라면 누구에게나 필독서이다.

Bruce Fink, *The Lacanian Subject: Between Language and Jouissance*, Princeton, NJ: Princeton University Press, 1995.

핑크의 개론서는 결코 읽기에 수월하지는 않지만 현재까지 출간된 라캉에 대한 개론서 중 단연 최고의 저서이다. 이 책은 네 부분으로 나뉘어 구조, 주체, 대상 그리고 담론으로서의 정신분석에 관한 라캉의 논의를 살펴본다.

Dany Nobus, *Key Concepts of Lacanian Psychoanalysis*, London: Rebus Press, 1998.

이 편서에서는 단골들의 이름을 볼 수 있는데 핑크는 라캉의 네 가지 담론에 대하여 그리고 지젝은 환상에 대하여 설명한다. 이 책은 몇 편의 읽기 쉬운 논문들을 포함하는데 페르하에허는 라캉의 주체에 관한 논문을 썼고, 노부스는 거울단계에 대해, 그리고 루크 서스턴은 보로메오 매듭을 둘러싼 약간은 비상식적인 듯 보이기도 하는 라캉의 후기 연구들에 관하여 논했다. 더불어 딜런 에반스는 라캉주의 윤리학에 관하여, 러셀 그리그는 폐제(foreclosure)에 관하여 그리고 카트린 립브레히트는 욕망과 분석가에 관해서 논문을 썼다. 각 논문들은 이 중심 개념들에 대해 라캉의 초기에서 후기 사상까지의 변화를 살펴본다.

Elisabeth Roudinesco, *Jacques Lacan: Esquisse d'une vie, histoire d'un systéme des pensée*, Paris: Librairie Arthème Fayard, 1993.
영어판 *Jacques Lacan: An Outline of a Life and a History of a System of Thought*, trans. B. Bray, Cambridge: Polity Press, 1999.

이것은 루디네스코가 집필한 프랑스 정신분석 역사에 관한 세 권의 기념비적 저서들 중 제2권을 더욱 읽기 쉽게 수정한 개정판이라고 할 수 있다. 루디네스코는 라캉이 천재였지만 동시에 자기애적이고 권위적이며 무자비하게 야심적이었다고 적는다. 학자이자 수련과정을 거친 정신분석가로서 루디네스코는 복잡한 정신분석 개념들을 해설하는 것과 그만큼이나 복잡한 라캉의 사생활을 설명하는 것 사이를 쉽게 오간다. 500페이지라는 분량 때문에 조금은 기가 질리지만 읽기에 수월하며, 라캉의 출판물들의 역사에 대한 풍성한 정보와 다양한 정신분석 학회들의 정보를 신고 있는 포괄적인 부록은 상당히 도움이 된다. 교조적 라캉주의자들은 이 책을 싫어한다.

라캉과 문화이론

Parveen Adams, *The Emptiness of the Image: Psychoanalysis and Sexual Differences*, London: Routledge, 1996.

이 편저는 정신분석이 문화 분석에 적용될 수 있다는 지속적인 주장과 함께 페미니스트 비판들에 대비되는 라캉의 성차에 관해 설명하고 있다. 애덤스는 라캉의 개념인 대상 a와 실재계를 차용하여 예술가 메리 켈리, 행위 예술가 오를랑, 화가 프란시스 베이컨의 작품들, 그리고 더불어 마이클 포웰의 「엿보는 톰」(Peeping Tom, 1960)과 델라 그레이스의 '대안적' 섹슈얼리티의 재현을 간결하고 명확하게 분석한다. 애덤스의 저서는 개론서라고 할 수는 없으며 그보다는 라캉주의 정신분석이 어떻게 재현에 대한 비판에 이용될 수 있는가를 보여 주는 실례이다.

Peter Brooks, *Reading for the Plot: Design and Intention in Narrative*, Cambridge, MA: Harvard University Press, 1992.

이 책에는 브룩스의 고전적 논문 「프로이트의 마스터플롯: 서사를 위한 모델」(Freud's Masterplot: A Model for Narrative)이 수록되어 있다. 브룩스는 그가 '텍스트의 연가(erotics)'라고 부른 독자/텍스트 관계들의 역동적 모형을 개발하기 위해 프로이트의 「쾌락원칙을 넘어서」를 서사적 구성의 모형으로 간주한다. 그후 브룩스는 이 모형을 스탕달, 디킨스, 플로베르, 콘라드 그리고 포크너에 대한 독해에 적용한다. 브룩스는 또한 프로이트의 사례 연구인 「늑대인간」을 모더니스트 글쓰기의 사례로서 읽는다.

Joan Copjec, *Read My Desire: Lacan Against the Historicists*, Cambridge, MA: MIT Press, 1994.

이 인상적이지만 때로는 상당히 어려운 논문들의 편저에서 콥젝은 담론과 역사주의라는 미셸 푸코의 개념들에 대해 지속적인 비판을 제기한다. 이 책에는 콥젝의 가장 잘 알려진 논문들이 다수 수록되어 있는데, 여기에는 영화이론이 차용하는 주체의 개념에 내재된 문제들을 지적하는 「교조적 정신의 주체: 영화 이론과 라캉의 수용」(The Orthopsychic Subject: Film Theory and the Reception of Lacan)과 주디스 버틀러의 라캉에 대한 독해와 성의 추론적 구축에 대해 비판하는 「성과 이성의 안락사」(Sex and the Euthanasia of Reason)가 포함되어 있다.

Elizabeth Cowie, *Representing the Woman: Cinema and Psychoanalysis*, London: Macmillan, 1997.

이 책은 400페이지의 밀도 있는 텍스트이지만 라캉주의 영화이론에 대한 쉬운 개론서는 아니다. 그러나 코위는 영화이론이 시작될 때부터 이 분야에서 연구해 왔으며 이 책은 30년 이상의 시간에 걸쳐 그녀가 쓴 논문들을 한데 모으고 있다. 그러므로 이 책은 1970년대의 장치 이론가들부터 환상, 대상 a, 그리고 실재계에 관한 현재의 논쟁에 이르기까지 정신분석적 영화 이론의 쟁점들을 검토한다. 코위는 언제나 다시 프로이트로 돌아가 라캉의 개념들에 대한 근거를 찾고 있으며 동시에 이에 대한 특정 영화 분석의 예들을 제시한다. 이것은 독자가 앉은 자리에서 단번에 읽어 내릴 수 있는 책은 아니지만 정신분석적 영화이론의 전개를 이해하는 데 필수적인 저서이다.

Jacques Derrida, *The Post Card: From Socrates to Freud and Beyond*, trans. A. Bass, Chicago, IL: University of Chicago Press, 1987.

프로이트의 「쾌락원칙을 넘어서」에 대한 데리다의 독해는 단연 대결작이다. 이 저서는 텍스트 분석에서 전적으로 탁월한 작품이다. 또한 이 책에는 데리다와 라캉의 지속적인 관계를 대표하는 「진실의 배달부」(The Purveyor of Truth)가 수록되어 있는데, 여기서 데리다는 포 세미나에서 문제가 되는 것은 사실 팔루스의 의미와 여성의 섹슈얼리티라는 수수께끼임을 밝힌다. 이것은 데리다 전성기의 저서이다.

E.A.Grosz, *Jacques Lacan: A Feminist Introduction*, London: Routledge, 1990.

수 년간 그로즈의 텍스트는 라캉의 성차 이론에 관한 표준 입문서의 역할을 해왔다. 교조적 라캉주의자들은 종종 영미 학계에서 볼 수 있는 라캉에 대한 오독의 책임을 이 책에 돌리기도 한다. 이것은 명확하고 이해하기 쉬운 책이니 결정은 독자의 선택에 맡긴다.

The Purloined Poe: Lacan, Derrida, and Psychoanalytic Reading, Baltimore, MD: Johns Hopkins University Press, 1988.

이 매력적인 편저에는 포스트구조주의 이론의 두 거인들인 라캉과 데리다 사이의 간접적인 대화가 모여 있다. 이 책은 포의 단편 『도둑맞은 편지』로부터 시작하여 포우에 대한 라캉의 세미나와 데리다의 라캉에 대한 비판으로 이어진다. 여기에는 이 대화에 의해 산출된 풍부한 관련 자료들, 특히 바바라 존슨의 탁월한 비평인 「준거체계: 포, 라캉, 데리다」(The Frame of Reference: Poe, Lacan, Derrida) 또한 수록되어 있다. 이 편저는 라캉의 정신분석과 데리다의 '해체' 간의 복잡한 관계를 이해하기 위해서는 필수적인 출발점이다.

R. Parkin-Gounelas, *Psychoanalysis and Literature: Intertextual Readings*, London: Palgrave, 2001.

파르킨-구넬라스의 책은 엄밀하게 말해서 라캉주의라고 할 수 없지만 문학 사례들에 근거를 둔 분야에서는 다른 많은 텍스트들에 비해 장점을 가진다. 파르킨-구넬라스는 거울단계, 상징계, 앱젝션(abjection), 히스테리, 가장, 대상 *a*, 그리고 죽음충동과 같은 개념들을 존 밀턴, 조지 엘리어트, 버지니아 울프, 브램 스토커, 그리고 실비아 플라스와 같은 다양한 작가들의 작품을 통해 살펴본다. 이것은 정신분석적인 독해라는 것이 무엇인가를 알려주는 탁월한 개론서이다.

J.-M.Rabaté, *Jacques Lacan*, London: Palgrave, 2001.

라바테는 텍스트에 대한 라캉적인 독해를 제시하기보다는 라캉의 저작에 나타난 문학이론을 확립하고자 한다. 라바테는 셰익스피어에서 시작하여 포, 앙드레 지드, 사드 후작을 거쳐 제임스 조이스까지 특정 작가들에 대한 라캉의 독해를 비극과 궁정풍 사랑에 관한 그의 다른 글들과 더불어 살펴본다. 문학 작품들에 대한 라캉의 독해를 이해할 수 있는 매우 유용한 지침서이며 정밀한 주석이 달린 참고문헌이 첨부되어 있다.

Jacqueline Rose, *Sexuality in the Field of Vision*, London: Verso, 1996.

이 책에 수록된 논문들은 지금은 구식으로 보일수도 있으나 여기에는 정신분석, 페미니즘 그리고 정치학 분야들의 접점에서 산출되어 획기적인 사건으로 간주된 텍스트들이 다수 포함되어 있다. 로즈는 언제나 예리한 통찰력을 보여 주는데 이 텍스트들은 만약 독자가 페미니스트 정신분석적 정치학이 어떻게 발전하였는가를 이해하고자 한다면 필수적인 문헌이다.

Sue Vice, *Psychoanalytic Criticism: A Reader*, Cambridge: Polity Press, 1996.

이 유용한 논문들의 편저는 정신분석가들의 글과 함께 현대 정신분석 비평의 가장 중요한 저작들 중 몇 편의 발췌문을 수록하고 있다. 피터 니콜스는 프로이트의 '사후작용'(Nachträglichkeit; deferred action)과 관련하여 토니 모리슨의 『소중한 사람들』(*Beloved*)의 사례적 독해를 제시한다. 바이스는 또한 각 부분의 전후관계를 설명하는 유용한 서문을 제시한다.

Elizabeth Wright, *Speaking Desires Can Be Dangerous: The Poetics of the Unconscious*, Cambridge: Polity Press, 1999.

이 책은 라이트가 문학적인 텍스트와 임상적인 이론서를 모두 사용한다는 점에서 다른 정신분석 비평서들과 다르다. 수련과정을 거친 분석가로서 라이트는 문학과 영화—셰익스피어, 로버트 쿠버, 키에슬로프스키—를 임상적 관점으로 읽고, 문학 비평가로서 그녀는 임상적 자료—프로이트, 라캉, 크리스테바, 비온—를 문학적 관점에서 읽는다. 「담론이란 무엇인가?」라는 부분은 담론이라는 라캉의 개념에 대해 독자가 찾을 수 있는 가장 좋은 해설을 제공한다.

Slavoj Žižek, *Looking Awry: An Introduction to Jacques Lacan Through Popular Culture*, Cambridge, MA: MIT Press, 1992.

지젝의(적어도 일 년에 두 권씩 출간되는) 많은 책들 중 하나를 선택하기란 쉽지 않다. 『이데올로기의 숭고한 대상』(1989)에서는 그의 본격적인 개념들 다수를 만날 수 있고 『부정적인 것과 함께 머물기』(1993)에는 그의 철학적·정치적 그리고 정신분석적 배경이 반영되어 있지만, 의심의 여지없이 『삐딱하게 보기』가 단연 그의 가장 유명한, 그리고 가장 쉽게 쓰인 책일 것이다. 이 책의 1부는 환상, 대상 a, 그리고 실재계와 같은 라캉의 개념들에 대한 놀라울 정도로 명확하고 알기 쉬운 설명을 제시한다. 2부에서는 히치콕에 대한 환상적인 라캉주의 분석을 전개하며 3부에서는 탈근대성에 관한 비평을 선보인다. 이 책은 라캉에 대한 매우 재미있는 개론서이며 독자를 평생 지젝 팬으로 만들 수도 있다.

Slavoj Žižek, *The Fright of Real Tears*, London: BFI Publishing, 2001.

이 책에서 지젝은 조운 콥젝과 자신에 의해 주장되어 온 라캉주의 영화이론을 열정적으로 개진하며 영화학 분야에 대해 그 내부로부터 격렬한 비판을 가하고 있다. 지젝은 라캉주의 영화연구라는 이름 아래 쓰인 다수의 비평들이 라캉의 관념들에 대한 심각한 오독에 근거하고 있음을 설득력 있게 보여 주고 이후 다른 여러 감독들과 함께 폴란드 감독 키에슬로프스키에 대한 독해를 제시한다. 이 책은 영화학과에 있는 그의 비판론자들을 설득하지는 못하겠지만 '봉합'(suture)이나 '증상'(sinthome)과 같은 많은 주요 개념들에 관해서는 명확히 설명하고 있다.

웹사이트

http://www.lacan.com
온라인 학술지 *lacanian ink*는 현대 라캉 연구 분야에서 이루어지는 가장 흥미로운 최근 연구들을 제시한다.

인용문헌

자크 라캉의 저작들

Lacan, J. (1938) 'La famille', in *Encyclopédie française*, Paris: Larousse.

───── (1975[1932]) *De la psychose paranoïaque dans ses rapports avec la personnalité*, Paris: Seuil.

───── (1977a[1949]) 'The Mirror Stage as Formative of the Function of the I as Revealed in Psychoanalytic Experience', *in Écrits: A Selection*, trans. A. Sheridan, London: Routledge / Tavistock, pp.1-7.

───── (1977b[1956]) 'The Function and Field of Speech and Language in Psychoanalysis', in *Écrits: A Selection*, trans. A. Sheridan, London: Routledge / Tavistock, pp.30-113.

───── (1977c[1957]) 'The Agency of the Letter in the Unconscious or Reason Since Freud', in *Écrits: A Selection*, trans. A. Sheridan, London: Routledge / Tavistock, pp.146-78..

—— (1977d[1958]) 'The Signification of the Phallus', in *Écrits: A Selection*, trans. A. Sheridan, London: Routledge / Tavistock, pp.281-91.

—— (1977e[1960]) 'The Subversion of the Subject and the Dialectic of Desire in the Freudian Unconscious', in *Écrits: A Selection*, trans. A. Sheridan, London: Routledge / Tavistock, pp.292-325.

—— (1979[1973]) *The Seminar of Jacques Lacan, Book XI: The Four Fundamental Concepts of Psychoanalysis 1964-1965*, ed. J.-A. Miller, trans. A. Sheridan, Harmondsworth: Penguin.

—— (1982[1959]) 'Desire and the Interpretation of Desire in Hamlet', trans. J. Hulbert, in S. Felman (ed.) *Literature and Psycho analysis, The Question of Reading: Otherwise*, Baltimore, MD: The Johns Hopkins University Press, pp. 11-52.

—— (1988a[1975]) *The Seminar of Jacques Lacan, Book I: Freud's Papers on Technique 1953-1954*, ed. J.-A. Miller, trans. J. Forrester, Cambridge: Cambridge University Press.

—— (1988b[1978]) *The Seminar of Jacques Lacan, Book II: The Ego in Freud's Theory and in the Technique of Psychoanalysis 1954-1955*, ed. J.-A. Miller, trans. S. Tomaselli, Cambridge: Cambridge University Press.

—— (1988c[1956]) 'Seminar on the Purloined Letter', trans. J. Me hlman, in J. P. Muller and W. J. Richardson (eds) *The Purloined Poe: Lacan, Derrida and Psychoanalytic Reading*, Baltimore, MD: The Johns Hopkins University Press, pp. 28-54.

——— (1990[1974]) *Television: A Challenge to the Psychoanalytic Establishment*, ed. J. Copjec, trans. D. Hollier, R. Krauss, A. Michelson and J. Mehlman, New York: Norton.

——— (1992[1986]) *The Seminar of Jacques Lacan, Book VII: The Ethics of Psychoanalysis 1959-1960*, ed. J.-A. Miller, trans. D. Porter, London: Routledge.

——— (1993[1981]) *The Seminar of Jacques Lacan, Book III: The Psychoses 1955-1956*, ed. J. -A. Miller, trans. R. Grigg, London: Routledge.

——— (1995[1964]) 'Position of the Unconscious', trans. B. Fink, in R. Feldstein, B. Fink and M. Jaanus (eds) *Reading Seminar XI: Lacan's Four Fundamental Concepts of Psychoanalysis*, New York: SUNY Press, pp. 259-82.

——— (1998[1975]) *The Seminar of Jacques Lacan, Book XX: Encore, On Feminine Sexuality, The Limits of Love and Knowledge 1972-1973*, ed. J.-A. Miller, trans. B. Fink, New York: Norton.

이차문헌

Adams, P (1996a) 'Operation Orlan', in *The Emptiness of the Image:*

Psychoanalysis and Sexual Differences, London: Routledge, pp. 141-59.

──── (1996b) 'Waiving the Phallus', in *The Emptiness of the Image: Psychoanalysis and Sexual Differences*, London: Routledge, pp. 49-56.

Adams, P. and Cowie, E. (eds) (1990) *The Woman in Question*, London : Verso.

Althusser, L. (1984a[1964]) 'Freud and Lacan', in *Essays on Ideology*, London: Verso, pp. 141-71.

──── (1984b[1971]) 'Ideology and Ideological State Apparatuses (Notes Towards an Investigation)', in *Essays on Ideology*, London: Verso, pp. 1-60.

Appignanesi, L. and Forrester, J. (1993) Freud's Women, London: Virago.

Badiou, A. (2002) *Ethics: An Essay on the Understanding of Evil*, trans. P. Hallward, London: Verso.

Barnard, S. and Fink, B. (eds) (2002) *Reading Seminar XX: Lacan's Major Work on Love, Knowledge, and Feminine Sexuality*, Albany, NY: SUNY Press.

Barthes, R. (1977a[1966]) 'Introduction to the Structural Analysis of Narrative', in *Image, Music, Text*, trans. S. Heath, London: Fontana Press, pp. 79-124.

──── (1977b[1968]) 'The Death of the Author', in *Image, Music, Text*, trans. S. Heath, London: Fontana Press, pp. 142-8.

—— (1984[1980]) *Camera Lucida*, London: Flamingo.

—— (1985[1967]) *The Fashion System*, trans. M. Ward and R. Howard, New York: Hill and Wang.

—— (1990[1973]) *The Pleasure of the Text*, trans. R. Miller, Oxford: Basil Blackwell.

Baudry, J.-L. (1974-5) 'Ideological Effects of the Basic Cinemato graphic Apparatus', trans. A. Williams, *Film Quarterly*, 28 (2): 39-47.

Benvenuto, B. and Kennedy, R. (1986) *The Works of Jacques Lacan: An Introduction*, New York: ST Martins Press.

Bhabha, H. K. (1994) *The Location of Culture*, London: Routledge.

Brennan, T. (ed.) (1989) *Between Feminism and Psychoanalysis*, London: Routledge.

Brooks, P. (1987) 'The Idea of a Psychoanalytic Literary Criticism', in S. Rimmon-Kenan (ed.) *Discourse in Psychoanalysis and Literature*, London: Methuen, pp. 1-18.

—— (1992) *Reading for the Plot: Design and Intention in Narrative*, Cambridge, MA: Harvard University Press.

Burgin, V. (1986) 'Re-reading Camera Lucida', in *The End of Art Theory: Criticism And Postmodernity*, London: Macmillan, pp. 71-92.

Butler, J. (1993) *Bodies That Matter: On the Discursive Limits of Sex*, London: Routledge.

Castoriadis, C. (1987) *The Imaginary Constitution of Society*, trans. K. Blamey, Cambridge: Polity Press.

Clark, M. (1998) *Jacques Lacan: An Annotated Bibliography*, 2 vols. New York: Garland.

Copjec, J. (1994a) 'Sex and The Euthanasia of Reason', in *Read My Desire: Lacan Against the Historicists*, Cambridge, MA: MIT Press, pp. 201-36.

—— (1994b) 'The Orthopsychic Subject: Film Theory and the Reception of Lacan', in *Read My Desire: Lacan Against the Historicists*, Cambridge, MA: MIT Press, pp.15-38.

Cowie, E. (1990) 'Fantasia', in P. Adams and E. Cowie (eds) *The Woman in Question*, London: Verso, pp. 149-96.

—— (1997) *Representing the Woman: Cinema and Psychoanalysis*, London: Macmillan.

Derrida, J. (1987) *The Post Card: From Socrates to Freud and Beyond*, trans. A. Bass, Chicago, IL: University of Chicago Press.

Descartes, R. (1968[1642]) *Discourse on Method and the Meditations*, trans. F.E. Sutcliffe, Harmondsworth: Penguin.

Eagleton, T. (1983) *Literary Theory: An Introduction*, Oxford: Basil Blackwell.

Elliott, A. (1998) *Social Theory and Psychoanalysis in Transition: Self and Society from Freud to Kristeva*, Oxford: Basil Blackwell.

Evans, D. (1996) *An Introductory Dictionary of Lacanian Psycho analysis*, London: Routledge.

Feldstein, R., Fink, B. and Jaanus, M. (eds) (1995) *Reading Seminar XI: Lacan's Four Fundamental Concepts of Psycho analysis*, New York: SUNY Press.

—— (1996) *Reading Seminars I and II: Lacan's Return to Freud*, New York: SUNY Press.

Felman, S. (ed.) (1982) *Literature and Psychoanalysis, The Question of Reading: Otherwise*, Cambridge, MA: Harvard University Press.

Fink, B. (1995) *The Lacanian Subject: Between Language and Jouissance*, Princeton, NJ: Princeton University Press.

—— (2002) 'Knowledge and *Jouissance*', in S. Barnard and B. Fink (eds) *Reading Seminar XX: Lacan's Major Work on Love, Knowledge, and Feminine Sexuality*, New York: SUNY Press, pp. 21–45.

Freud, S. (1954[1895]) 'Project for a Scientific Psychology', reprinted in *The Standard Edition of the Complete Psychological Works of Sigmund Freud*, vol. I, trans. James Strachey, London: Hogarth Press and Institute of Psychoanalysis, pp. 281–392.

—— (1984a[1923]) *The Ego and the Id, in On Metapsychology: The Theory of Psychoanalysis*, Penguin Freud Library, vol.

11, Harmondsworth: Penguin, pp. 339-408.

―― (1984b[1920]) *Beyond the Pleasure Principle*, in *On Meta psychology: The Theory of Psychoanalysis*, Penguin Freud Library, vol. 11, Harmondsworth: Penguin, pp. 269-338.

―― (1984c[1915]) 'Instincts and Their Vicissitudes', in *On Meta psychology: The Theory of Psychoanalysis*, Penguin Freud Library, vol. 11, Harmondsworth: Penguin, pp. 105-38.

―― (1984d[1917]) 'Mourning and Melancholia', in *On Metapsy chology: The Theory of Psychoanalysis*, Penguin Freud Library, vol. 11, Harmondsworth: Penguin, pp. 245-68.

―― (1991a[1900]) *The Interpretation of Dreams*, Penguin Freud Library, vol. 4, Harmondsworth: Penguin.

―― (1991b[1901]) *The Psychopathology of Everyday Life*, Penguin Freud Library, vol. 5, Harmondsworth: Penguin.

―― (1991c[1905]) *Jokes and Their Relation to the Unconscious*, Penguin Freud Library, vol. 6, Harmondsworth: Penguin.

―― (1991d[1905]) *Three Essays on the Theory of Sexuality*, in *On Sexuality*, Penguin Freud Library, vol. 7, Harmondsworth: Penguin, pp. 31-169.

―― (1991e[1923]) 'The Infantile Genital Organization (An Interpolation into the Theory of Sexuality)', in *On Sexuality*, Penguin Freud Library, vol. 7, Harmondsworth: Penguin, pp. 303-12.

—— (1991f[1930]) *Civilization and Its Discontents*, in *Civiliza tion, Society and Religion*, Penguin Freud Library, vol. 12, Harmondsworth: Penguin, pp.243-340.

—— (1991g[1913]) *Totem and Taboo*, in *The Origins of Religion*, Penguin Freud Library, vol. 13, Harmondsworth: Penguin, pp. 43-224.

Grosz, E. (1990) *Jacques Lacan: A Feminist Introduction*, London: Routledge.

Heath, S. (1986) 'Joan Reviere and the Masquerade', in V. Burgin, J. Donald and C. Kaplan (eds) *Formations of Fantasy*, London: Routledge, pp.45-61.

Irigaray, L. (1985a[1974]) *Speculum of the Other Woman*, trans. C. Porter, Ithaca, NY: Cornell University Press.

—— (1985b[1977]) *This Sex Which is Not One*, trans. C. Porter, I thaca, NY: Cornell University Press.

—— (1991) 'The Poverty of Psychoanalysis', in M. Whitford (ed.) *The Irigaray Reader*, Oxford: Blackwell, pp. 79-104.

Iversen, M. (1994) 'What is a Photography?', *Art History*, 17 (3): 450-63.

Jones, E. (1927) 'Early Development of Female Sexuality', *Inter national Journal of Psycho-Analysis*, 8: 459-72.

—— (1949) *Hamlet and Oedipus*, London: Victor Gollancz. Kristeva, J. (1984[1974]) *Revolution in Poetic Language*, trans. L.S.

Roudiez, New York: Columbia University Press.

Laclau, E. (1990) *New Reflections on the Revolution of Our Time*, London: Verso.

Laclau, E. and Mouffe, C. (1985) *Hegemony and Socialist Strategy: Towards a Radical Democratic Politics*, London: Verso.

Laplanche, J. and Leclaire, S. (1972[1965]) 'The Unconscious: A Psychoanalytic Study', *Yale French Studies*, 48: 118-78.

Laplanche, J. and Pontalis, J.-B. (1986[1968]) 'Fantasy and the Origins of Sexuality', in V. Burgin, J. Donald and C. Kaplan (eds) *Formations of Fantasy*, London: Routledge.

Lévi-Strauss, C. (1966) 'The Culinary Triangle' in *new Society*, December 22 (221): 937-40.

―― (1969[1949]) 'The Elementary Structures of Kinship', trans. J.H. Bell and J. R. von Sturmer, Boston, MA: Deacon Press.

McGowan, T. and Kunkle, S. (eds) (2004) *Lacan and Contemporary Film*, New York: The Other Press.

Metz, C. (1982) *Psychoanalysis and Cinema: The Imaginary Signifier*, London: Macmillan.

Miller, J.-A. (1996) 'An Introduction to Seminars I and II', in R. Feldstein, B. Fink and M. Jaanus (eds) *Reading Seminars I and II: Lacan's Return to Freud*, New York: SUNY Press, pp. 3-35.

Millet, K. (1977[1969]) *Sexual Politics*, London: Virago.

인용문헌 239

Mitchell, J. and Rose, J. (eds) (1982) *Feminine Sexuality: Jacques Lacan and the école Freudienne*, London: Routledge.

Moi, T. (1985) *Sexual/Textual Politics: Feminist Literary Theory*, London: Routledge.

Mouffe, C. (1990) 'The Legacy of m/f', in P. Adams and E. Cowie (eds) *The Woman in Question*, London: Verso, pp. 3-5.

—— (1993) *The Return of the Political*, London: Verso.

Muller, J.P. and Richarson, W.J. (eds) (1988) *The Purloined Poe: Lacan, Derrida, and Psychoanalytic Reading*, Baltimore, MD: Johns Hopkins University Press.

Mulvey, L. (1975) 'Visual Pleasure and Narrative Cinema', *Screen*, 16 (3): 6-18.

Nobus, D. (1998) 'Life and Death in the Glass: A New Look at the Mirror Stage', in D. Nobus (ed.) *Key Concepts of Lacanian Psychoanalysis*, London: Rebus Press, pp. 101-38.

Parkin-Gounelas, R. (2001) *Psychoanalysis and Literature: Intertextual Readings*, London: Palgrave.

Penley, C. (1989) 'Feminism, Film Theory, and Bachelor Machines', in *The Future of an Illusion: Film, Feminism and Psychoanalysis*, London: Routledge.

Rabaté J.-M. (2001) *Jacques Lacan*, London, Palgrave.

Ragland-Sullivan, E. (1995) *Essays on the Pleasures of Death: From Freud to Lacan*, London: Routledge.

Riviere, J. (1986[1929]) 'Womanliness as a Masquerade', in V. Burgin, J. Donald and C. Kaplan (eds) *Formations of Fantasy*, London: Routledge, pp. 35-44.

Rose, J. (1996a) 'Feminine Sexuality: Jacques Lacan and the École Freudienne', in *Sexuality in the Field of Vision*, London: Verso, pp. 199-213.

―― (1996c) 'Femininity and its Discontents', in *Sexuality in the Field of Vision*, London: Verso, pp. 83-103.

Roudinesco, E. (1999) *Jacques Lacan: An Outline of a Life and a History of a System of Thought*, trans. B. Bray, Cambridge: Polity Press.

Salecl, R. (2002) 'Love Anxieties', in S. Barnard and B. Fink (eds) *Reading Seminar XX: Lacan's Major Work on Love, Knowledge*, and *Feminine Sexuality*, New York: SUNY Press, pp. 93-98.

Salecl, R. and Žižek, S. (eds) (1996) *Gaze and Voice as Love Objects*, Durham: Duke University Press.

Sartre, J.-P. (1972) *Transcendence of the Ego: An Existentialist Theory of Consciousness*, New York, Octagon Books.

Saussure, F. de (1983[1916]) *Course in General Linguistics*, trans. R. Harris, La Salle, IL: Open Court.

Soler, C. (1995a) 'The Subject and the Other (II)', in R. Feldstein, B. Fink and M. Jaanus (eds) *Reading Seminar XI: Lacan's*

Four Fundamental Concepts of Psychoanalysis, New York: SUNY Press, pp. 45-53.

—— (1995b) 'The Body in the Teaching of Jacques Lacan', *Journal of the Centre for Freudian Analysis and Research*, 6: 6-38.

—— (2002) 'What Does the Unconscious Know about Women?', in S. Barnard and B. Fink (eds) *Reading Seminar XX: Lacan's Major Work on Love, Knowledge, and Feminine Sexuality*, New York: SUNY Press, pp. 99-108.

Stavrakakis, Y. (1999) *Lacan and the Political*, London: Routledge.

Tallis, R. (1997) 'The Shrink from Hell', *The Times Higher Education Supplement*, October 31:20.

Thurschwell, P. (2000) *Sigmund Freud*, Routledge Critical Thinkers, London: Routledge.

Turkle, S. (1992) *Psychoanalytic Politics: Jacques Lacan and Freud's French Revolution*, 2nd edn, London: Free Association Books.

Verhaeghe, P. (1998) 'Causation and Destitution of a Pre-ontological Non-entity: On The Lacanian Subject', in D. Nobus (ed.) *Key Concepts of Lacanian Psychoanalysis*, London: Rebus Press, pp. 164-89.

Vice, S. (ed.) (1996) *Psychoanalytic Criticism: A Reader*, Cambridge: Polity Press.

Whitford, M. (1991) *Luce Irigaray: Philosophy in the Feminine*,

London: Routledge.

Wilson, Edmund (1965) 'The Ambiguity of Henry James', in *The Triple Thinkers*, Harmondsworth: Penguin.

Wright, E. (1998) *Psychoanalytic Criticism: A Reappraisal*, 2nd edn, Cambridge: Polity Press.

—— (1999) *Speaking Desires Can be Dangerous: The Poetics of the Unconscious*, Cambridge: Polity Press.

Žižek, S. (1989) *The Sublime Object of Ideology*, London: Verso.

—— (1992) *Looking Awry: An Introduction to Jacques Lacan Through Popular Culture*, Cambridge, MA: The MIT Press.

—— (1993) *Tarrying With the Negative: Kant, Hegel, and the Critique of Ideology*, Durham: Duke University Press.

—— (1994) *The Metastases of Enjoyment: Six Essays on Woman and Causality*, London: Verso.

—— (2001) *The Fright of Real Tears: Krzysztof Kiéslowski Between Theory and Post-theory*, London: BFI Publishing.

옮긴이 해설

프로이트로의 복귀: 오이디푸스의 시선을 넘어서

지그문트 프로이트는 꿈을 통해 어머니에 대한 사랑과 아버지에 대한 미움을 확인했고 자신의 꿈을 신화와 결합하여 이론화하였다. 쇼샤나 펠만은 「오이디푸스를 넘어서: 정신분석의 표본서사」[1]에서 신화가 정신분석의 이론을 운반하는 중요한 매개체라는 사실을 지적하며 정신분석의 표본서사로서의 오이디푸스 신화를 검토한다.. 펠만은 환자의 분석에 앞서 모든 지식과 이론을 버려야 한다는 라캉의 주장을 부각시키며 정신분석에 표본서사란 존재하지 않는다고 결론 내린다. 그러나 오이디푸스라는 이름은 여전히 불변의 신화로서 정신분석의 중심에 자리하고 있는 듯하다. 이론화된 신화는 환자들의 분석에 이용되었고 동시에 문학,

---

[1] Shoshana Felman, "Beyond oedipus: The specimen story of psychoanalysis", *Jacques Lacan and the Adventure of Insight: Psychoanalysis in Contemporary Culture*, Cambridge, Mass.: Harvard University Press, 1987.

예술 분야에도 적용되었다. 프로이트에 의하면 꼬마 한스는 아버지를 살해하고 어머니와 단둘이 살기를 원하는 "어린 오이디푸스"였다.[2] 프로이트는 꼬마 한스의 공포증이 어머니에 대한 사랑과 아버지에 대한 두려움의 결과라고 분석하며 한스의 사례는 『꿈의 해석』(1900)과 「성욕에 관한 세 편의 에세이」(1905)에서 그가 언급한 정신분석의 이론을 구체적으로 증명해 주고 있다고 말한다. 임상적 사례가 신화와 결합되었고 신화가 이론이 되었으며 이론이 다시 사례에 적용된 것이다. 이것은 문학작품의 분석에서도 관찰되는 동일한 과정으로, 이때는 임상적 사례가 신화를 이용하고, 신화가 이론화된 후 이론이 문학작품의 인물들과 작가들에게 적용된다. 같은 방식으로 신화화된 이론은 영화의 주인공이나 감독의 분석에도 적용되었다. 도스토옙스키, 괴테, 레오나르도 다빈치, 호프만, 옌젠, 화가 하이츠만, 『그라디바』의 주인공 하놀드, 미켈란젤로의 모세, 맥베스, 레이디 맥베스, 『로스메르 저택』의 레베카 그리고 햄릿은 모두 "어린 오이디푸스"의 다른 모습들이었다.

마리 보나파르트는 에드거 앨런 포의 '삶'과 '글'을 900페이지로 구성하였으며 그 거대한 오이디푸스의 성전 안에서 벽난로 중앙에 매달린 편지함은 어머니의 성기로 분했다. 프랑수아 트뤼포 감독이 자주 제시했던 여자 다리의 이미지는 그의 어머니에 대한 집착을 반영하고, 트뤼포의 페르소나격 주인공 앙트완 두와넬이 「400번의 구타」(1959)에서

---

[2] "Hans really was a little Oedipus who wanted to have his father 'out of the way', to get rid of him, so that he might be alone with his beautiful mother and sleep with her." (Freud, "Analysis of a Phobia in a Five-Year-Old Boy", 1909)

동경하는 바다는 어머니의 자궁을 상징한다. 엿보는 남자는 어머니가 가지고 있을 것으로 기대되는 성기를 확인하고자 하며, 인물이 만나는 A와 B와 C는 모두 어머니의 분신이다. 막대기는 남성의 성기를, 신체 부분의 상실은 거세를 뜻하며 막연한 두려움은 거세공포의 반영이다. 공격적인 행동은 어머니를 소유한 아버지에 대한 적개심의 표현이거나 아버지를 사랑한 어머니에 대한 미움의 표현이다. 그들은 모두 "어린 오이디푸스"였던 것이다.

물론 이것은 프로이트의 이론에 근거한 분석임에 틀림없다. 그러나 '프로이트로의 복귀'라는 자크 라캉의 구호가 시사하듯 프로이트는 다양한 얼굴을 가지고 있다. 프로이트로의 복귀는 어떤 프로이트를 떠나 다른 프로이트로 돌아가는 것이다. 그는 『새로운 정신분석 강의』(1933[1932])의 「여성성」에서 이론의 한계에 대해 언급하며 독자는 자신의 체험을 통하여 여성성을 이해하거나 시인의 통찰력을 참조하거나 과학이 더욱 정밀한 이론을 가능하게 할 때까지 결론을 보류할 것을 제안한다. 같은 책의 「우주관의 문제에 대하여」에서는 정신분석은 모든 문제들에 대한 해답을 줄 수 있는 이론이 아니라는 것을 지적하며 정신분석의 열린 체계를 강조한다. 또한 후기 논문인 「분석을 통한 재구성」[3]에서는 분석가가 환자의 경험을 완벽하게 이해할 수는 없으며 단지 환자의 언어를 통하여 과거를 구축할 수 있을 뿐이라고 말하는데, 놀라운 사실은 그가 재구성된 이야기의 진실여부는 중요하지 않다고 주장한다

---

[3] Freud, "Constructions in Analysis"(1937).

는 점이다. 즉 환자가 분석가의 재구성에 의해 새로운 기억을 생산해 내고 치료의 효과가 확인된다면 그것은 구축된 서사의 진실여부보다 더욱 중요하다는 것이다.

여기서 프로이트는 진실과 허구의 경계를 무너뜨리고 있다. 한 사람의 인생을 읽어내는 작업은 그 각각의 사례가 모두 그 자체로 하나의 이론이다. 라캉은 한 사람의 분석은 다른 사례에 적용될 수 없으며 새로운 분석을 시작할 때 분석가는 반드시 그가 가진 모든 이론을 잊어야 한다고 주장한다. 어느 누구에게도 중요하지 않은 한 사람의 사소한 일상이 분석의 중심에 놓일 수 있다는 점은 정신분석의 가장 중요한 이론적 통찰이라고 할 수 있을 것이다.

분석가는 사지가 멀쩡한 사람에게서 폐허의 이미지를 읽어 낸다. 우리가 프로이트에게서 배우는 것은 사람을 읽어내는 방법이다. 그러므로 『꿈의 해석』에서 중요한 것은 꿈의 '해답'이 아니라 꿈을 해석하는 과정이다. 각각의 꿈의 예들은 모든 꿈이 원망성취라는 명제하에 꿈꾼 이의 명확한 소망, 즉 꿈의 '해답'을 제시하고 환자가 원하는 것을 밝혀내고 있으나 그와 함께 주목해야 하는 프로이트의 작업은 그가 꿈을 해석하는 방법, 즉 압축과 전치의 '꿈작업'이다. 많은 경우 꿈작업을 통해 '진실'을 밝혀내는 것이 프로이트의 주된 업적으로 평가되고 있으나 앞에서 보았듯이 후기의 프로이트는 '진실'보다는 '과정'에 더욱 초점을 맞추고 있다. 이 변화는 『꿈의 해석』과 『쾌락원칙을 넘어서』를 비교해 보는 것으로도 확인할 수 있다. 『쾌락원칙을 넘어서』에서 프로이트는 해석에 저항하는 일련의 임상적 현상들을 죽음충동이라고 명명하여 자신의 이론체계를 수정한다. 프로이트가 보나파르트의 『에드거 앨런 포의

생애와 업적: 정신분석적 해석』의 서문[4]에서 작가의 인생으로 그의 작품 전체를 완벽히 설명하는 것은 불가능하다고 말할 때 우리는 보나파르트의 글이 이론적 근거로 제시하는 프로이트보다 더욱 큰 프로이트의 모습을 볼 수 있다.

많은 문학작품과 영화들이 어린 오이디푸스의 시선으로 분석되어 온 반면, 어린 오이디푸스 자신은 신성한 죽음의 장소, 콜로누스에서 성숙하고 신비로운 모습으로 다시 태어난다. 그는 부친살해에 대해 비판하는 크레온에게 모르는 이가 칼을 들고 달려들 때 "당신이 나의 아버지입니까?"라고 물을 수 있는 사람은 아무도 없다고 말하며 자신의 무죄를 주장하는 것이다. 이때의 오이디푸스는 더 이상 어머니를 원하는 어린 오이디푸스가 아니다. 라캉은 콜로누스의 오이디푸스가 우리를 『오이디푸스 왕』의 비극 너머로 이끈다고 설명하며 분석가들은 바로 이러한 『오이디푸스 왕』 너머에서 상연되는 『콜로누스의 오이디푸스』의 비극을 볼 수 있어야 한다고 말한다.[5] 라캉은 오이디푸스의 정신분석이 콜로누스에서만 끝날 수 있다고 주장하고 "나는 내 존재가 사라지는 순간 인간이 되는 것인가?"라는 오이디푸스의 대사를 그의 존재 자체가 해체되는 순간 오이디푸스가 경험하게 되는 진보적 변화로 해석한다.

쇼샤나 펠만은 라캉이 『오이디푸스 왕』과 『콜로누스의 오이디푸

---

[4] Freud, "Preface to Marie Bonaparte's The Life and Works of Edgar Allan Poe: A Psycho-Analytic Interpretation", 1933.
[5] Lacan, *The Seminar of Jacques Lacan, Book II: The Ego in Freud's Theory and in the Technique of Psychoanalysis 1954-1955*, ed. J.-A. Miller, trans. S. Tomaselli, Cambridge: Cambridge University Press, 1988.

스』의 관계를 『꿈의 해석』과 『쾌락원칙을 넘어서』에 적용했다고 설명하는데,[6] 이것은 주로 『햄릿』을 다룬 라캉의 여섯 번째 세미나 『욕망과 그 해석』(1958~1959)에서 더욱 분명히 드러난다. 제목을 자세히 살펴보면 해석될 수 없는 욕망은 해석이 가능한 꿈과 대비된다. 라캉은 쾌락 원칙의 너머에 있는 욕망을 주제로 『꿈의 해석』을 재해석한다. 『꿈의 해석』에서 프로이트는 햄릿이 숙부를 죽이지 못하는 이유는 아버지를 살해하고 어머니와 결혼한 숙부가 자신의 소망을 이룬 사람이기 때문이라고 설명하며 햄릿을 오이디푸스를 상징하는 대표적 인물로 소개한다. 라캉은 『꿈의 해석』에서 『쾌락원칙을 넘어서』로의 프로이트의 변화를 햄릿의 해석을 통해 표현해 내는데, 이 과정에서 그는 햄릿의 명확한 소망보다는 모호한 '욕망'의 수수께끼를 강조한다. 인간은 자신의 자폐적 세계가 파괴되었을 때 진정으로 욕망할 수 있게 된다. 라캉에 의하면 햄릿은 의식과 애도가 결여된 『햄릿』의 세계에 갇혀 있다. 욕망의 문제가 강조된 『햄릿』은 우리를 어린 오이디푸스의 시선 너머로 이끈다.

『햄릿』을 영화화한 작품들 또한 두 가지 시선으로 해석된다. 어린 오이디푸스의 시선을 통해 재해석된 작품들 중 로렌스 올리비에의 「햄릿」(1948)은 어머니와 아들의 관계를 가장 강조한 영화인데 영화의 도입부와 엔딩이 모두 빈 침실의 이미지를 담고 있다. 토니 리처드슨의 「햄릿」(1969)에서 게르트루드는 성의 화신으로 분하여 자신의 성적 매력을 과시한다. 셀레스티노 코로나도의 컬트영화 「햄릿」(1977)에서는

---

[6] Felman, "Beyond oedipus: The specimen story of psychoanalysis".

햄릿의 소망이 사람의 모습으로 형상화되어 두 명의 햄릿이 등장한다. 한 명이 대사를 읊는 동안 다른 한 명은 어머니에게 다가가 그녀에게 사랑을 표현한다. 어린 오이디푸스의 시선이 제거된 영화인 케네스 브래너의 「햄릿」(1996)은 라캉의 『햄릿』 분석과 유사한 해석을 하고 있다. 영화의 도입부에 보이는 선왕의 동상은 마지막 장면에서 부수어지고 이때 덴마크라는 폐쇄적 공간은 노르웨이군에 의해 파괴된다. 그 후 장례 절차가 결여되었던 덴마크에서 노르웨이군에 의하여 성대한 햄릿의 장례식이 거행된다. 이것은 아버지의 법이 존재하지 않는 덴마크에 의식과 절차를 부여하는 행위로 해석할 수 있다. 반면 구소련 감독인 그리고리 코진체프가 만든 「햄릿」(1964)은 햄릿과 오필리아의 영혼의 구원을 그린다. 이것은 진정 어린 오이디푸스의 시선이 미칠 수 없는 해방적 『햄릿』의 모습이다. 그렇다면 정신분석의 시선은 인간의 자유와 해방을 다룬 수많은 작품들에는 미치지 못하는 것일까?

E.V. 울펜슈타인에 의하면 사회적 차원에서의 해방을 목표로 하는 마르크스주의와 개인적 차원의 해방을 지향하는 정신분석은 '해방'의 장을 공유한다.[7] 헤르베르트 마르쿠제는 정신분석과 사회이론의 결합을 시도하며 프로이트의 죽음충동이라는 개념을 해방적 차원으로 격상시켰다.[8] 그러나 그가 제시한 에로스와 타나토스가 하나 되는 신화의 이미지는 유토피아적이라는 비판을 피할 수 없었다.

---

7 E. Victor Wolfenstein, *Psychoanalytic-Marxism: groundwork*, London: Free Association Books, 1993.
8 Herbert Marcuse, *Eros and Civilization: A Philosophical Inquiry into Freud*, London: Sphere, 1969.

반면 발터 벤야민은 신화를 두 가지로 분류하는데 하나는 미래의 가능성을 뜻하며 다른 하나는 그것이 현실화된 후 허구적 환상으로 고착된 상태를 지칭한다. 그러므로 벤야민에게 '신화적'이라는 표현은 가능성과 폐쇄성이라는 대립되는 개념들을 의미한다. 정신분석에서도 신화는 두 가지 뜻으로 사용되고 있다. 앞에서 언급한 대로 임상사례가 신화에 의지하고 신화가 이론이 되고 이론이 신화가 되었다. 이때 첫 번째 신화는 전 인류의 보편성이 반영된 원형적 의미를 가지며 두 번째 신화는 변화를 거부하고 역사와 단절된 정답으로서의 신화이다. 전자는 유동적이며 변화를 지향하나 후자는 고정적이고 변화를 거부한다. 프로이트의 꿈과 접목되었던 오이디푸스 신화가 인간경험의 원형이었다면 백년 이상 변함없이 지켜진 오이디푸스의 시선은 현재를 과거로부터 단절시키는 물신적 집착이다. 신화가 불확실함을 배제하는 순간 그것은 자폐적 공간 속 물신적 대상으로 전락한다.

벤야민은 허구적 환상(판타스마고리아)을 지탱하는 신화를 파괴하는 방법으로 '문학적 몽타주'를 이용한다. 문학적 몽타주라는 파편들의 모임은 전체가 되기를 거부하는 조각들의 자율성을 의미하며, 이 부분의 자율성이 이미 운명지어진 것을 미지의 것으로 변화시킨다. 벤야민이 제시하는 파편들은 완벽해 보이는 것 속에서 폐허의 이미지를 찾아낸다. 조화로운 화합의 이미지를 조각내면 소외와 결여로 만들어진 폐허의 모습이 드러난다.

프로이트의 오이디푸스 콤플렉스를 더욱 프로이트적인 방식으로 재해석하는 과정에서 라캉은 어머니와 아이의 이자관계를 상상계라 명명하고 이것은 아버지라는 제3자의 개입에 의해 반드시 파괴되어야 한다고 설명했다. 유일한 타자인 어머니와의 절대적 관계로부터 제3자를 인식하고 그와 대화할 수 있는 상태로 나아간다는 것은 세상의 규칙을 배우고 타인과의 관계를 형성할 수 있다는 것을 뜻한다. 언어의 체계를 받아들이고 그것으로 표현하는 세상을 라캉은 상징계라고 불렀다. 라캉에게 거세는 상상계에서 상징계로 이행하는 과정을 뜻하는 개념이다. 언어의 체계를 습득하기 위해 개인은 안락한 자신의 보호막이 찢기는 고통을 감수해야 한다. 거세의 과정은 모든 확실함과 명백함을 무산시키지만 그 대가로 인간은 비로소 자신의 욕망을 말로 표현할 수 있게 되는 것이다.

벤야민에게 폐허는 인간이 현재의 감옥을 벗어나 과거를 기억하고 이를 통해 미래의 가능성을 회복하게 하는 중요한 요소이며, 이것이 라캉의 거세와 유사하다는 사실은 마르쿠제의 통찰대로 정신분석이 제시하는 개체 발생적인 개인의 미세한 변화 속에 계통 발생적인 역사의 거대한 흐름이 내재되어 있음을 의미한다.

사회, 역사, 문화가 사라진 안락한 현재를 그리는 작품들은 독자와 관객의 기억을 마비시키고 그들을 과거로부터 분리시켜 현재에 감금한다. 엘리자베스 코위는 상상계 속에 관객을 감금하는 영화를 나쁜 영화로, 상상계적인 거짓 일치감을 파괴하고 결여된 주체의 모습을 보여 주는 영화를 좋은 영화로 구별했다.[9] 크리스티앙 메츠는 영화에 본질적으로 내재된 상상계적 요소와 상징의 질서를 닮은 프레임들의 연쇄를 결합하

---

[9] Elizabeth Cowie, *Representing the Woman: Cinema and Psychoanalysis*, London: Macmillan, 1997.

여 영화를 상상계적 기표라고 불렀다. 그는 쇼트들의 연결 자체를 정신분석적으로 읽어 낸다.[10] 슬라보예 지젝은 프로이트와 라캉과 마르크스가 용해된 용광로이다. 그의 대중문화 분석[11]은 어린 오이디푸스의 시선을 넘어선다. 이들은 모두 해방적 정신분석의 시선으로 작품을 바라본다. 그렇다면 이제 정신분석은 부패한 덴마크와 장례식 없이 던져지는 시신들 속에서 자신의 욕망을 표현한 코진체프의 햄릿을 볼 수도 있을 것이다.

정신분석은 그 환원적인 분석과 수구적 태도에 의해 자본주의의 하수인의 역할을 하고 있다는 비판을 받기도 했다. 그러나 상징계로 이행하는 과정의 고통은 세상을 바꾸는 혁명의 파괴력과 다르지 않다. 거세라는 용어로 표현된—편안한 것을 버리고 변화를 선택하는—행위가 정신분석의 기본 전제라는 사실은 이미 앞에서 강조하였다. 닫힌 마음의 문을 여는 것은 닫힌 체계를 전복시키기 위한 전제이다. 오이디푸스의 시선이 어머니를 원하고, 거세공포에 몸을 사리며, 관찰했을 것으로 추측되는 원장면에 얽매인 인물을 찾는 동안 작품에 나타난 개인의 공포와 두려움과 그것을 극복하고 세상으로 나아가고자 하는 노력은 작품이 가져다줄 수 있었던 깊은 감동과 함께 사라질 것이다. 과거라는 것이 없는 '인물' 햄릿의 존재하지도 않은 유년시절이 거론될 것이며, 명확한 이론이 인물들 위에 군림하고, 왕 햄릿의 귀에 독을 흘려보내는 행위는

---

[10] Christian Metz, *The Imaginary Signifier: Psychoanalysis and the Cinema*, trans. Celia Britton, London: Macmillan, 1997.
[11] Slavoj Žižek, *Looking Awry: An Introduction to Jacques Lacan Through Popular Culture*.

동성애적 욕망을 의미할 것이다. 그러나 오이디푸스의 시선을 넘어 작품을 바라보면 반복되는 단어와 이미지와 소도구가 보인다. 그들이 만들어 내는 리듬을 읽고 그것의 역할을 분석해 내고 인물들 사이의 관계와 각 인물들이 보이는 변화를 구체적 자료로써 구성해 내는 것은 환자의 언어로 만들어진 숲을 헤쳐 가는 정신분석가의 방법과 다르지 않다. 임상의가 이론을 잊고 환자를 맞아야 하는 것처럼 작품의 분석 또한 이론과 해답을 버린 상태에서 행해져야 한다. 어느 누구에게도 의미가 없는 사소함이 한 환자의 분석에 가장 중요한 열쇠가 되는 정신분석은 결코 이론적으로 도식화되어 적용될 수 없는 것이다.

라캉은 자아심리학자들을 비판하며 그들의 이론적 근거가 되는 프로이트의 『새로운 정신분석 강의』의 「정신적 인격의 해부」의 한 구절이 번역의 오류라고 주장한다. 제임스 스트라치는 독일어 "Wo Es war, soll Ich werden"을 "Where id was, there ego shall be"로 번역했고 이것은 환자의 자아를 강화시키는 것이 치료의 목적임을 암시하는 듯했다. 그러나 자아란 허구적 통일성을 추구하는 기능을 한다는 점에서 라캉의 상상계에 속하며 자아의 강화란 결국 환자를 상상계 속에 가두는 것과 다르지 않다. 라캉은 프로이트가 '이드'(id) 와 '자아'(ego)를 지칭할 때 정관사를 사용하였음을 지적하며 'das Es'와 'das Ich'가 아닌 'Es'와 'Ich'는 영어의 '그것'(it)와 '나'(I)가 되어야 한다고 주장한다.[12] 그러므로 문장은 "이드가 있던 곳에 자아가 있게 되어야 한다"에서 "그것이

---

12 Lacan, *Écrits*, pp. 417~418.

있던 곳에 내가 있게 되어야 한다"로 변한다. 이제 프로이트의 앞의 문장은 상상계의 폐쇄적 공간을 벗어나 '나'라고 말할 수 있는 주체가 되는 과정을 뜻하게 된다. 그러나 한 가지 언급해야 할 것은 독일어 문장을 따라 올라가면 곧 "das Ich zu stärken"[13]이라는 말이 나온다는 사실이다. 프로이트가 자아를 강화한다는 말을 한 것이다. 프로이트로의 복귀는 결국 해석과 선택의 문제이다. 라캉은 프로이트를 더욱 프로이트적인 프로이트로 되돌리기 위하여 어떤 프로이트를 선택하였다. 오역의 지적이 해석으로 이어질 수 있었던 것은 라캉이 프로이트의 한 문장을 프로이트의 저작 전체를 통해 읽고 있기 때문이었다. 어린 오이디푸스의 시선으로는 부분만을 보게 되는 반면 라캉을 통해 프로이트를 다시 본다면 우리는 프로이트의 새로운 시선을 경험하게 된다. 이때 도식화된 신화는 인류의 원형이 살아 숨쉬는 진정한 신화로 다시 태어날 것이다. 그리고 표본서사라는 갑옷을 벗은 오이디푸스는 해방적 정신분석을 이루는 하나의 기반이 될 것이다. 바로 이것이 '프로이트로의 복귀'가 의미하는 바이다.

---

[13] Freud, *Neue Folge der Vorlesungen zur Einführung in die Psychoanalyse*, Frankfurt am Main: S. Fischer, 1969.

옮긴이 후기

나는 셰필드 대학 심리치료연구센터에서 본 저서의 저자인 숀 호머의 지도로 박사학위를 받았다. 호머는 정신분석과 마르크스주의를 이론이 아닌 실천적 도구로서 이용하고자 노력하였으며 매체들을 통해 당당히 보도되는 불합리한 국제정세를 비판하는 데 이 도구들을 사용하였다. 그는 정신분석학과 내에 벤야민 독회 모임과 『자본』 독회 모임을 만들고 격주로 세미나를 운영하였으며 이 독서 모임에는 다양한 분야의 연구자들 및 학생들이 참여하였다. 우리는 이 모임에서 『자본』 1권과 『아케이드 프로젝트』를 완독했다. 모임의 구성원들이 보여 주었던 정열과 지성과 날카로운 비판들은 학문적 이론을 내 마음에 실천적 과정으로 각인시켰다. 그러므로 호머의 『라캉 읽기』라는 입문서 또한 이러한 맥락에서 이해되어야 한다. 즉 현실적 문제들을 고민하고자 하는 실천적 기반으로서 접근되어야 한다는 뜻이다.

이 후기를 쓰고 있는 오늘도 많은 사람들이 힘겹게 하루를 살아내고 있다. 마르쿠제의 말처럼 정신분석은 자신들의 시간이 다하기 전에 죽은 사람들의 이야기를 할 수 있어야 한다. 신음소리가 들리지 않는 곳에서 이론이라는 갑옷을 껴입고 쓰는 글은 공공연히 일어나는 세상의 범죄에 동조하는 것에 다름 아니다.

정신분석은 단전된 집 구석자리 촛불 옆에 누운 노인의 한숨을 들을 수 있어야 한다. 정신분석은 무너진 집들의 모습과 폐허가 된 개인의 마음을 함께 읽어내고 그것을 치유할 수 있어야 한다. 정신분석은 빛과 생명수가 될 수 있는 개인이라는 작은 거인들의 힘을 믿으며 이들이 연대할 수 있는 방법을 모색해야 한다. 그러한 믿음 속에서 부족하기만 한 번역으로 불안한 첫 걸음을 내딛고자 한다.

번역을 시작할 수 있도록 격려해 주신 권택영 선생님과 이 책을 맡아주신 은행나무 출판사에 감사드린다.

2006년 9월
김서영

개정판 옮긴이 후기

숀은 늘 라캉의 정신분석학이 중요한 이유는 이론의 중심에 폐쇄구조를 열어젖히는 힘이 있기 때문이라고 했었다. 그는 라캉의 정신분석학이 궁극적으로 닫힌 체제에 저항하고 끝없이 쇄신을 도모하는 데 필수적인 이론적 도구로서, 그것은 이데올로기적 판타스마고리아와 자기애적 이기심을 극복할 수 있는 무기라고 말했다. 우리는 2014년 현재 이 무기가 어느 때보다 절실히 필요한 시대에 살고 있다. 2014년 4월 16일 이후 우리는 모두 어떤 절실함과 다급함으로 직조된 감정의 구조를 공유하고 있다.

라캉 학회 역시 마찬가지였다. 지난 6월 7일 학술대회에서는 〈한국사회를 위한 정신분석: 상실, 트라우마, 치유〉라는 제목으로 특집 좌담이 진행되었고, 그것은 우리가 "그렇다면 이제 무엇을 할 것인가?"라는 질문을 대면하는 자리였다. 우리는 라캉의 「논리적 시간과 예기된 확실성에 대한 주장」이라는 논문에 나오는 재소자들처럼 견딜 수 없는 다급함을 느끼고 있었다. 무엇인가를 함께 해야만 했다. 우리는 세미나를 시작하기로 했으며, 또한 우리 모두가 필진으로 참여하여 〈한국사회의 증상 읽기〉(가제)라는 제목하에 함께 마음 속 이야기들을 풀어 보기로 했다. 우리는 모두 같은 곳을 바라보고 있었다.

처음 라캉 학회에 가던 날을 기억한다. 2002년 겨울이었다. 모든 것이 낯설었고 두려웠다. 그때 권택영 선생님과 신명아 선생님께서는 귀국한 지 며칠 되지 않은 신입 회원을 가족처럼 맞아주셨다. 권택영 선생님의 권유로 처음 은행나무 출판사에 연락을 했던 날도 기억이 난다. 당시에는 지금처럼 라캉 관련 입문서가 다양하게 출간되어 있지 않은 상황이어서, 슌의 라캉 개론서 번역을 제안하며 과연 출판사에서 관심을 보일까 걱정했었다. 역자도 문제였다. 이 세상 어느 누구도 나의 존재를 알지 못했고, 라캉 전공자라는 사실 이외에 나를 말해 줄 수 있는 게 아무 것도 없는 상태였다. 그런데 은행나무 출판사는 그런 내게 기회를 주었다.

돌아보면 진짜 학문 여정은 귀국 후 시작되었던 것 같다. 그것은 내가 누구인지 찾아 가는 여정이었다. 그것은 자기애적 무대화를 버리고 욕망을 따르는 주체가 되는 과정이었으며, 프로이트가 말하는 '대양적 감성'을 회복하는 길이었다. 이론과 실천이 어떻게 연결되는지, 일과 삶을 어떻게 병행해야 하는지 고민하는 과정이었고, 수많은 비판들과 차이들 속에서 라캉의 정신분석학이 우리 삶에 어떤 기여를 할 수 있는지, 내가 사회 속에서 어떤 역할을 할 수 있는지 답하는 과정이었다. 그런데 이 과정에서 나는 정신분석 전공자로서 들뢰즈와 가타리를 미워할 수밖에 없다고 생각했었고, 스피노자보다는 헤겔을 선택할 수밖에 없었으며, 가타리를 미워하는 지젝 뒤에 숨을 수밖에 없었다. 당시에는 그게 라캉을 지키는 길이라 생각했었다.

그러나 지난 16일 이후 내 마음 속에서 이 지도가 바뀌어 가고 있다. 실제로 서로 다른 전공과 서로 다른 관심 속에서 교집합을 찾지 못했던 학자들이 현재 함께 같은 방향으로 움직이고 있다. 지금 우리는 함께 분노하고, 함께 슬퍼하고, 함께 고민하고, 함께 질문하며, 함께 생산적인 실천들을 기획한다. 나는 우리 각자의 삶이 연대하여 하나의 이야기를 만들어 낼 수 있게 될 것이라 믿는다. 스피노자와 헤겔, 프로이트와 융, 라캉과 들뢰즈, 지젝과 가타리가 한편에서 싸우며 각자 가지고 있는 최상의 것들을 모아 하나의 무기를 만들어야 한다. 그리고 굳은 몸을 깨뜨려야 한다. 4월 16일 그 시간 손가락, 발가락 모두 굳어 버렸던 상상계적 신체를 산산이 부수어 깨뜨려야만 한다. 그렇게 할 수 있으리라는 믿음이 있다. 우리는 지금 절박한 마음으로 손을 뻗어 서로의 손을 찾아내며 연대하고 있다.

2014년 7월 1일
김서영

찾아보기

ㄱ

가장(masquerade) 157, 160, 163
「가장으로서의 여성다움」 158
거세 86, 88
　거세 콤플렉스 150, 153, 157
　거세공포 88, 193
거울단계 43~47, 49, 112, 127
「거울단계」 22, 32, 34~35, 38, 47, 191
결여(lack) 38, 111, 113, 136, 138, 150, 162
계열축 62, 69
과잉 향락 98
구조주의 55, 56
국제정신분석협회 24, 32
근친상간 90~93
기의(signified) 62, 67~68, 108
기표(signifier) 54, 62, 65, 67~68, 78, 107~108, 193
기호 59, 61
『꿈의 해석』 27, 106, 121, 131

ㄴ·ㄷ

「나르시시즘에 관하여」 191
『나사의 회전』 195~197
남근기 84
남성성 165
노부스, 데니(Nobus, Dany) 34
『농담과 무의식의 관계』 27, 106
『다른 여성의 질경』 189
달리, 살바도르(Salvador Dalí) 14
대상 a 116, 124, 127, 132, 135~138, 148, 166, 172, 180, 202
대타자 70, 109, 136

데카르트 103, 105, 111
『성찰』 103
『도둑맞은 편지』 56, 73~78

ㄹ

라캉, 자크 (Jacques Lacan) 10
  초현실주의 15~16
라클라우, 에르네스토(Ernesto Laclau) 181~183
랑그 56, 60
레비-스트로스, 클로드(Claude Lévi-Strauss) 55, 56, 58
로마강연 54
로즈, 재클린(Jacqueline Rose) 10, 156, 184
뢰벤슈타인, 루돌프(Rudolph Loewenstein) 16, 17
루디네스코, 엘리자베스(Élisabeth Roudinesco) 18
리비도 119, 122
  ~와 자기보존 120
  ~와 자아본능 120
리비에르, 조안(Joan Riviere) 158~159

ㅁ · ㅂ

마르크스주의 177~179
멀비, 로라(Laura Mulvey) 10, 50, 51
메츠, 크리스티앙(Christian Metz) 50
모스, 마르셀(Marcel Mauss) 58
무(nothing) 37, 111, 132
무의식 26, 55, 58, 68, 70, 78, 87, 102, 105,
무페, 샹탈(Chantal Mouffe) 181~183, 186
『문명 속의 불만』 90
바르트, 롤랑(Roland Barthes) 127, 143~145
반복강박 73
버틀러, 주디스(Judith Butler) 191~193
벤베니스트, 에밀(Émile Benveniste) 72

보나파르트, 마리(Marie Bonaparte) 15, 17, 155
보드리, 장-루이(Jean-Louis Baudry) 47, 49
분리 112, 113, 132
브룩스, 피터(Peter Brooks) 11, 199
브르통, 앙드레(André Breton) 16
블룸스버리 그룹 15
비전체(notGwhole) 161, 162
빈 말(empty speech) 72
빠롤 56, 60

ㅅ

사르트르, 장 폴(Jean-Paul Sartre) 37, 40
사물 131, 137
　사물성 131
삼자구조 83, 86
상상계 45
상징계 54, 70, 101, 108
상징적 교환 57
생물학주의 17, 155
성발달 이론 159
『성욕에 관한 세 편의 에세이』 120
성차 85
성차이론 12, 184
세미나 XI 106, 112~113, 164, 201
세미나 XX 26, 91, 108, 151, 161, 164, 167
셰리던, 앨런(Alan Sheridan) 22
소쉬르, 페르디낭 드(Ferdinand de Saussure) 55, 56, 59, 64~65
소외 42, 46, 102, 111
소타자 109, 136
스타브라카키스, 야니스(Yannis Stavrakakis) 183
스투디움 145, 148
스피노자, 바루흐(Baruch Spinoza) 14, 113
『시적 언어의 혁명』 189~190
신경증 82
실재계 126

「싸이코」 201

ㅇ

아버지 80, 90, 92~93, 97, 152, 160
　~의 법 90
　~의 이름 83, 87
　원초적 아버지 93
알랭 밀레, 자크(Jacques Alain-Miller) 23, 29, 38
알튀세르, 루이(Louis Althusser) 11, 25, 177
알튀세르주의 179
압축 69
『앙코르』 → 세미나 XX
애덤스, 파빈(Parveen Adams) 137, 151
야콥슨, 로만(Roman Jakobson) 55, 68
어머니 114~115, 123, 152, 160, 188, 205
언어체계 67, 72, 108
언어학 57, 59, 64~65
에로스 120
『에크리』 22, 26, 33, 44, 73
『m/f』 184~185
여성성 166, 186~187, 190
여성학 12
영화 47, 200~203
　영화장치 47
　정신분석 51
『오이디푸스 왕』 121, 195
오이디푸스 콤플렉스 80, 134, 152, 157, 205
오인 45, 112
외상(trauma) 102, 129~130, 148
욕망 102, 109, 113, 136
울프, 버지니아(Virginia Woolf) 15
융, 칼 구스타프(Carl Gustav Jung) 107
의미작용(signification) 64, 67
이글턴, 테리(Terry Eagleton) 36
이데올로기 178, 179

『이데올로기의 숭고한 대상』 179
이리가레, 뤼스(Luce Irigaray) 186~187, 189
이자구조 83, 86, 89, 123
『일반 언어학 강의』 59
『일상생활의 정신병리학』 27, 106

ㅈ

자가성애 84
자아심리학 17, 45
『자아의 초월성』 37
자의식 38
잔여분(remainder) 116, 180
장치이론(apparatus theory) 49, 200
전이(transference) 198~199
전치 69
정신분석 14, 58, 99, 109
　~과 페미니즘 154~155
　~의 역할 169
　버틀러의 비판 193
『정신분석의 네 가지 기본 개념』 22, 24
제임스, 헨리(Henry James) 195
조이스, 제임스(James Joyce) 16
존스, 어니스트(Ernest Jones) 11, 33, 122, 154, 158
주이상스 121, 130, 139, 151, 165, 168
주체 54, 71, 72~73, 75, 80, 101, 103, 116~118, 178, 184
죽음충동 120, 121, 130, 140
지젝, 슬라보예(Slavoj Žižek) 11, 12, 92, 95, 98, 104, 134, 179

ㅊ·ㅋ

찬 말(full speech) 72
초자아 91, 97
충동 102, 118~121

「친족의 기본구조」 57
『카메라 루시다』 127, 143~145, 146
카이와, 로제(Roger Caillois) 40
코제브, 알렉상드르(Alexandre Kojeve) 40~42
『쾌락원칙을 넘어서』 73, 120, 139
「크라잉 게임」 173
크리스테바, 줄리아(Julia Kristeva) 186, 189

ㅌ·ㅍ

타나토스 → 죽음충동
타자 109~110, 114, 157
탤리스, 레이먼드(Raymond Tallis) 18
『토템과 터부』 90, 93, 134
통합축 63, 69
파리정신분석학회 15, 24, 54
파리프로이트학회 24
팔루스 80, 84~89, 114, 123, 150, 154, 162, 191
   레즈비언 팔루스 193
「팔루스의 의미」 22, 191
페르하에허, 파울(Paul Verhaeghe) 116
펠만, 쇼샤나(Shoshana Felman) 10, 196~197
포, 에드거 앨런(Edgar Allan Poe) 55~56, 73, 127
표상 102, 107, 118
   단어표상 107
   대표표상 131
   사물표상 107
푼크툼 145, 148
프로이트, 지그문트(Sigmund Freud) 10, 13, 21, 84, 90, 102, 119
   프로이트의 영향 14~15
「프로이트와 라캉」 177
프로이트원인학파 29
피카소, 파블로(Pablo Picasso) 16
핑크, 브루스(Bruce Fink) 29, 108, 110, 114, 138, 142, 165, 167

ㅎ

하이데거, 마르틴(Martin Heidegger) 36
　기획 36
　탈존 37
『햄릿』 102, 121~124
『향락의 전이』 172
『헤게모니와 사회주의 전략』 181
헤겔, 게오르크 빌헬름 프리드리히(Georg Wilhelm Friedrich Hegel) 40
　변증법 40~42
환상구조 96, 99, 203
　이중 환상 96
　환상가로지르기 132, 139
후설, 에드문트(Edmund Husserl) 35

라캉 읽기

1판 1쇄 발행 2006년 11월 10일
개정판 1쇄 발행 2014년 7월 23일
개정판 8쇄 발행 2025년 12월 17일

지은이 · 숀 호머
옮긴이 · 김서영
펴낸이 · 주연선

편집 · 이진희 백다흠 강건모 오가진 윤이든
디자인 · 김서영 손혜영
마케팅 · 장병수 김한밀 정재은
관리 · 김두만 구진아 유효정

(주)은행나무
04035 서울특별시 마포구 양화로11길 54
전화 · 02)3143-0651~3 | 팩스 · 02)3143-0654
신고번호 · 제 1997—000168호(1997. 12. 12)
www.ehbook.co.kr
ehbook@ehbook.co.kr

ISBN 978-89-5660-171-7(04180)

• 이 책의 판권은 지은이와 은행나무에 있습니다. 이 책 내용의 일부 또는 전부를
재사용하려면 반드시 양측의 서면 동의를 받아야 합니다.

• 잘못된 책은 구입처에서 바꿔드립니다.